循吏

彪炳史册的古代地方官

李洪波　译注

党建读物出版社

图书在版编目（CIP）数据

循吏 ：彪炳史册的古代地方官 / 李洪波译注.—
北京 ：党建读物出版社，2016.4
ISBN 978-7-5099-0741-2

Ⅰ. ①循… Ⅱ. ①李… Ⅲ. ①文官—生平事迹—中国
—古代 Ⅳ. ①K827=2

中国版本图书馆CIP数据核字(2016)第072068号

循吏
XUNLI
彪炳史册的古代地方官
李洪波　译注

策　　划：祝灵君　老松
责任编辑：刘海湘
责任校对：张学民
封面设计：林胜利
出版发行：党建读物出版社
地　　址：北京市西城区南横东街 6 号（邮编：100052）
网　　址：http://www.djcb71.com
电　　话：010-58587632/7681
经　　销：新华书店
印　　刷：北京盛通印刷股份有限公司
印　　数：1-10000
2016年4月第1版　2016年4月第1次印刷
787毫米×1092毫米　16开本　21.5印张　296千字
ISBN 978-7-5099-0741-2　定价：49.00元

前言

郡县治，天下安。《新唐书·循吏传》说："治者，君也；求所以治者，民也；推君之治而济之民，吏也。故吏良则法平政成，不良则王道弛而败矣。"州县地方官作为"亲民之官"，是真正负责地方实际事务的基层官员，是国家政治统治体系中最为基础也极为重要的部分。地方官的数量很大，直接接触的百姓数量也多，掌管地方政事的方方面面，也要跟社会阶层的各个部分打交道。作为国家政策的执行者，地方官吏是连接国君治国与百姓生活的一个重要群体。如果地方官不得其人，则国家之所期待，百姓之所希望，与一切国利民福，都无从谈起。前人说，国家之有赖于地方官，犹人身之有赖于手足，是很有道理的。因此，历朝历代对于地方亲民之官多有表彰颂扬，称之为"循吏"。

一、"循吏"其名

"循吏"之名最早见于《史记》中的《循吏列传》，指奉公守法、清廉自正、仁厚爱民、善施教化的官吏。为什么要设立循吏列传呢？司马迁说："法令用以引导民众向善，刑罚用以阻止民众作恶。而文法与刑律不完备时，善良的百姓依然心存戒惧地自我约束修身，是因为居官者行为端正、不违纲纪。只要官吏奉公尽职按原则行事，就可以用他做榜样治理好天下，为什么非用严刑峻法不可呢？"可见循吏体现出司马迁倾心向往的理想吏治。

历代正史，从《汉书》《后汉书》直至《清史稿》等，对于《史记》设循吏传的做法，大多有所沿袭与继承，成为正史中记述那些清正廉洁、教化民众、所居民富、所去见思的州县级地方官的固定体例。但名目多有不同，标准也略有差异，在不同史书中，有的称为循吏传，有的称为良吏传，有的称为能吏传。细究起来，虽有循吏、良吏、能吏等诸般名目，但从史书记录来看，基本上都是指廉洁奉公、循法治民的官吏。在古代，循、良二名也往往相连并用，比如《汉书·循吏传》中说“泯泯群黎，化成良吏”，“汉室良吏，于是（指汉宣帝时）为盛，称中兴焉”，可见循、良之吏所指是基本一致的。

具体到历代正史来说，《汉书》《后汉书》《南史》《北史》《北齐书》《隋书》《新唐书》《宋史》《金史》《明史》《清史稿》等均设“循吏传”，《晋书》《宋书》《魏书》《梁书》《旧唐书》《元史》等均设“良吏传”，《南齐书》设“良政列传”，《辽史》设“能吏列传”。而《三国志》《陈书》《周书》《旧五代史》《新五代史》等则未专门设立循吏传。

二、何者为循吏？

循吏的选择标准，从司马迁《史记》来看，是“奉法循理之吏，不伐功矜能，百姓无称，亦无过行”，“不教而民从其化，近者视而效之，远者四面望而法之”。侧重于仁厚廉正守法之官，以身作则、依法办事，不刻意为之，不自矜其功，使百姓心悦诚服而教化大行。耐人寻味的是，《史记》所记历史从上古一直到汉武帝时期，但列入《循吏列传》的却都是历史人物，本朝只立《酷吏列传》，似乎是对汉武帝一朝宠用酷吏、吏治严苛的批评，有借古讽今之意。《汉书·循吏传》中所选循吏，是所谓“没世遗爱，民有余思”，“所居民富，所去见思，生有荣号，死见奉祀”，“居以廉平，不至于严，而民从化”的地方官员。强调政绩突出，百姓拥戴，吏治宽缓，政令疏略，事务繁杂却能简易处置。西汉著名循吏黄霸说：“凡治道，去其泰（太）甚者耳。”可以体现当时循良之吏的基本为政理念。《汉书》所记载的循吏，大多都比较关心百姓疾苦，爱惜民力，注意发展地方经济，能够“富而教之”；同时还积极提倡儒家的道德规范，兴办学校，移风易俗。

《史记》《汉书》对于循吏的选录、评价标准影响到后世，尤其是历代正史的编纂者。历代循吏、良吏、能吏列传，所收录的标准大多不外乎此。循吏大多宽恤民力，简省刑罚，不催缴租税，不催科徭役，相反会为百姓上书极力争取减免，使百姓生活安定。明人鹿善继说：“吏何以循？使人安居乐业之外，无循也。”（《认真草》卷一《为杜氏诸生送王邑侯之南仪部序》）可见，政绩突出、使百姓安居乐业是循吏的本职。循吏多为亲民恤民的好官，与百姓亲近，平易近人，不沽名钓誉。比如汉代召信臣，“躬劝耕农，出入阡陌”；明初著名循吏方克勤，施政以德行教化为根本，并不注重个人声誉，他说：“追求个人名声，一定会追求权威，这样就会祸害百姓，我不忍心这样做。”

历代正史的循吏传所记多为地方守令，官位显赫、政绩卓著的官员少有收录，对此编纂者多有说明。比如《明史·循吏传》说："汉史丞相黄霸，唐史节度使韦丹，皆入《循吏传》中。今自守令超擢至公卿有勋德者，事皆别见，故采其终于庶僚，政绩可纪者，作《循吏传》。"《清史稿·循吏传》撰写者夏孙桐在《清史〈循吏传〉编辑大意》中谈到，循吏入传标准之一就是，"官阶以终于监司（布政使、按察使及道员）为限"，因为那些朝廷重臣大多都已经单独列传。有的地方官，从县令等基层官员做起，一路升迁知府、巡抚、总督，乃至于宰相阁臣，比如东汉的卓茂，宋代的寇准、范仲淹、王安石，明代的况钟，清代的于成龙，等等，因为体例的原因，都未列入"循吏传"。因此，历代循吏传所载多以地方官员为主。

经过历代正史编纂者的不断发展，对于循良之吏的理解也逐步明确，循吏成为模范地方官的代表。这些政绩卓著、勤廉施政的州县官，是地方基层官员的代表，也是国家政策在地方的具体实施者。他们可能并没有做出惊天动地的伟业，但身为自觉遵守法纪的楷模，以实际行动感召、教育其下属官吏和普通百姓。循吏"奉法"，接近于后世所说的"法律主治"，是用"常规政治"的手段来治理地方，安顿秩序，以实现长治久安。联系司马迁设立的《酷吏列传》来看，二者的差异显而易见，酷吏是以杀伐立威，执法苛刻严酷，以效果而论看似直接，如快刀斩乱麻，但无法保持长期的社会安定。循吏才是古代社会地方治理的理想典范。

三、循吏之政绩

通观历代正史所记循吏事迹，其政绩主要有以下五个方面：劝课农桑，兴修水利；简省刑罚，善于判案；轻徭减赋，赈灾救荒；兴办学校，敦化世风；镇抚地方，安定百姓。

1. 劝课农桑，兴修水利

古代经济，以农为本，农业生产与百姓生活息息相关。历代著名循吏，其主要业绩，首先是鼓励农桑，巩固根本，其次是利用当地鱼、盐、山林等特有资源发展经济。比如战国时孙叔敖，秋冬两季鼓励百姓进山采伐林木，春夏时通过上涨的河水把木材运出来，百姓各有谋生求利之道，生活安乐。又如东汉杜诗任南阳太守时，创造水排，也就是水力鼓风机来冶铁、铸造农具，大大提升了劳动效率。当时人将他比作西汉时的召信臣，称赞说："前有召父，后有杜母。"兴修水利，疏通沟渠，整治良田，避免水害者，从先秦到明清，更是代不乏人。

2. 简省刑罚，善于判案

历代王朝统治，多有以严酷法律钳制百姓者。仁厚的地方官员往往在执政之时简省刑罚，既不失处事之公，又能避免严刑酷法。西汉武帝后期，实行严刑峻法，以严厉刑罚约束臣民，导致各地官吏以执法严酷为能，唯有黄霸宽和施政、爱民如子，人皆称誉其仁厚。而是否善于审理案件，更是古代地方官员才能的具体体现。历代著名的清官循吏，如狄仁杰、包拯、况钟，或细致推理，或钩沉联系，或兼听多闻，或微服私访，流传下来许多精彩的判案故事。

3. 轻徭减赋，赈灾救荒

为国家征收赋税、征发徭役是地方官员的重要职责。但历代著名循吏，往往在保证国家利益的前提下，轻徭减赋，为当地百姓造福。比如西汉兒宽任左内史时，收税视百姓情形而决定时间缓急，从不峻急催科。明代况钟、清代汤斌为减免江苏地区赋税而多次上书朝廷，据理力争。当然他们的这些做法并非是为了邀誉求名，徭役征发、军饷催缴也有事态急迫、战事紧急的特殊情况，这时官员处于国家利益与民众诉求之间，也很考验其处事的智慧，优秀的地方官吏往往能权宜处之，同样能得到百姓的拥戴。有一次，国家急需钱粮用于战事，兒宽由于税收不足，法当免职。百姓听说后，唯恐失去这位优秀的父母官，纷纷踊跃交纳，路上交税的车辆络绎不绝。

古代战乱频仍，瘟疫流行，洪水、蝗虫也往往造成饥荒。循吏的一大政绩就是赈灾救荒、安抚民众，稳定秩序、恢复生产。比如东晋吴郡太守邓攸在郡中遇到大饥荒时，上奏章请求救济饥民，尚未上报到朝廷，便打开粮仓救助饥民，救民于水火之中。当时吴兴发生饥荒，郡守王蕴也马上打开粮仓赈济百姓，主簿请求他先呈表上奏等待朝廷的答复，王蕴说："现在百姓哀声震天，路上都是没有饭吃的饥民，如果上表等待回复，怎么救济那些即将饿死的百姓呢？擅自决策的过失，罪责由我太守一人承担。就算因施行仁义而受处分，也没什么可悔恨的！”因此而保全性命的灾民有十之七八。朝廷以违犯法令为由罢免王蕴的官职，士民百姓都到京城替他鸣冤叫屈。在历代正史中，这样的例子屡见不鲜，比如张伯行在济宁，郑板桥在潍县，都是如此。

4. 兴办学校，敦化世风

历史上的循吏，大多是文人士大夫出身，崇尚儒家传统文化，故为官一任，特别注重发展当地教育，移风易俗，敦化世风。汉景帝时，文翁担任蜀郡守，为政仁爱，喜欢教导感化百姓，改变了蜀地野蛮落后的民风。他推荐青年子弟入京学习，在当地修建学官发展教育，这一做法后来推广到全国。巴蜀地区崇尚文雅之事，都是文翁教化的功劳。宋代张逸知青神县，“兴学校，教生徒。后邑人陈希亮、杨异相继登科，逸改其居曰桂枝里”。程师孟知福州时，筑子城，建学舍，业绩在东南地区最为突出。黄震、真德秀等大儒，更为南宋各地区的文化教育做出卓越的贡献。即使是书吏出身的况钟，读书不多，也一样重视修建学校、教育士子，甚至自己筹集经费，兴修吴县县学二百三十多间，扩建苏州府学达数百间；同时，关注儒学教材编写与刊刻，资助、推荐家境贫困的学生，使吴地文化教育重又兴盛。

5. 镇抚地方，安定百姓

社会秩序是否安定，关系到百姓的切身利益，关系到百姓是否能安居乐业。历代循吏治理地方，必严厉稽查盗贼、惩治不法，危难时奋起抵抗入侵、抗御强敌。另外，历代王朝与边境蛮族之间经常发生冲突，安定边境州郡也是地方官员的一项重要职责。东汉张堪出任渔阳太守，追捕打击奸恶狡猾之徒，处理政事赏罚分明。匈奴曾派上万骑兵进攻渔阳，张堪率数千骑兵迎击，大败敌兵，郡内从此平静安定下来。唐代崔知温任兰州刺史时，有党项族三万多人进攻州城，城内兵力不足，众人惊恐万分。崔知温让人大开城门，敌寇害怕有诈，不敢进城。不久将军权善才率兵前来救援，大破党项军队。崔知温可谓智勇兼备。

在中国古代制度建设尚不规范，地方治理很大程度取决于“人治”的背景下，循吏作为“亲民之官”，身体力行，承担着沟通国家行政体系与地方基层社会的重要职责，体现了国家对基层社会的有效治理，拓展了促进地方发展的职能空间。因此，循吏的吏治实践，为今天认识传统社会国家政权与地方行政及社会发展之间的“互动”，提供了一种参照，也将为今日的地方治理提供有益的经验。

本书循吏故事主要选译自历代正史中的循吏、良吏、能吏列传，同时还增加了一些虽然没有列入循吏传，但在历史上影响较大、政绩卓著的清官能吏的事迹，比如唐代的狄仁杰，宋代的包拯，明代的况钟、海瑞，清代的于成龙、张伯行等，以期能够比较全面地反映古代地方吏治的面貌。

因为时代的局限，历代正史循吏传中所记载的事迹，有时为了突出循吏的政绩，往往虚构演绎神灵祥瑞之事，比如《汉书》的黄霸传，《后汉书》的孟尝传，《明史》的方克勤传，等等，都有语涉迷信神鬼的记载。这些在今天看来，当然非常荒诞，是需要特别注意的。还有其他情况，有些我们做了删减，有些考虑到情节完整仍然有所保留，希望读者能够分辨。

本书的注释，以职官、年号、地理、典章礼制等为主，以消除阅读、理解时的最大障碍。所选循吏的生卒年代，于史有征、能够确定的大都做了注明，部分难以考证、不能确定的则只能付之阙如。同时对于原文的翻译，在力求准确传达原文原意的前提下，适当进行了删减处理，以使译文的语言更为通畅平易。

李洪波

2016年1月

目录

先秦

孙叔敖……4
子产……6
公仪休……7
石奢……8
西门豹……9

西汉

文翁……16
兒宽……18
韩延寿……20
黄霸……23
朱邑……27
龚遂……29
召信臣……33
赵广汉……35

东汉

卓茂……42
耿纯……44
卫飒……46
任延……48
郭伋……51
杜诗……53
张堪……56
秦彭……58
孟尝……59
仇览……62
陈寔……64
贾琮……67
吴祐……68
刘宠……70
鲁恭……71

三国

郑浑……78
仓慈……80
董和……82
张嶷……84

晋

曹摅……90
邓攸……92
王蕴……95

南　朝

王镇之……100
杜慧度……102
徐豁……103
傅琰……105
虞愿……107
沈瑀……109
范述曾……111
孙谦……113
何远……115

北　朝

张恂……122
宋世景……123
裴延儁……125
苏琼……127
孟业……131
裴侠……134
薛慎……136

隋

辛公义……142
魏德深……144
梁彦光……146
赵轨……148

唐

韦仁寿……154
张允济……155
李素立……156
崔知温……157
贾敦颐（附贾敦实）……159
王方翼……161
狄仁杰……163
韦机……166
薛珏……168
韦景骏……169
裴怀古……171
元结……173
韦丹（附韦宙）……175
何易于……178
崔戎……179

五　代

张全义……184
安彦威……187
王周……188

宋

陈靖 192
张纶 195
鲁有开 197
张逸 198
程师孟 200
仇悆 202
陈希亮 206
包拯 211
刘清之 215
程迥 216
张洽 219
杨简 222
真德秀 226
尤袤 231
黄震 235

辽

大公鼎 242
马人望 244

金

范承吉 250
刘敏行 252
刘焕 253

元

谭澄 258
卜天璋 260
乌古孙泽 263
王艮 266

明

方克勤 272
王源 273
李信圭 275
李骥 277
唐侃 279
汤绍恩 280
徐九思 281
张淳 283
陈幼学 285
况钟 287
海瑞 290

清

白登明……296
宋必达……297
汤斌……299
姚文燮……304
张埙……306
张瑾……307
于成龙……309
张伯行……312
陶元淳……316
童华……318
邵大业……320
郑燮……322
李文耕……323

先秦

孙叔敖、子产、公仪休、石奢、西门豹等五人，选自《史记》。

《史记》是西汉著名史学家司马迁撰写的我国古代第一部纪传体通史，记载了从传说中黄帝时期到西汉武帝时期共三千多年的历史。司马迁在《史记》中最早设立《循吏列传》，记载了春秋战国时期几位著名的贤良官吏，其中孙叔敖、子产、公仪休、石奢是国相，皆为诸侯国的重臣。但在先秦时期，特别是“小国寡民”的诸侯国，位高权重的官员也直接处理地方民政事务，承担了后世的地方官员的职责。自《史记》之后，《汉书》《后汉书》直至《清史稿》等历代正史，大都设置“循吏传”（或称“良吏传”“能吏传”），主要记载表彰那些清正廉洁、教化民众的州县级地方官。所以后世所称“循吏”，一般是指直接处理地方民政事务的州县官员，即“亲民官”。根据这一标准，我们又选取了《史记·滑稽列传》中治理邺县成绩卓著的西门豹补入本章。

人物点评

【孙叔敖】三得相而不喜，三去相而不悔。

【子　产】子产治郑，民不能欺也。

【石　奢】坚直廉正，无所阿避。

【西门豹】西门豹为邺令，名闻天下，泽流后世，无绝已时，几可谓非贤大夫哉！

孙叔敖

孙叔敖[1]本来是楚国的隐士。楚国国相虞丘把他推荐给楚庄王[2]，以接替自己的职务。孙叔敖上任之后，特别注重教化，使官民之间和睦同心，楚国的风俗变得更加淳美宽厚。他执政宽缓仁厚但有禁必止，使各级官吏不敢做邪恶欺诈之事，民间也不再有盗贼出现。他颁布政令，鼓励百姓秋冬两季进山采伐林木，春夏时节通过上涨的河水把木材运出来。百姓们各自都有谋生求利之道，生活幸福安乐。

楚庄王认为楚国原有的钱币太轻，下令把小钱改铸为大钱，老百姓感觉很不方便。管理市场的官员向孙叔敖报告说："现在市场混乱，没有人安心做买卖，社会秩序很不安定。这种情况已经持续三个月了。"孙叔敖说："不必多说了，我现在就设法让市场恢复原貌。"于是他劝谏楚庄王说："此前大王您下令改铸钱币，是认为旧币太轻了。现在管理市场的官员报告说市场混乱，百姓无心做买卖，社会很不安定。我请求您立即下令恢复原来的币制。"楚庄王同意了他的建议，命令颁布三天后，市场就恢复了原貌。

楚国人有喜欢坐矮车的习俗，楚庄王认为矮车不便于驾马，想下令改为高大的车子。孙叔敖说："国君政令频出，百姓就会无所适从，

---

① 孙叔敖（约前630年—前593年）：蔿氏，名敖，字孙叔，今湖北荆州人。曾任楚国的令尹（国相），春秋时期杰出的政治家。在任令尹之前，孙叔敖在期思、雩娄（今河南省固始县）等地主持兴修水利，政绩卓著。前601年，孙叔敖任楚国的令尹，辅佐楚庄王施教导民，宽刑缓政，发展经济，独霸南方，使楚国成为春秋五霸之一。孙叔敖是古代清正廉洁官员的典范。在任令尹期间，三上三下，在职时不沾沾自喜，去职时不怨恨叹息。身为国相，轻车简从，吃穿简朴。去世时家徒四壁，儿子穿粗布破衣，以打柴度日。

② 楚庄王：春秋时期楚国国君，前613年—前591年在位，春秋五霸之一。

这样很不好。如果您一定想把车子改高，请您先下令让闾里人家加高门槛。乘车人都是有身份的君子，他们不能因为过门槛而频繁下车，自然会把车的底座加高。”楚庄王赞同他的建议。半年以后，上行下效，老百姓也主动把车子加高了。孙叔敖不用严苛的政令管理约束，百姓自然就顺从了他的教化，身边的人看到他的言行便仿效他，离得远的人观望周围的变化也跟着效法他。所以孙叔敖三次荣居相位也不沾沾自喜，他明白这是凭借自己的才干获得的；三次离开相位也不怨恨遗憾，因为他知道自己并没有过错。

子产

子产[①]，是郑国的大夫。郑昭公在位时，先是任用宠臣徐挚做国相，统治昏乱，官民不和，父子不睦。大宫子期把这些情况告诉了郑昭公，于是改任子产为国相。子产执政一年之后，社会上的浪荡少年不再轻浮嬉戏，老年人不必再提携重物，儿童也不用下田耕种。两年之后，市场上买卖公平、价格合理。三年过去，人们夜不闭户，路不拾遗。四年之后，农民收工不必把农具带回家。五年之后，男子不需要服兵役，遇有丧事就自觉实行丧葬之礼。子产治理郑国二十六年后去世，郑国的青壮年痛哭失声，老人像孩童一样哭泣，说："子产离我们而去了，老百姓将来依靠谁啊！"

① 子产（？—前522年）：春秋时期郑国杰出的政治家、思想家。姬姓，是郑穆公的孙子，被称为公孙侨，字子产。郑简公十二年（前554年）为卿，二十三年执政，辅佐郑简公、郑定公二十多年，卒于郑定公八年。子产执政期间，进行了整顿土地制度、按什伍编制农户、对私人土地按田亩征税、根据土地人口数量交纳军赋等改革，并且实行了铸造刑书、公布成文法令、兴办学校、开放言路等措施，极大地提升了郑国的国力。子产在历史上第一次提出宽猛相济的施政思想，"宽"主要是强调道德教化、为政宽仁，"猛"主要是强调严刑峻法、令行禁止，对后世影响极为深远。

公仪休

公仪休，是鲁国的博士[1]，由于才学出众而做了鲁国的国相。他遵守法度，按原则行事，丝毫不改变规章制度，使百官品行自然端正。他禁止为官者和百姓争夺利益，做大官的不许占小便宜。有位客人上门给公仪休送鱼，他不肯接受。客人说："听说您特别爱吃鱼才给您送来，为什么不接受呢？"公仪休回答说："正因为我很爱吃鱼，才不能接受啊。现在我做国相，自己能买得起鱼吃；如果因为收下你的鱼而被免官，今后肯定也没人再给我送鱼，我还怎么吃得上鱼呢？所以我绝对不能接受。"

① 博士：秦汉时期掌管书籍典册、通晓史事的官职，后来指学术上专通一经或精通一艺、教授生徒的官职。历代都有设置，职责亦有变化。

石奢

石奢[①]，是楚昭王[②]的国相，他为人刚强正直、廉洁奉公，既不阿谀逢迎，也不胆小怕事。有一次他到县里巡视，恰巧碰到路上有凶手杀人，他马上追捕凶犯，发现竟是自己的父亲。他放走了父亲，回来便把自己囚禁起来，派人告诉楚昭王说："杀人凶犯是微臣的父亲。如果我通过惩治父亲来彰显政绩，这是不孝；如果我无视法度纵容犯罪，又是不忠。因此我应该被判处死罪。"楚昭王说："你追捕凶犯而没有抓获，不应该以此论罪伏法，你还是去治理国事吧。"石奢说："不偏袒自己的父亲，不是孝子；不遵守国家的法令，不是忠臣。您赦免我的罪责，是主上的恩惠；服罪而死，则是为臣我的职责。"于是石奢没有听从楚昭王的命令，自杀而死。

① 石奢是典型的法家人物，其理念代表了法家的根本精神，依法治国，不徇私枉法，即使是亲人、自己违反法令也不宽恕。

② 楚昭王（约前523年—前489年）：春秋时期楚国国君。前516年继位，是楚国的一位中兴之主。孔子评价他说："楚昭王知大道矣。其不失国也，宜哉！"

西门豹

魏文侯[①]的时候，西门豹[②]担任邺县[③]县令[④]。西门豹来到邺县，先会见县里德高望重的年长老者，询问有关百姓疾苦的事情。那些年长老者说："给河伯娶媳妇让百姓苦不堪言、贫穷困顿。"西门豹仔细询问其中的缘由，他们回答说："邺县的三老[⑤]、廷掾[⑥]这些地方官员常年向百姓征收赋税，获取数百万钱财，用其中的二三十万给河伯娶媳妇，然后和巫婆一起瓜分剩余的钱财。每当要给河伯娶媳妇的时候，巫婆就到乡里巡视查看，看到小户人家长得俊美的女孩，就说应该让她做河伯的媳妇，马上派人下聘礼娶走。巫婆给女孩洗头沐浴，缝制新的丝绸衣服，给她在河边建造临时房屋，张挂红色的帷帐，让女孩在里面独居斋戒[⑦]，并准备好牛肉酒食，活动一直要持续十多天。最后大家装饰打扮，像嫁女儿一样准备好床帐枕席，放到水面漂浮着，让女孩坐在上

① 魏文侯（前472年—前396年）：姬姓，魏氏，名斯，一名都，战国时期魏国的开国君主。

② 西门豹：生卒年不详，战国时期魏国人。魏文侯时担任邺县令。他颁布律令，禁止巫风，教化百姓；发动百姓兴修水利，治理漳河，使大片田地成为旱涝保收的良田，发展了农业生产，实行"寓兵于农、藏粮于民"的政策，使邺城民富兵强，成为战国时期魏国的东北重镇。

③ 邺县：今河北临漳县西南与河南安阳一带。

④ 县令：古代县一级的地方行政长官。战国时开始在县设置令，秦汉时万户以上的县长官称县令，万户以下的称县长。北齐之后都称为县令，隋唐沿袭。宋代称为知某县事，也简称知县。元代称县尹。明清直接称为知县。

⑤ 三老：古代掌教化的乡官。战国时魏国即在乡里设置有三老一职。

⑥ 廷掾：古代县令的属官。

⑦ 古代举行祭祀仪式之前，要沐浴更衣，吃素食，以表示诚敬之意，称为斋戒。

面，顺水漂流几十里后就沉没到河里，巫婆们就说她被河伯娶走了。那些有漂亮女孩的人家，害怕被巫婆看上，纷纷带着女儿远走他乡。邺城中渐渐空虚无人，越来越穷困贫乏，已经很长一段时间了。老百姓纷纷传言说：‘假如不给河伯娶媳妇，洪水来了就会淹没那里的村庄百姓。’”西门豹听了说：“等到再给河伯娶媳妇的时候，希望乡里的三老、官吏、巫婆、父老百姓们都去河边送那女孩，你们来告诉我，我也去送。”大家都答应了。

到了给河伯娶媳妇的时候，西门豹到河边和大家会合。乡里的三老、官吏、豪绅长老们都聚集在一起，前来围观的百姓有二三千人。那个主持仪式的大巫婆，是个七十岁左右的老太婆。随从的女弟子有十余人，都穿着丝绸衣服，站在大巫婆身后。西门豹说：“请河伯的媳妇出来，看看她长得漂不漂亮。”侍女就扶着那女子从帷帐中走出来，来到西门豹跟前。西门豹看了看，回头对三老、官吏、豪绅长老和巫婆说：“这个女孩不漂亮，麻烦大巫婆替我去禀报河伯，要重新找一个漂亮女孩，后天送去。”于是派吏卒抱起大巫婆投进河里。过了一会儿，西门豹说：“巫婆怎么去了那么久还没回来？派个弟子去催催她！”便把她的一个弟子投进河里。等了一会儿，接着说：“这个弟子怎么也去了那么久？再派一个人去催催她们！”又将一个弟子投进河里。一共投了三个弟子后，西门豹说：“巫婆和她的弟子都是女人，不会报告事情，麻烦三老替我前去禀报此事。”又把三老投进河里。西门豹头上插着毛笔似的簪子弯腰作揖，站着等了很久。长老、官吏和旁观的人们都非常惊恐。西门豹回过头说：“巫婆、三老还不回来，怎么办呢？”要再派廷掾和一个豪绅前去催促他们。廷掾和豪绅都叩头推让，把头都叩破了，面如死灰。西门豹说：“好吧，姑且留下再等他们一会儿。”过了一会儿，西门豹说：“廷掾请起来吧。看样子河伯把客人都留下了，你们结束仪式都回去吧。”邺县的地方官吏和百姓都非常害怕，从此之后，谁都不敢再提给河伯娶媳妇的事情了。

西门豹又征发地方百姓开凿了十二条水渠，引漳河水来灌溉农田。刚开始，老百姓认为开挖水渠烦劳辛苦，不想去做。西门豹说：“老百姓可以跟他们一起享受成功，不能和他们商量开拓创始的事情。现在父老兄弟虽然认为开渠非常劳苦，但希望百年以后子孙会怀念我说过的话。”一直到今天，当地百姓都能享受河水灌溉的利益，老百姓因此生活富足。汉朝建立后，地方官吏认为十二条水渠上的桥梁阻断了专供皇帝车马通过的御道，并且相互之间靠得太近，打算把靠近御道的三条水渠合并为一条，共架一座桥梁。邺县的百姓父老不愿听从长官的意见，认为那是西门豹规划开凿的，前代贤人的法式制度不能更改。官吏们最终接受百姓的建议放弃了合并水渠的计划。由此可见，西门豹担任邺县县令，名声传遍天下，恩泽流传后代，一直没有断绝终止，难道能说他不是贤良大夫吗？！

古书上说：“子产治理郑国，百姓不能欺骗他；子贱[①]治理单父，百姓不忍欺骗他；西门豹治理邺县，百姓不敢欺骗他。”三位先生中谁最贤明呢？研究治国之道的人当然能够分辨出来。

① 宓子贱：春秋末期鲁国人，孔子的学生，七十二贤人之一。曾任单父（今山东菏泽单县）地方官，每天弹琴取乐，悠然自在，很少走出公堂，却能够依靠大家的力量，将单父治理得很好。

西汉

文翁、兒宽、韩延寿、黄霸、朱邑、龚遂、召信臣、赵广汉等八人，选自《汉书》。

《汉书》延续了《史记》的纪传体体例，也设立了《循吏传》，记载了蜀郡太守文翁、内史兒宽等汉代著名的地方官员。他们的共同特点是严于律己，为人表率，办事清廉公正，善施教化，使百姓安居乐业。其在位时百姓富足，离任后民众思念，生前享有名声荣誉，死后被祭祀缅怀。值得一提的是，汉代皇帝都非常重视地方治理，尤其是汉宣帝，他曾经说："老百姓所以能够安心于农业生产而消除忧虑怨恨的心情，是因为政治清平而法律能够主持正义。而与我共同保证做到这一点的人，只有那些好的郡守。"他认为郡守是管理官吏百姓的根本，频繁调换会造成地方上的不安宁；百姓知道太守的人选十分稳定、不可欺瞒时，才会服从他的治理、教化。因此授予刺史、郡守、诸侯相等官职时，汉宣帝都要亲自接见询问，了解他们的想法，然后再考察其行为，有名实不副的，必须找到根源。郡守要是治理有成效，他会亲自颁布诏令勉励，增加俸禄并赐以重金，或授爵号至关内侯，公卿位置空缺时则以所表彰者依次任用。因此，汉宣帝时期的循良官吏才层出不穷。

人物点评

文翁 至今巴蜀好文雅，文翁之化也。

兒宽 择用仁厚士，推情与下，不求名声，吏民大信爱之。

黄霸 自汉兴，言治民吏，以霸为首。

召信臣 吏民亲爱信臣，号之曰召父。

赵广汉 广汉虽坐法诛，为京兆尹廉明，威制豪强，小民得职。百姓追思，歌之至今。

文翁

文翁[①]，庐江郡舒县（今安徽庐江县）人。年少时刻苦好学，精通《春秋》，以郡县官吏的身份被推荐到朝廷做官。汉景帝末年，文翁担任蜀郡（今四川）太守，对百姓宽和仁厚，注重政治教化。文翁试图从多方面教导启发百姓，于是从郡县小吏中挑选聪明敏睿又有才能的十多名青年才俊，亲自训诫勉励他们，并送往首都长安学习。他们有的跟着博士官学习儒家经传，有的向政府官吏学习法律条令。几年后，青年才俊们学成归来，文翁让他们担任郡中的重要职务，并相继通过察举[②]等途径推荐给朝廷，有的做到郡守[③]或刺史[④]的官职。

此外，文翁还在成都建立学校，招收包括成都以外各县的少年子弟为学生，免除他们的徭役赋税。学习成绩好的毕业生可以补任县里的

① 文翁（前156年—前101年）：名党，字仲翁，西汉时著名循吏。汉景帝末年任蜀郡守，教化百姓，举荐贤能，兴修水利，政绩卓著。

② 察举：中国古代选拔官吏的一种制度，确立于汉武帝元光元年（前134年），由地方长官在辖区内随时考察、选拔人才并推荐给上级或中央，经过试用考核再任命官职。不同于以前先秦时期的世官制和从隋唐时建立的科举制。

③ 郡守：官名，郡的行政长官，始置于战国。战国各国在边地设郡，派官防守，官名为“守”。本系武职，后渐成为地方行政长官。秦统一后，实行郡、县两级地方行政区划制度，每郡置守，治理民政。汉景帝中元二年（前148年），改称太守。后世唯北周称郡守，其余均以太守为正式官名，郡守为习称。明清则专称知府。

④ 刺史：职官。汉初，文帝以御史多失职，命丞相另派人员出刺各地，不常置，汉武帝元封五年（前106年）始置。“刺”，检核问事之意。刺史巡行郡县，分全国为十三部（州），各部置刺史一人，后通称刺史。成帝时期刺史改称州牧，职权进一步扩大，由监察官变为地方军事行政长官。后来，地方州郡长官或称为刺史。

官吏，稍差一些的也可以担任孝悌力田[1]等乡里的官职。文翁又选拔学校中的青年学生，让他们在郡里官府中协助处理政务。每当外出巡视下属各县的时候，文翁总是让通晓经书、品行端正的学生随从，一道出入于郡县官衙、四处宣扬教化政令。县里的官吏百姓看到这种情形，都非常羡慕。几年之间，大家就都争相要成为学校的学生，有钱的大户人家甚至出钱以获得进入学校学习的资格。从此以后，蜀郡教化盛行，风气大为改变。在京城学习的蜀郡人才多得可以同齐、鲁等地相媲美。汉武帝的时候，下令在郡国设置学校及管理的官员，这都是文翁首先在蜀郡开创的。文翁在蜀郡任上去世后，当地的官吏百姓为他建立了祠堂，逢年过节祭祀不绝。千百年来，巴蜀地区百姓崇尚文雅之事，都是受文翁教化的影响。

① 孝悌力田：是汉代的一种荣誉官衔，从汉惠帝时候开始在乡里设立，劝导百姓敦行向善。

兒宽

兒宽[1]，千乘（今山东省高青县）人。年幼时聪明好学，但家里非常贫穷，没钱去学校学习。他就到郡国学校的厨房里帮忙做饭，以此换取学习的机会。他为了生计帮别人做短工，每次下地干活，总是把经书挂在锄把上，休息时就认真诵读，细心钻研。

后来，兒宽通过射策[2]考试做了掌管礼乐制度的小官。不久，又担任协助廷尉[3]处理文字事务的小官。汉武帝元狩三年（前120年），张汤[4]做御史大夫[5]，推荐兒宽担任纠察、举荐官吏的侍御史[6]一职。汉武帝召见兒宽，让他讲论经学。兒宽引经据典，把《尚书》中的《尧典》《舜典》讲得非常精辟透彻。汉武帝非常高兴，提升他为中大夫，专管朝廷议论之事。

汉武帝元鼎四年（前113年），兒宽迁升为左内史[7]，负责治理京城

① 兒（ní）宽（？—前103年）：西汉著名循吏，曾任左内史，鼓励农业生产，减缓刑罚，兴修六辅渠等水利设施，颇有政绩。

② 射策：汉代选拔考试方法之一，以儒家经术为考试内容。主试者提出问题，书写在简策上，受试人从中选取其一，按所选的策上的题目作答。

③ 廷尉：官名，秦置，为九卿之一。掌刑狱。秦汉至北齐主管司法的最高官吏。

④ 张汤：杜陵（今陕西西安东南）人。为汉武帝所赏识，先后任太中大夫、廷尉、御史大夫等职。用法严酷，为官清廉俭朴，也是古代廉吏的著名代表人物。

⑤ 秦汉时期的御史大夫负责监察百官，相当于副丞相。

⑥ 侍御史：御史大夫的属官。接受公卿奏事，举劾非法事情。

⑦ 内史：西周时开始设置，又称作册内史、作命内史。秦代时掌治京师，治所在咸阳县（今陕西省咸阳市窑店镇北），相当于后世的京兆尹，治理京师之地。汉初沿置，治所在长安县（今西安市北）。汉景帝二年（前155年）时分左、右内史。汉武帝太初元年（前104年），改右内史分为京兆尹、右扶风，左内史为左冯翊。

长安所在关中地区的民政事务。兒宽在任期间，用儒家道德教化民众，采取措施奖励农业生产，缓和刑罚，清理狱讼案件，选用仁厚之士，体察民生疾苦，做事讲究实事求是，不求虚名。因此，深得关中地区百姓的拥戴。

为了灌溉关中地区的农田，兒宽向汉武帝上奏章提议开凿六辅渠。征得朝廷同意后，兒宽征发民工，在郑国渠[①]上修筑了六条渠道，使两岸的高地得到灌溉。为避免纠纷，合理用水，兼顾上下游的利益，兒宽又制定颁布了“水令”，使老百姓按规定用水。最终，上下游百姓相安无事。关中地区很快出现了农业丰收、经济繁荣的局面。兒宽特别关心民间疾苦，征收租税时，对收成不同的地区和农户进行适当调整，并把府库收入借贷给那些贫困人家。后来，朝廷紧急征集军粮，左内史兒宽征收最慢，有被免职的可能。老百姓害怕失去兒宽，于是纷纷主动缴纳粮食。大家族赶牛套车，小家庭担挑背负，路上交粮的人络绎不绝。最终，左内史征收赋税的任务不但没有落后，反而完成得最快最好。汉武帝由此更加赞叹兒宽卓越的才能。

① 郑国渠：前246年（秦王政元年），秦王采纳韩国工匠郑国的建议，并由郑国主持兴修的大型灌溉渠，西引泾水注入洛水，全长300余里。

韩延寿

韩延寿[①]，原来是燕地（现在的河北、北京一带）人，后来迁居到今陕西西安市郊的杜陵。他在担任淮阳（今河南淮阳县）太守的时候，治理政事很有名声，因此调职到了颍川（今河南省禹州市）。颍川地方豪强众多，很难治理，所以朝廷经常要选派强硬有力的太守到那里任职。在韩延寿之前，赵广汉曾做过颍川太守，他非常忧虑当地聚众结党的风气，便想办法使官吏和百姓彼此之间产生嫌隙，互相告发。他曾以为这是非常聪明的做法，但也导致颍川从此告发成风，百姓之间经常结仇成怨。

韩延寿想改变这种风气，用礼让之德来教化百姓，又担心百姓不听从。于是他依次召见郡中最被敬重的数十位长老，设置酒宴美食，亲自以礼相待，仔细询问乡里歌谣民俗和百姓疾苦之事，并且向他们陈述让百姓和睦亲爱、消除怨仇的办法。长老们都认为韩延寿的办法很有益处，可以施行，于是和他共同商定了嫁娶丧祭的礼仪等级。礼仪大致依据古代的礼制，但也没有逾越律令法度。韩延寿又命令地方学校的官员、学生身穿礼服、手拿礼器，为官吏和百姓主持丧葬嫁娶等各种仪式。老百姓都遵从他的教导。

韩延寿为官崇尚礼义，喜好上古的传统教化，每到一处必定会聘请当地贤明人士，依照礼法对待、任用他们，广泛听取好的意见，接纳劝谏之言。他还推荐那些亲人去世后服丧尽礼、推让遗产的人，表彰孝悌忠信的行为；整顿地方学校，每逢春秋两季都举行乡射仪式。除此之

① 韩延寿（？—前57年）：汉宣帝时期的著名官员。任职时以崇尚道义、倡导教化为主，深受百姓爱戴。官至左冯翊，是当时士大夫集团的重要成员。

外，韩延寿无论组织百姓修葺城墙，还是征收租税，都会预先明确告知开始的日期，按指定的期限行事，官吏和百姓都非常敬畏并遵守他的规定。他又任命正长、伍长等乡里官员，作为孝悌的表率，绝不留宿坏人。乡里一旦出事，官吏就会接到报告，因此坏人不敢进入他管辖的地界。这种做法刚开始时好像很烦琐，但实行之后，官吏们再没有追捕罪犯的辛苦，老百姓也不用担心遭受刑罚，成效显著。

韩延寿对待下属，一方面非常宽厚，另一方面又约法明确、要求严格。如果下属有欺骗背叛他的，他总是首先责备自己说："难道是我亏待了他吗？否则他为什么这样做呢？"下属听到以后都暗自痛悔，他的一位县尉甚至因此自杀身亡。

有一次韩延寿有事外出，临上车时，一个骑马的随从小吏迟到了，韩延寿吩咐功曹[①]对他定罪处罚。当韩延寿回到府门时，一个门卒拦住车，表示有话要说。韩延寿停下车问他有什么事，门卒说："《孝经》上讲：'事奉母亲是用爱心，事奉君主是用尊敬之心，而事奉父亲则是爱心、尊敬之心两者兼而有之。'今天您一大早要出门，准备好的马车停了很久还没出去。刚好那个骑马小吏的父亲来到府门口，不敢进来，小吏听说后，急忙跑出来拜见父亲，正巧赶上您要上车。因为尊敬父亲而被惩罚，难道不是有损于教化吗？"韩延寿在车中拱手回拜说："如果不是你直言相告，我还不知道自己犯了错误呢！"韩延寿善于采纳好的建议，听取善意的劝谏，大多如此。

后来韩延寿任左冯翊[②]一职。他任职一年多了，也不肯下去巡察各

① 功曹：秦汉时开始设置，是郡守和县令的属官。主要负责考察记录业绩，也能参与政务。此后六朝、唐代也都有设置。

② 左冯翊：官名兼行政区名，汉代将都城附近地区归京兆尹、左冯翊、右扶风三个地方官分别管理，称三辅。从历史渊源来说，秦朝以内史掌管治理都城，汉武帝时分置左右内史。汉武帝太初元年（前104年）将左内史更名为左冯翊，治所在长安（今西安市东北），相当于郡守；辖区相当于一个郡，辖24县，约相当于今陕西渭河以北、泾河以东、洛河中下游地区。

县。下属多次向他报告说："您应该到郡里各县去巡行视察，观察民风民俗，考核各级官吏的工作成绩。"韩延寿说："各县都有贤明的长官，督邮督察辨明善恶就行了，我去巡察各县恐怕没有什么益处，只是增加烦扰罢了。"下属们都认为正值春季，应该出巡举行鼓励农桑的活动，韩延寿不得已同意了。巡行视察到高陵县的时候，有一对亲兄弟为了争夺田产来打官司，各自都向韩延寿申诉自己的道理。韩延寿感到非常悲伤，说："我有幸获得这个职位，作为一郡的表率，却不能宣明教化，使百姓中出现骨肉同胞互相诉讼的事情。这既伤害风俗教化，又使贤明的长吏[①]、啬夫[②]、三老、孝悌等地方各级官吏蒙受羞辱，过错在于我，我应当引咎辞职。"于是韩延寿当天称病不处理公事，在传舍[③]中闭门思过，整个高陵县没有人知道他在做什么，县令、县丞、啬夫、三老等官吏非常害怕，叫人把自己捆绑起来等待他的处罚。于是诉讼者宗族里的人们都互相责备，那两兄弟也表示出深深的懊悔，剃去头发赤膊谢罪，愿意把田产让给对方，并表示至死不敢再相争。韩延寿非常高兴，开门请他们进来，置办酒肉宴席，与他们相对欢饮，劝勉鼓励他们，并且把这件事告诉乡里的官员，以此表彰规劝那些勇于悔过从善的百姓。

---

① 长吏：地位较高的县级官吏，官俸在二百石至四百石。

② 啬夫：秦朝时在乡里设置啬夫，职掌听讼、收取赋税，后来汉、晋及南朝宋都沿袭设置。

③ 传舍：古时主要供官吏休息住宿的处所，类似后来的招待所。

黄霸

黄霸[1]是淮阳阳夏（今河南太康县）人。黄家是当地的豪绅，后来迁居到长安附近的云陵。黄霸年少时就喜欢学习法律条令，汉武帝末年以待诏的身份通过捐钱获得做官的资格，担任宫廷的侍卫官，但因为亲兄弟犯罪而被弹劾罢免。后来又通过给沈黎郡（今属四川）捐献谷米，担任了左冯翊的属官，官俸二百石。因为黄霸是通过捐钱入仕做官的，左冯翊看不起他，不给他更高的职位，只让他负责掌管郡里钱、谷出入等工作。黄霸记账严谨认真从不欺瞒，因为廉洁被推举为河东郡（今属山西）负责征收、买卖和运输郡内货物的官员，后又升为河南郡（今属河南）太守丞。黄霸为人善于观察，思维敏捷，又熟习法律条文，待人接物温和谦让，善于团结众人。任太守丞的时候，处事议政合乎法度，顺应民心，太守对他非常信任，老百姓也十分敬爱他。

从汉武帝末年开始，朝廷的法律开始变得越来越严厉。汉昭帝即位时年纪很小，大将军霍光[2]辅佐执政。大臣之间争权夺利，上官桀[3]等人与汉武帝之子燕王合谋作乱，霍光杀掉了他们，并用严厉的刑罚来约束广大臣民，因此一些粗鄙的官吏就更加推崇严酷的刑法，唯独黄霸以宽容温和而著名。

---

① 黄霸（前130年—前51年）：字次公，西汉大臣，历仕汉武帝、汉昭帝和汉宣帝三朝。黄霸自幼攻读法律之学，先后任河南太守丞、廷尉正、扬州刺史、颍川太守等地方官职。汉宣帝五凤三年（前55年），出任丞相。黄霸特别善于治理地方郡县，为官清明廉正，奉行外宽内明的施政思想，政绩极为突出。后来经常将黄霸与龚遂作为循吏的代表，并称为“龚黄”。

② 霍光：西汉著名大臣，历经汉武帝、汉昭帝、汉宣帝三朝，官至大司马大将军，权倾一时。

③ 上官桀：汉武帝、汉昭帝时大臣，被封安阳侯。

汉宣帝即位后，知道百姓深受刑罚严峻之苦，又听说黄霸执法公正，于是征召黄霸做了掌管刑狱的廷尉正。黄霸上任后，多次判决疑难案件，大家一致认为裁决得非常公正。于是朝廷又让他临时担任了丞相府的秘书长。在一次由公卿大臣参加的高级会议中，黄霸因明知长信宫少府[①]夏侯胜[②]有非议皇帝诏书的大不敬言行却不举报，便与夏侯胜一起被交给廷尉去审问，结果被判处死罪关入监狱。黄霸因此得以在狱中跟着夏侯胜学习《尚书》。两人在狱中拘押了两个冬天，第三年才被释放出狱。夏侯胜出狱后，担任了掌管议论进谏的谏大夫。他让人推荐黄霸为贤良，又向汉宣帝推荐。皇帝便提拔黄霸做了扬州刺史。又过了三年，汉宣帝颁布诏书说："任命以贤良高第身份担任扬州刺史的黄霸为颍川郡太守，俸禄每月二千石，上任时赐给车中高盖，特许可高一丈，下属别驾[③]和主簿[④]乘坐的车，车轼前面可以悬挂丹黄色帘子，以示仁德。"

当时汉宣帝正致力于治理天下，多次给百姓下达诏书，但有的地方官吏却不让百姓知道。颍川太守黄霸则专门挑选优秀的下属吏员，到各处去发布诏令，让百姓都能知道皇上的旨意。黄霸又制定了条令规则，下发给各地方的基层官吏，让他们颁布到民间，劝说老百姓严防奸邪盗贼，安心从事农耕蚕桑之业，节约用度，栽种树木，饲养牲畜，去除浮华奢侈的行为。虽然郡里公事细密、繁杂零乱，黄霸却全力以赴地加以推行。凡是遇到来自地方的官吏百姓，黄霸都要从他们的言行中了解有用的情况，询问事情的来龙去脉，来作为施政的参考。有一次，黄霸派一位为人老成的廉洁官吏前去调查一桩秘密事件，并告诫他绝不能泄露机密。那个官吏遵命出发，改换衣服悄悄赶路，不敢住在驿站，饿了便躲在路边吃些食物，这时忽然有一只乌鸦飞来抢走了他手里拿的肉。正

① 少府：西汉时管理帝室财政的机构。

② 夏侯胜：西汉经学大师，精通《尚书》之学，汉宣帝时被立为博士官。

③ 别驾：汉代设置，是州刺史的佐官。因其地位较高，出巡时不与刺史同车，别乘一车，故名别驾。魏晋南北朝沿袭设置，为州府之中总管各种事务的官。隋初仍沿袭，后废郡存州，改别驾为长史。

④ 主簿：汉代管理文书簿籍的官。

好有一个百姓要到郡府衙门报告事情，看到这一情形，就顺便告诉了黄霸。后来那个官吏回来向黄霸复命，黄霸迎上前慰劳他说："你太辛苦了！在路上吃饭还被乌鸦抢走了肉。"那个官吏大惊，以为黄霸对他外出的起居情况全部了如指掌，因此对黄霸问及的调查结果不敢有丝毫的隐瞒。在颍川郡，如果鳏寡孤独的人去世后没钱安葬，由乡里官员上报，黄霸都能为他们妥善处理，告诉他们某个地方有棵大树可以做棺椁，某个地方有头小猪可以办祭祀，乡里官员按照他的指示去做，果然都像黄霸所说的一样。黄霸明察秋毫到这种程度，官吏百姓都将他视若神明。奸邪盗窃之人只好转移到其他郡县，颍川郡的盗贼就日渐稀少。

黄霸治理地方首先施行教化，然后才使用刑罚，注意成全维护下属官吏。许县县丞年纪大了，耳朵也聋了，督邮报告黄霸，建议辞退他。黄霸说："许县县丞是廉洁的官吏，虽然上了年纪，但还能应付官场的例行公事，即使耳朵聋了，又有什么妨碍呢？还是好好地帮助他，不要让贤德之人失望。"有人向他请教其中的缘故，黄霸说："频繁更换地方长官，送旧迎新，有的奸猾官吏就会乘机销毁账册文书、盗窃财物，公家和私人的损失都很大，所有的费用都得老百姓供给，更换的新官又未必有贤德，可能还不如他的前任，反复更换徒然会加剧混乱。治理百姓的基本道理，就是做得不要太过分罢了。"

黄霸以对外宽和、对内严明的作风赢得了下属和百姓的拥护。颍川郡的户口逐年增加，治理情况堪称天下第一。皇上征召他暂时出任京兆尹①，俸禄二千石②，后来因事被贬。他于是重回颍川郡做太守，俸禄却被降到只有八百石。他在颍川任职前后八年，社会秩序更加安顺祥和。当时各地都出现了一些凤凰、神乌等祥瑞，而颍川郡更是特别多。天子认为这是黄霸长久治理的吉祥征兆，特地下诏书褒扬他。

黄霸的政绩和才能主要体现在地方治理。后来他做了丞相，需要整

---

① 京兆尹：汉代治理京畿地区的官员，相当于今天首都的市长。

② 汉代的职官俸禄以"石"来表示，最高的为万石，其次有中二千石、真二千石、二千石和比二千石等。

体协调发布全国性的号令，能力和风采就不如丙吉、魏相、于定国等前任，政绩名声比他治理郡县时也有所下降。然而自从汉朝建立以来，讲到治理地方的政绩，还是以黄霸为第一。

朱邑

朱邑[①]，庐江郡舒县（今安徽庐江县）人。他年轻时曾担任舒县桐乡负责征收赋税、处理狱讼的啬夫一职，办事清廉公正，施政宽容，以仁爱之心为百姓谋福利，从不鞭打欺辱乡里百姓，关心爱护年迈老人和孤儿寡母，经常对他们施以恩惠，因此当地的官吏百姓都很敬重喜爱他。后来他调任太守属下的卒史，又被推荐为贤良，出任掌管盐铁和商业的大司农丞，不久调任北海郡（今山东昌乐、寿光一带）太守，又因为治理地方政绩突出、品行出类拔萃而升任大司农，主管国家的钱粮和农业。朱邑为人淳朴忠厚，珍重故旧情谊，但品行端正，办理公事从来不徇私情。因此皇上很器重他，朝廷官员也很敬重他。

当时张敞担任胶东国[②]的相，给朱邑来信说："当今圣上向往远古帝王圣明之风，广泛招纳任用德才兼备的人才，这真是忠良之臣最为向往的大好时机。然而我此时却远在偏僻难以治理的地方做官，受到各种法规的约束，心里常怀郁结之情，难以有更大的抱负，也无法施展才能。而您以清廉贤明的品德，管理全国的钱粮、农业，可谓春风得意。这好比腹中饥饿的人会以糟糠饮食为美味，而在丰收的年景里却会遗弃精美的食粮。这是什么原因呢？无非是因为有无之间的情况差异造成的。从前陈平虽然贤能，也要有魏倩的帮助才得到重用；韩信虽是奇才，也要靠萧何的举荐才得到信任。因此所有生逢盛时的俊秀英杰，如果一定都要像古代的伊尹、吕望那样出名后才被推荐，人才怎么会因为

---

① 朱邑（？—前61年）：字仲卿，西汉著名官员。任地方官时，秉公办事，不贪钱财，才干卓越，以仁爱之心对待百姓，深受爱戴。汉昭帝时被举荐担任大司农丞。汉宣帝时，先后任北海太守、大司农，为朝廷重臣。

② 胶东国：西汉文帝时分封的诸侯王国，都城在今山东即墨。

您的推荐而得到任用呢？”朱邑对张敞所言非常感慨认同，便极力向朝廷举荐人才，并给予多方的帮助。朱邑身为公卿大臣，生活却十分节俭，所得的俸禄和赏赐都与家乡父老分享，家里并没有多余的钱财。

朱邑于汉宣帝神爵元年（前61年）去世。皇帝非常怜惜他，下诏称赞说：“大司农朱邑，廉洁守节，生活俭朴，不结党营私，不收取贿赂，可称得上是一位正人君子。身遭不幸，朕十分怜念。特赐给朱邑儿子黄金一百斤，以作祭祀之用。”

当初朱邑病危的时候，曾嘱咐儿子说：“我原是桐乡的小官，当地百姓爱护我，死后我一定要埋葬在桐乡。即使后代子孙祭祀我，也比不上桐乡的父老乡亲。”他去世以后，儿子便把他埋葬在桐乡西城的郊外，老百姓为朱邑建立祠堂，每年按时祭祀，直到今天也从未断绝。

龚遂

龚遂[1]，字少卿，山阳郡南平阳县（今山东省邹城市）人。他通晓儒家经术，做到昌邑国（今山东菏泽、济宁一带）的郎中令[2]，掌管顾问、劝谏，为昌邑王刘贺效力。刘贺行为不端，昏庸荒诞。龚遂为人忠厚，刚强果断，在大节上从不含糊，对内向昌邑王直言劝谏，对外督责太傅、国相，引经据典，陈述得失，甚至于流泪哭泣，可谓忠心耿耿。龚遂从不阿谀奉承，常常当面指出刘贺的过失，使他听不下去，掩着耳朵起身走掉说："郎中令真会羞辱人！"刘贺和国中大臣没有一个不敬畏他的。刘贺经常与奴仆、下人一起吃喝玩乐，给他们的赏赐超出限度，龚遂进宫劝谏，双膝跪地而行，泪流满面，哭泣呜咽，刘贺身边的侍从都感动得落泪。刘贺问道："郎中令为什么哭啊？"龚遂回答说："我为昌邑国的危险而伤心啊！大王知道胶西[3]王因统治无道而灭亡的事情吗？"刘贺说："不知道。"龚遂说："我听说胶西王有一个善于谄媚的臣子叫侯得，胶西王的所作所为明明和夏桀、商纣一样，侯得却说与尧、舜相同。胶西王喜欢他谄媚奉承，经常和他一同起居生活，听信他的妖言邪说，最终导致身死国灭。如今大王亲近那些小人，渐渐地就会沾染上他们的恶习，这是关系到国家存亡的问题，不能不慎重啊！

① 龚遂：西汉著名地方官员。曾任昌邑国郎中令，侍奉昌邑王，极力进谏，尽职尽责；出任地方官员，平定盗贼叛乱，鼓励农桑，政绩突出，史书评价他"为人忠厚，刚毅有大节"。龚遂作为循吏的代表，其政绩突出地体现在发展农桑方面，尤其在担任渤海太守期间，矫正当地民俗，鼓励百姓致力于农桑，政令明确，措施得力，使郡中积蓄丰饶，吏民生活富裕，官司逐年减少，社会承平清明。

② 郎中令：官名。始置于秦，为九卿之一，掌守卫宫殿门户。汉初沿置，为皇帝左右亲近的高级官职。地方封国也有设置。

③ 胶西：西汉封国，在今山东胶河以西、高密以北地区。

请允许我在郎官中挑选一些精通儒术、品德高尚的人同大王一起生活，一起读《诗经》《尚书》，共同演习传统礼仪，这样或许对大王有些帮助。”刘贺同意了他的建议。于是龚遂挑选了郎中[①]张安等十个人侍奉他。可是过了没几天，刘贺不耐其烦，就把他们统统赶走了。

这时，恰逢汉昭帝[②]去世，没有儿子继位，便由昌邑王刘贺继承帝位，他手下的官员也都征调进京。相国安乐调任长乐宫卫尉，龚遂去见他，流着眼泪对他说：“自大王立为天子以来，一天比一天骄傲自满，不再听别人的劝谏，如今还在服丧守孝，就天天同亲信臣僚饮酒作乐，不是斗虎豹为戏，就是聚集车马到处乱跑，所作所为违背正道。古代法制宽厚，国君无道，大臣可以隐退，如今我却不能辞职，想假装疯癫辞官避祸，又怕被别人知道，死后为世人耻笑，该怎么办呢？您过去是皇上的国相，应当直言规劝啊！”刘贺即位才二十七天，就因为荒淫昏乱，被大臣们废黜了帝位。从昌邑国随从而来的群臣，因为纵容君王邪恶昏庸而被判罪，共有两百多人被一并处死，只有龚遂和中尉王阳因为曾多次劝谏刘贺，尽到了一定职责，因而免去死罪，只处以剃发之刑，惩罚他们去修筑城墙，服四年的苦役。

刘贺被废黜后，汉宣帝[③]即位。过了几年，渤海[④]附近的郡县闹灾

① 郎中：官名。始于战国。秦汉沿置。掌管门户、车骑等事；内充侍卫，外从作战。另尚书台设郎中司诏策文书。晋武帝置尚书诸曹郎中，郎中为尚书曹司之长。隋唐至清代，各部皆设郎中，分掌各司事务，为尚书、侍郎之下的高级官员，清末始废。

② 汉昭帝刘弗陵（前94年—前74年）：汉武帝刘彻少子，继位时年仅八岁，霍光、金日磾、桑弘羊等辅政，沿袭武帝后期政策，休养生息。后以谋反罪诛杀桑弘羊等，专任霍光，更改武帝制度，整顿吏治，减轻赋税，解决社会矛盾，百姓充实，四夷宾服。元平元年（前74年）因病去世，年仅二十一岁，在位十三年。

③ 汉宣帝刘询（前91年—前49年）：汉武帝刘彻曾孙，西汉第十位皇帝，前74年—前49年在位。在位期间励精图治，任用贤能，内修吏治，外定西域。国家政治清明、社会安定、经济繁荣，史称“宣帝中兴”，是历史上有名的贤君。

④ 西汉文帝时设立渤海郡，辖境在今河北省沧州东部、天津市东南部、山东省德州东北部、滨州北部一带。

荒，饥民纷纷起来造反，太守制服不了他们。汉宣帝想要选拔得力之人前去治理，丞相和御史大夫推荐龚遂出任渤海太守。龚遂当时已经七十多岁，宣帝召见他时，看到他身形矮小，跟自己听到的不相符合，心里有点看不起他，就问他说："渤海郡法纪废弛，饥民作乱，我非常担忧。你准备用什么办法来平息盗贼，好让我放心呢？"龚遂回答说："无非是老百姓因灾荒饥寒交迫，可是地方官吏又不加体恤，所以才逼得皇上的子民偷盗了皇上的兵器在水塘中戏耍哄闹，并不是存心叛乱啊！如今不知您是要我去镇压他们呢，还是去安抚他们？"宣帝听了龚遂的应答，非常高兴地说："选用贤良之士，本来就是为了安抚百姓啊！"龚遂说："我听说治理作乱的百姓就像理顺杂乱缠绕的绳子一样，是急不来的。只有先不着急，然后才能慢慢治理。我请求丞相和御史大夫暂且不要用法令条文来约束我，让我根据实际情况自行处置。"汉宣帝同意了，并额外赏赐了黄金，派他前往赴任。龚遂乘坐驿站的专车到达了渤海郡的边界。郡中官员听说新太守到了，赶忙派出军队前往迎接。龚遂叫军士统统回去，随即下发公文指示所属各县把所有追捕盗贼的官吏一律撤回。凡是拿锄头镰刀等农具的全部算作良民，官吏不得追究，只有拿兵器的才算盗贼。然后他不带随从，单独一人乘车到了太守府。郡中上下一致拥护他的命令，成群结队作乱的饥民纷纷解散，结伙打劫和拦路抢夺的人也都扔掉兵器。渤海的盗贼叛乱很快就全部平息，龚遂接着打开粮仓救济贫民，选拔清廉的官吏安抚百姓，让他们安居乐业。

渤海地方有奢侈之风，百姓喜欢工商业，轻视农耕，龚遂于是带头厉行节俭，鼓励百姓务农种桑，下令让每人种一株榆树、一百棵薤[①]、五十棵葱和一畦韭菜，每家养两只母猪、五只鸡。如果发现百姓有带刀佩剑的，就让他们卖剑买牛、卖刀买牛犊，说："为什么把牛和牛犊佩带在身上呢？"春夏两季劝导百姓到田里耕作，秋冬时节督促他们收

① 薤：多年生草本植物，地下有鳞茎，鳞茎和嫩叶可食。又叫野蒜、野韭。

割，还让家家户户多储存果实、菱角、芡实之类，以备不时之需。由于龚遂的巡视劝勉，郡中多有积蓄，官府和百姓都殷实富足，也不再有诉讼案件。

过了几年，汉宣帝派使者召回龚遂，他的下属王生请求跟着一起去。管人事的功曹认为王生一向喝酒成瘾，毫无节制，不应该带他去。可是龚遂不忍心拒绝，就让他随从到京城。王生到京城后天天喝酒，从来不去看望龚遂。一天，龚遂被召入宫，正赶上王生喝得醉醺醺的，跟在后面大声喊道："大人稍等一下，我有几句话要对您说。"龚遂回头问他喊什么，王生说："假如天子问您是怎样治理渤海的，您切记不要多说什么，只管回答说：'全凭圣上的威德，不是我有什么能力啊！'"龚遂接受了他的建议。龚遂去拜见汉宣帝，皇上果然问起治理渤海的事情，他就按照王生的话作了回答。汉宣帝很高兴他能谦让有礼，笑着说："您讲的这种忠厚长者的话，是从哪儿学来的呀？"龚遂上前一步说："我本来并不知道应该这么说，是我的下属王生告诫我的。"汉宣帝因为龚遂年事已高，不能担当公卿重任，就任命他做水衡都尉，王生担任水衡丞，以表示对龚遂的褒奖和尊重。水衡都尉主管上林苑，负责宫廷馆阁的陈设，为宗庙祭祀提供祭祀用的牲畜，是能够亲近天子的官职。龚遂很受汉宣帝器重，最终在这一职位上去世。

召信臣

召信臣[1]，字翁卿，九江郡寿春县（今安徽寿县）人。他因为明经[2]考试考中甲科而做了郎官，后来出京做谷阳（今安徽固镇）县长。在任职考核中被列为头等，调任上蔡（今属河南）县长。召信臣爱民如子，在任期间受到当地官吏百姓的称赞。后来他升任零陵郡（今湖南永州）太守，期间因为生病而回家休养。病愈后又被朝廷征召为掌管议论的谏大夫，后来调任南阳郡（今属河南）太守，治理地方的情形也跟在上蔡时一样好。

召信臣为人勤勉而有谋略，一心为百姓谋取福利，致力于使他们生活富足。他亲自参加农耕活动，出入于田间地头，住宿在乡间公舍，很少能有安闲的时候。他在郡中巡视水利工程，主持开凿沟渠，建起数十处水闸堤堰，使灌溉的农田增加到三万多顷。百姓得到水利灌溉的好处，收获贮存的粮食富富有余。召信臣还为百姓制定了灌溉用水的规定，并把这些规定刻在石碑上，竖立在田地边界处，以防止百姓争抢。他还禁止百姓婚丧嫁娶时奢侈浪费的行为，极力推行勤俭节约的风尚。对于府县官吏放纵子弟任意漫游、不以农田耕种作为施政重点的，一律斥责罢免官职，严重的还要绳之以法，以此来明察善恶。通过以上措施，使得儒家教化在郡中得以广泛推行，郡里民众没有不努力从事农业生产的，老百姓拥护郡县官吏，郡中的户数也成倍增加，盗贼作乱和诉

① 召信臣：生卒年不详，主要任职时间为西汉初元至竟宁年间（前48年—前33年）。著名循吏，曾任上蔡县长、南阳太守、河南太守、少府等职，政绩卓著，被百姓尊称为“召父”。

② 明经：汉武帝时期开始出现的选举官员的科目，由郡国或公卿推举，须明习经学，然后通过射策来确定甲乙等第而授予官职。所谓“经”，原指先秦经典，自从汉武帝尊崇儒学，“经”就专指儒家经典了。

讼打官司的事情大为减少。官吏百姓都极为爱戴召信臣，甚至称他为“召父”。负责巡视本地的荆州刺史上奏朝廷，称赞召信臣能为百姓谋取福利，管辖的郡县富庶丰足。朝廷赐给召信臣黄金四十斤加以表彰。后来召信臣调任河南太守，政绩考核经常位居天下第一，因此又多次被增加俸禄并赐给黄金。

汉元帝竟宁[①]年间，召信臣被征召为少府[②]，列在九卿之中。他奏请皇上对上林一带的一些偏远宫苑，不要再加以修缮治理，又奏请减省乐府黄门中的倡优、杂戏等娱乐活动，并将宫苑中的守卫、器物等减少了一大半。当时太官[③]的园圃中冬天在暖房里种植葱、韭蔬菜，要日夜烧火保持温度。召信臣认为这些都不是按季节自然生长的，吃了对人会有所伤害，不适合供应皇宫所用，奏请停止种植这些违背节气的作物，这样每年能够节省数千万的费用。后来召信臣年老多病，在官任上去世。

汉平帝元始四年（4年），皇上下诏书要祭祀百官公卿中为百姓做过好事的官员，蜀郡以文翁、九江以召信臣应诏。每年一到祭祀的时候，郡太守都率领下属官吏去行礼，祭拜召信臣的坟墓，而南阳也为他立了祠庙。

① 竟宁：西汉元帝刘奭的第四个年号，即前33年。

② 少府：官名，始于战国。秦汉时相沿，为九卿之一。掌管山海地泽收入和皇室的手工业制造，为皇帝私府。

③ 太官：官名。秦代时设置太官令、丞，隶属少府。汉代沿袭，掌管皇帝的膳食以及宴会事宜。

赵广汉

赵广汉[①]，字子都，涿郡蠡吾（今河北博野）人。年轻时做过郡吏、州从事[②]等小官，因廉洁聪慧、尊重贤人而有很好的名声。朝廷选拔贤能的时候，被选中担任平准令[③]。等到任期考核的时候，因为公正廉洁又被任命为翟阳县令。在翟阳任上政绩突出，升任管理京城的长官京兆尹。

汉昭帝去世后，杜建作为京兆尹的属官，负责监督营造平陵的墓穴。他一向强横任侠，手下宾客众多，借机谋取不正当的利益，赵广汉听说以后，多次委婉劝告他。杜建不思悔改，赵广汉只好拘捕他加以审问。朝中的权贵大臣纷纷替杜建求情，赵广汉最终没有听从。杜建的宗族与宾客暗地里商量要劫狱营救他，赵广汉完全掌握了他们的计划，于是派下属去警告主谋者说："如果你们按预定计划劫狱，将会被灭全家。"并在查明案情后下令将杜建斩首示众。杜建的同党不敢轻举妄动，京城百姓都对赵广汉大加称赞。

当时昌邑王被迎接到京城做皇帝，由于其行为荒淫、不守法度，大将军霍光与大臣们一起废黜了他，另外尊立汉宣帝即位。赵广汉因为参与了这一行动，被赐爵为关内侯。

后来赵广汉调任颍川太守。颍川郡有原、褚两大家族，横行乡里无

① 赵广汉：西汉昭帝、宣帝时期的名臣。《汉书》上说："广汉为人强力，天性慧于孝职。"确实，他嫉恶如仇，手腕强硬，虽深受百姓爱戴，但最终因得罪权贵而遭朝廷腰斩处死，结局令人唏嘘。赵广汉在治理地方时，对付豪强权贵的严酷手段与法家颇为相类，行事也不循常规，颇有任侠之气。古代最早的举报箱，就是赵广汉任职颍川时发明的。

② 州从事：汉代开始设立，州刺史的属官。后来到六朝的时候多所设立、名目繁多。

③ 平准令：汉代官名，大司农的属官。

法无天，门下宾客勾结盗贼触犯法律，前几任太守对此束手无策，无法抓捕惩治。赵广汉到任仅仅几个月，就雷厉风行地惩治杀掉了原、褚家族中为首的恶人，郡中百姓深感震惊。在赵广汉来颍川之前，当地豪杰大姓互相结为儿女亲家，地方官吏与当地土著也结党营私、沆瀣一气。赵广汉采取措施，奖励任用那些能接受告诫的人，让他们告发有罪的人，审问定罪后按照法律来严加惩罚。赵广汉故意泄露他们互相告发的话，使他们互相怪罪埋怨。他还让官吏设立专门接收检举信的竹筒，并将检举信上的名字去掉，假托是豪族大姓子弟说的。从此那些强宗大族之间相互敌视，结下怨仇，奸党瓦解，风俗大变。官吏与百姓也互相告发指责，赵广汉从中选择一些人做自己的耳目，使得盗贼事件不再发生，郡中事务得到治理，他的威名流传各地，甚至连匈奴投降过来的人都说知道赵广汉。

汉宣帝本始二年（前72年），朝廷派遣五位将军攻打匈奴，征召赵广汉以太守身份带兵出征，隶属于蒲类将军赵充国的麾下。从军回朝后，又暂任京兆尹，满一年后正式任命。赵广汉虽然出任俸禄二千石的官职，但是能够礼贤下士，对吏卒下属非常殷勤周到，论及办事的成绩和功劳时，总是让给下属。他说："这是某某做的，不是我赵某能做得到的。"这些肺腑之言使下属官员都非常感动，对他推心置腹，没有任何隐瞒，并且心甘情愿为他做事，即使有生命危险也不逃避。

赵广汉知人善任，了解部下适合干什么、办事是否尽心尽力。有的部属心存侥幸触犯法律，赵广汉都能事先得知并含蓄劝告，如果仍不悔改就坚决拘捕，根据罪行马上查办。犯罪者往往立即伏罪，从来没有逃脱的。

赵广汉精明强干，擅长处理行政事务。他接见吏民百姓，了解询问民情，有时甚至彻夜不眠。他特别善于通过钩距之法辗转推问、获知具体情况。所谓钩距之法就是，假设想要知道马的价格，就要先问狗的价格，接着问羊的价格，又问牛的价格，然后问到马的价格，反复比较它们的价格，按类别推究，就会知道马的真实价格是贵是贱。这种精确的推究方法只有赵广汉能做到，其他人都模仿不来。因此赵广汉对于郡中的盗贼、坊间的游侠，他们频繁活动的地域，以及官吏交结受贿的情况等，全都了解得一清二楚。有一次，长安几个少年游侠聚集在非常隐蔽僻静的地方谋划抢劫之事，坐下来还没说几句话，赵广汉马上派出吏卒将他们抓捕处理。富家子弟苏回担任侍卫郎官，有一次被两个贼人劫持。不一会儿，赵广汉带领吏卒赶到贼人家，站在庭院中，让长安丞龚舍敲着堂屋门告诉贼人说："京兆尹赵君敬告两位，不得杀死人质，此人是皇上的侍卫郎官。马上释放人质，束手就擒，会好好对待你们；如果遇上皇上大赦，还可能免罪。"两个贼人非常惊骇，又一向听说赵广汉的大名，立即走下堂叩头请罪。赵广汉把两个贼人送入监狱，命狱吏谨慎对待，给他们酒肉吃。到了冬天应当处死的时候，预先给他们备办棺材，供给收殓埋葬的用品。两人临死时都说："死而无憾。"

赵广汉曾经下达文书征召湖都亭长[①]前来，湖都亭长向西经过界上，界上亭长开玩笑说："到了京兆府，替我多多感谢问候赵君。"湖都亭长到了京兆府，赵广汉同他谈完话，问："界上亭长让你带口信感谢我，为什么不转达呢？"湖都亭长马上叩头，敬佩地说确实有此事。赵广汉说："你回去替我告诉界上亭长，要时刻想着努力尽心职守，赵某不会忘记他的厚意。"赵广汉揭露坏人坏事以及隐秘不闻之事就如同神灵一般。

赵广汉曾经奏请朝廷，给京城巡察盗贼的吏卒增加俸禄一百石，从那以后这些吏卒做事都非常认真谨慎，不敢再不顾法令随便拘捕人。京兆地区政治清明，井然有序，官吏百姓对赵广汉交口称赞。有些老人甚至认为从汉朝建立以来治理京兆地区的官员没有谁能赶得上他。

赵广汉做事雷厉风行，从不回避，经常有决绝果敢的举动，没有谁可以阻拦，也因此侵犯了许多贵戚大臣，最终因触犯法律被判腰斩。

赵广汉虽然因触犯法律被处决，但他做京兆尹时廉洁清明，用权威制服豪强，使百姓能安居乐业。因此直到今天，还能得到百姓的追思和歌颂。

---

① 亭长：秦汉在乡里十里设一亭，亭长掌治安警卫，兼管行旅，治理民事，类似于后来的乡长。

东汉

卓茂、耿纯、卫飒、任延、郭伋、杜诗、张堪、秦彭、孟尝、仇览、陈寔、贾琮、吴祐、刘宠、鲁恭等十五人，选自《后汉书》。

《后汉书》是记载东汉一朝的历史，与《史记》《汉书》《三国志》并称“前四史”。《后汉书·循吏列传》记载了卫飒、任延、秦彭等东汉著名地方官吏的事迹。除此之外，卓茂、耿纯、杜诗等治理地方也取得突出政绩，因功绩卓著，《后汉书》为他们另立列传，未收入《循吏列传》，在此也加以选录。

东汉光武帝长于民间，了解民生疾苦、稼穑艰难，登上皇位后，实行宽松缓和的统治策略，推行简约之风，百姓得以休养生息。他在位期间，涌现了一批勤政爱民的地方官员，以教化感民，爱人以德，此风绵绵不尽，一直到汉章帝、和帝以后，循良之吏仍然层出不穷。

人物点评

卓茂 劳心谆谆，视人如子，举善而教，口无恶言，吏人亲爱而不忍欺之。

郭伋 安边治郡蔼仁风，竹马欢呼迎送中。恺悌真为民父母，怀恩何处不儿童。

杜诗 造作水排，铸为农器，力少功多，百姓便之。南阳为之语曰：『前有召父（召信臣），后有杜母。』

孟尝 移风改政，去珠复还，人称之为神明。

卓茂

卓茂[1]，字子康，南阳宛县（今河南南阳）人。祖父、父亲都做过郡太守。卓茂在汉元帝时到长安求学，师从博士江生，学习《诗》《礼》和历法算术，深得师传，以学问渊博著称。卓茂生性仁爱恭谨，乡邻朋友虽然品行才能跟他有所不同，但都很钦佩喜欢他。

卓茂最初被聘为丞相府的属官，跟随孔光[2]做事，孔光称赞他是仁德宽厚之人。有一次他坐马车出门，别人把卓茂的马认作自己的马。卓茂问他："你的马丢了多长时间了？"那人回答说："一个多月了。"卓茂用这匹马拉车已经好几年了，他心里知道是那人弄错了，但是一句话也没说，默默地将马解下来交给那个人，自己拉起车离去，回过头说："如果不是你的马，劳驾到丞相府还给我。"后来，马主人在别处找到了自己丢的马，就到丞相府还马，向卓茂磕头道歉。卓茂的性格就是这样宽厚淳朴，不喜欢跟别人争执。

后来卓茂靠自己的学识能力被推荐担任黄门侍郎[3]，升任山东密县县令。他忠心耿耿，爱民如子，用良善的德行教育百姓，从不对人恶语

---

① 卓茂（？—28年）：东汉光武帝云台二十八将之一。西汉末年到王莽统治期间，就已经有突出的政绩与名声。后辅佐光武帝，功勋卓著，官至太傅，被封为褒德侯。卓茂为人宽仁恭爱，平和不争，治理地方时待民如子，善于教诲，以至于官吏百姓爱戴而不忍欺骗他，所以当时名冠天下。

② 孔光：西汉大臣，汉哀帝时曾经任丞相。

③ 侍郎：郎官的一种，本为宫廷近侍之职。东汉以后，尚书的属官，初任者称郎中，满一年称尚书郎，三年称侍郎。汉代称为黄门侍郎。黄门即宫门，黄门侍郎为皇帝近侍之臣，服务于宫门之内，可传达诏令。历史上官职侍郎有很多种，除黄门侍郎外，还有中书侍郎、左侍郎、右侍郎、吏部侍郎、工部侍郎、礼部侍郎、兵部侍郎、刑部侍郎、户部侍郎等，其中六部中的侍郎是各部的副长官，相当于政府各部的副部长。

相向，官吏百姓都很喜欢他而不忍心欺骗他。卓茂刚到密县的时候想有所改革，官吏、百姓都嘲笑他，邻县的人听说后也嘲笑他无能。河南郡为他派来代理县令，卓茂也没有疑忌，和往常一样治理政事。几年之后，密县教化大行，路不拾遗。汉平帝[①]时，天下发生大蝗灾，河南郡二十多个县都遭了灾，唯独密县境内没有蝗灾。督邮[②]报告太守，太守不相信，前去巡查，见到实情后心里极为佩服。

当时王莽执掌政权，设立大司农六部丞，负责劝勉督察全国的农业生产，升任卓茂为京部丞，密县百姓老少都哭着给他送行。但到王莽宣布即皇帝位时，卓茂就称病辞官回乡，不肯再担任实际的职务。

光武帝刚即位，就派人访求卓茂，卓茂到河阳去见光武帝。光武帝下诏书说："前任密县县令卓茂，约束自身，修养德行，节操淳厚高尚，能做到别人做不到的事情，名冠天下，应当接受天下最重的赏赐。以前周武王灭商纣，重修纣王叔叔比干的坟墓，表彰名臣商容的故里。现在我任命卓茂为太傅，封褒德侯，食邑二千户，赐给坐几、手杖、车子、马匹，衣服一套，丝绵五百斤。"又任用卓茂的大儿子卓戎为太中大夫[③]，二儿子卓崇为中郎，供职黄门。建武四年（28年），卓茂去世，朝廷赐给棺椁坟地，皇上乘坐车子穿着丧服亲自送葬。

---

① 汉平帝刘衎（前9年—6年）：西汉第十四位皇帝，前1年—6年在位。

② 督邮：汉代各郡的重要属吏。代表太守督察县乡，宣达政令兼管司法。

③ 太中大夫：官名。秦官，掌论议，汉以后各代多沿置。唐、宋为文散官第八阶，从四品上。金称大中大夫，从四品。元升为从三品。明亦称大中大夫，为从三品加授之阶。

耿纯

耿纯[①]，字伯山，钜鹿宋子傅家庄（今河北邢台市新河县）人。王莽统治时期，耿纯在长安求学，被授官为纳言士[②]。

王莽失败后，更始帝刘玄登上皇位，重用舞阴王李轶。耿纯劝谏李轶说："您凭借龙虎般的资质，遇上风起云涌的时代，得以迅速崛起，一个月之内兄弟相继称王，但士人百姓并没有听闻您的恩德威信，功劳恩惠也没有施加到老百姓身上，突然之间获得莫大的荣宠俸禄，这是明智之人特别忌讳的。行事小心谨慎，还害怕不能善终，更何况您现在洋洋自得，怎么能够成就功业？"李轶觉得他与众不同，又因为他是钜鹿的士族大姓，于是秉承皇上旨意让他做骑都尉，命令他平定赵、魏之地。

当时刘秀正好渡过黄河来到邯郸，耿纯前往谒见，刘秀诚心诚意地接纳他。耿纯看到刘秀部下领兵方法与其他将领有所不同，于是送上战马和丝帛几百匹，请求与刘秀结交。刘秀北上到中山，让耿纯留在邯郸。正赶上王郎造反，刘秀从蓟疾驰前往东南，耿纯和兄弟们一道率领宗族门客二千多人，年老有病的甚至拉着棺木跟随，到育县迎接刘秀。耿纯被拜任为前将军，跟随刘秀攻打下曲阳和中山。后又平定邯郸，打败铜马、赤眉，天下得以大致平定。耿纯向刘秀请求说："微臣本来是小官吏家的子弟，很幸运赶上大汉重新兴起，圣上您秉受天命，我幸运地位列将军，被封为侯爵。现在天下安定，微臣没有什么大的志向，希望试着治理一个郡，为皇上尽力效劳。"刘秀笑着说："耿卿已经治理

---

① 耿纯（？—37年）：东汉中兴名将，"云台二十八将"之一。在光武帝取得天下的过程中，立下战功。作为地方官员，主要是在东郡太守任上，平定盗贼，爱护百姓，颇有政绩。

② 纳言士：王莽时期尚书的属官。

过军事，又想修治文职吗？”于是任耿纯为东郡（治所在今河南濮阳）太守。当时东郡还不安定，耿纯任职几个月后，当地的盗贼就被肃清平息。建武四年（28年），光武帝下诏命耿纯率军攻打依附更始帝刘玄的东平太守范荆，范荆投降。接着平定了泰山、济南以及平原的贼寇。任职东郡的第四年，属下县令犯有罪过，耿纯向朝廷上奏章弹劾他，派人看守着县令，但是奏章还没有批复下来，县令就自杀了。耿纯因此获罪免职，以列侯身份出任奉朝请[①]。后来他跟随光武帝攻打董宪，路过东郡的时候，有几千百姓跟随皇上车驾前行，哭泣着说：“希望皇上能够让耿君再来治理东郡。”皇上对随行的公卿大臣们说：“耿纯年轻时只是穿铠甲的小军官罢了，治理郡事竟然能这样被人思念吗？”

建武六年（30年），耿纯被封为东光侯。他辞别光武帝前往封地，皇上说：“当年汉文帝曾对周勃说‘丞相是我所器重的，你要替我带领诸侯去封地’，现在也是这样啊！”耿纯接受诏令离去。到了封地，耿纯吊唁死者、问候病人，百姓都非常热爱尊敬他。建武八年（32年），东郡、济阴一带盗贼成群兴起，大司空[②]李通、横野大将军王常带兵攻打贼寇。光武帝因为耿纯在当地非常有威信，于是派使者拜任他做太中大夫，让他与大军在东郡会师，一起讨伐贼寇。听说耿纯进入郡界，东郡的盗贼九千多人都相继到耿纯这里投降，大军不战而胜。光武帝又下诏书任命他做东郡太守，官吏百姓都心悦诚服。建武十三年（37年），耿纯在东郡太守任上去世，朝廷赐谥号[③]为“成侯”。

① 奉朝请：古代给予离职的高级官员的待遇，表示有参加朝会的资格。

② 大司空：司空一职，夏商周三代都设置，主管水土治理、建筑工程等。西汉成帝绥和元年（前8年）将御史大夫改称为大司空，掌管刑狱，为三公之一。

③ 谥号：古代皇帝或大臣去世后，由朝廷根据他生前的德行作为给他一个尊号，来评价他的一生，称为“谥号”。

卫飒

卫飒，字子产，河内修武（今属河南）人。卫飒家境贫寒但喜欢钻研学问，跟随经师学习但经常衣食不足，靠做工来维持生计。王莽统治的时候，做过州刺史的属官。

建武二年（26年），他在大司徒[①]邓禹府中任职，因为能举荐贤才、处理繁杂公务而被任命为侍御史、襄城（今属河南）县令。他治理政事颇有声誉和政绩，升为桂阳（今属湖南）太守。桂阳与交州[②]交界，受交州影响很大，百姓不懂得礼法规矩。卫飒上任以后，兴建学校，整顿教化，制定婚姻的礼规。一年时间，风气大为改变。

原先含洭、浈阳、曲江三县[③]属于越地，汉武帝平定越地后，才收归桂阳管辖。百姓住在深山里，靠着溪水居住生活，沿袭过去的风俗习惯，不交纳田租。离郡治最远的地方将近千里，官吏往来办事，总是调发百姓驾船接送，称之为“传役”。每一位官吏外出，徭役要摊派到好几家，百姓深受其苦。卫飒于是组织凿通了五百多里的山道，修建亭传、驿站和邮馆。这样减少了劳役，也杜绝了奸猾的官吏从中牟利。流亡到外地的百姓逐渐回归，慢慢聚成乡镇，开始像普通平民一样交纳田租赋税。另外，耒阳（今属湖南）县出产铁矿石，其他郡的百姓经常聚在一起私下炼铁，结果招来亡命之徒，导致很多奸邪盗窃的事情。卫飒于是上书请求设立负责铸铁的官员，不允许私人铸铁，每年增加的收入

① 大司徒：古代中央高级官员。《周礼》中以大司徒为地官之长。西汉哀帝元寿二年（前1年），改丞相为大司徒。东汉建武二十七年（51年），改称司徒。

② 东汉时交州包括今越南北部和中部、中国广西和广东一带。

③ 三县在今广东英德、韶关一带。

达五百多万钱。卫飒善于处理民事，体恤民情，做官治理地方就好比管理自己家一样，所施行的政策，无一不合乎事理。他任职十年，郡治太平安定。

建武二十五年（49年），卫飒被征召回朝。光武帝想任命他为少府，正赶上他生病，无法前去任职，就命他以桂阳太守的身份回家休养，等候诏书。过了两年，卫飒带病回到朝廷，陈说自己病重，皇帝才收回给他的印绶，并赐给他十万钱。后来他在家中去世。

任延

任延[1]，字长孙，河南南阳宛县人。十二岁时，就成了太学[2]的学生，在京城长安学习。他精通《诗经》《易经》《春秋》等经典，在太学中很有名气，被称为“任圣童”。

更始元年（23年），任延被任命为大司马[3]的部属，任会稽都尉[4]一职。当时他十九岁，来接他的官员见他如此年轻非常诧异。他到会稽以后，淡泊无为，首先派人准备祭品去祭祀延陵季札[5]。当时天下刚刚平定，道路不通，来江南避难的人还没有回到中原，所以会稽一带有才能的人很多。任延上任以后，特别聘请董子仪、严子陵等品行高洁之士，

① 任延（？—68年）：曾先后担任过会稽都尉及九真、颍川、河内太守。治理地方，特别注重淳化当地民风，改变当地习俗。比如鼓励农耕，提倡礼仪，同时又能抑制豪强，树立威信。因此，所任之地，百姓爱戴，人心凝聚。

② 太学：中国古代的国立大学，其名始于西周。

③ 司马：古代职官名称。殷商时代始置，位列三公，与六卿相当，与司徒、司空、司士、司寇并称五官，掌军政和军赋；汉武帝时置大司马，作为大将军的加号，后亦加于骠骑将军；后汉单独设置，皆开府；隋唐以后，为兵部尚书的别称。大司马：汉武帝时罢去丞相、太尉、御史大夫等三公中的太尉，置大司马。东汉初为三公之一，不久改称太尉，东汉末年另设大司马，在三公之上。

④ 都尉：秦与汉初，每郡有郡尉，秩比二千石，辅助太守主管军事。景帝改名为都尉。西汉有掌管人员进入京畿的关都尉、掌管边郡与田的农都尉、管理归附各族的属国都尉，及与武事无关，掌皇帝所乘车辆的奉车都尉、掌副车之马的驸马都尉、掌乐府的协律都尉等。

⑤ 季札（前576年—前484年）：姬姓，名札，又称公子札、延陵季子，春秋时吴王寿梦第四子，封于延陵（今江苏常州一带），为避王位隐居退耕。品德高尚，并有远见卓识。

并以师友之礼相待。部属生活困难，他总是分出自己的俸禄接济他们。他裁减军队的士兵，让他们去耕种公家的田地，以便周济穷困百姓。他每次到各县巡察，总是派人去慰问当地的孝子，并招待他们吃饭。

吴地有个叫龙丘苌的人，在太末（今浙江龙游县）隐居，意志坚定不变。王莽时期，四辅、三公①等高官连续征召他去做官，他都谢绝不去。郡里的掾吏部下禀告任延，请求将他征召来做官。任延说："龙丘先生践行德行仁义，具有原宪②、伯夷一样高尚的节操。我洒水扫地前往拜见，还担心使他受到羞辱，征召他前来是绝对不可以的。"于是派部属携带礼品前往拜见，给他写信、送去医药，派去的使者一个接一个，络绎不绝。一年后，龙丘苌才坐车来到郡府，表示愿意在临死之前在郡里供职。任延再三感谢，最后要他暂任议曹祭酒。龙丘苌不久就病逝了，任延亲自为他治丧，三天没有处理政务。此后郡里有才能的士大夫争着到任延这里任职。

建武初年，任延上书辞职，回去拜见天子。光武帝召见他，任命为九真（今越南北部）太守。赐给他马匹和各种丝织品，并让他的妻子儿女留在洛阳。九真地区传统上以狩猎为业，不懂得耕地种田，老百姓经常需要到交州去买粮食，往往导致穷困不足。于是任延就教他们制造农具、开荒种地。这样耕地逐年增多，百姓变得自给富足。原先当地老百姓不懂婚姻礼法，没有固定的夫妻关系，也不了解父子间的天性和夫妇间的道理。任延下发文书给所属各县，要求男子年龄在二十到五十岁之间、女子年龄在十五到四十岁之间，都按照年龄大小结合为夫妇。有出不起聘礼的贫穷百姓，需要长吏以下的官员各自从俸禄中拿出一部分来帮助他们。结果当时一同娶妻的有二千多人。过了一年，风调雨顺，粮食丰收。这些夫妇生下孩子，才知道了宗族姓氏的道理。他们都说："让我们有孩子的，是任君啊！"许多人给孩子取名为"任"，来表达

① 三公：古代朝廷三个高官的合称，东汉以太尉、司徒、司空为三公。

② 原宪：孔子七十二弟子之一，家境贫寒，个性狷介，不与世俯仰，不随波逐流。曾任孔子的家臣，孔子去世后，隐居不出，淡泊度日。

对任延的崇敬之情。边境外的蛮夷夜郎等部落仰慕任延的德义，愿意来保卫边塞，任延就撤掉了侦察候望、把守边关的士卒。

任延在九真任职四年，皇帝召他去洛阳，由于生病耽搁了行程，被降为睢阳（今属河南）令。九真的官员和百姓在他活着时就为他建了祠堂。到京城后他被任命为武威（今属甘肃）太守。皇帝召见他，告诫他说：“好好侍奉上级，不要坏了名声。”任延回答说：“臣听说忠臣没有私心，有私心就无法做到忠诚。一心为国，这是臣子的本分。上下级一团和气，对陛下并不是好事。您让我好好侍奉上级官员，臣不敢接受您的指示啊！”皇帝叹息一声，说：“你说得对啊！”

到了武威以后，当时统率军队的长史①田绀是郡内的望族，他的子侄及宾客为害百姓，任延拘捕了田绀，并将他父子和宾客五六人全部处死。田绀的小儿子田尚纠集了几百名放荡奸邪之徒，夜里来攻打郡府。任延随即调集军队打败了田尚。从此，任延在当地威信大震，官吏和百姓都小心谨慎。

武威北对匈奴，南接羌人，老百姓害怕匈奴和羌人的入侵和掠夺，许多人逃往外地，荒废了耕种。任延到任后，挑选了一千名懂得用兵的人，申明赏罚之令，要他们率领胡人部族休屠黄石的骑兵占据要害地方，一旦有紧急情况，就可以迎战和追击敌人。每次交战都能毙伤很多敌人，从此以后，他们再也不敢前来侵扰。

河西一带干旱少雨，任延就设立主管水利的官员，负责修建河渠水道，老百姓都从中得到益处。他又兴建学校，派官员前去管理，掾史以下官员的子弟都让他们到学校接受教育，免去他们的徭役。通晓经义的学生一概加以任用，使他们声名要显，武威从此也有了很多博学多能的人才。

① 长史：官名，其执掌事务不一，但多为幕僚性质的官员，亦称为别驾。明清时代的长史设于亲王、公主等府中，执管府中之政令。

郭伋

郭伋[①]，字细侯，扶风茂陵（今属陕西西安）人。郭伋少年时就有远大的志向，汉哀帝[②]、汉平帝[③]年间被征召到大司空府，后来任渔阳（今北京密云）都尉。王莽统治时任上谷（今河北怀来）大尹[④]，升迁为并州（今山西太原）牧[⑤]。

建武四年（28年），郭伋出任中山太守。第二年，转任渔阳太守。渔阳此前遭受过王莽时期的动乱，民众较多狡猾作恶之徒，贼寇充斥民间。郭伋到渔阳后，宣示百姓有功必赏，并大力捕杀贼寇首领，盗贼由此溃散消亡。当时匈奴多次侵扰渔阳边界，边境军民深受其苦。郭伋整顿兵马，设计好进攻守卫的战略，匈奴忌惮害怕而远远离去，不敢再侵入边界，百姓因此得以安居乐业。郭伋在任五年，户口数增加了一倍。后来颍川盗贼兴起，建武九年（33年），朝廷征召他为颍川太守。受召见后辞行时，皇帝慰劳他说："贤能的太守，此去距离京城不远，希望

① 郭伋（前39年—47年）：两汉之际著名官员。少有大志，多次迁转，王莽时任上谷大尹、并州牧，更始帝时任左冯翊。光武帝刘秀任郭伋为雍州牧、尚书令，先后出任中山、渔阳、颍川太守，官至太中大夫。

② 汉哀帝刘欣（前25年—前1年），汉元帝之孙，汉成帝之侄，西汉第十三位皇帝。由藩王而登帝位，最初能提倡节俭，勤于政事，欲有所作为，后来宠幸董贤等佞臣，荒淫无德，在位仅七年而驾崩。

③ 汉平帝刘衎（前1年—6年），原名刘箕子，汉元帝之孙，中山孝王刘兴之子，西汉第十四位皇帝，其在位期间王莽专政。

④ 大尹：郡的长官郡守，王莽时改称大尹。

⑤ 牧：牧这一职位，起源极早。传说舜时置天下为十二州，设立州牧，就是各个州的行政长官。汉武帝时设十三州部，每部设一刺史，汉成帝时，改刺史为州牧。后废置无常。东汉灵帝时，为镇压农民起义，再设州牧，并提高其地位，居郡守之上，掌一州之军政大权。

你施政的恩惠让京城也能受到好的影响。你虽然精通追捕盗贼之术，可是山道险恶，仅能容下单打独斗，因而一定要谨慎小心。”郭伋到颍川之后，招降安抚山贼赵宏、召吴等数百人，将他们全部遣返回乡务农。此后赵宏、召吴的党羽听说了郭伋的威望和信义，从幽州、冀州等地不约而同前来归降。

建武十一年（35年），朝廷裁撤朔方刺史，归属并州，光武帝调郭伋任并州牧。郭伋经过京师时到朝廷谢恩，皇帝马上召见他，将皇太子及诸王子召来一起宴请郭伋。郭伋趁机进言选拔增补官吏时，应挑选天下贤士俊杰。皇帝接受了他的意见。郭伋以前在并州时，对百姓施行恩惠仁德。此次他一进入州界，所到之处，百姓都扶老携幼，夹道欢迎。郭伋询问百姓疾苦，聘请德才兼备之人，施以尊崇之礼，让他们参与政务处理。

郭伋开始去下属各县巡视，来到西河美稷（在今内蒙古准格尔旗），有数百名儿童各自骑着竹马，在路边依次跪拜迎接。郭伋问孩子们为何远道而来，他们回答说：“听说您来了，我们很高兴，所以前来欢迎。”郭伋表示感谢。处理完事情后，孩子们又将他送出城，并问他何时回来。郭伋告诉随从官吏，计算好日期告诉他们。等他巡视回来，比预计日期提前了一天，郭伋不想失信，于是在野外亭中留宿，等到了约定日期才进城。

当时朝中很多人推举郭伋担任主管刑狱的大司空，光武帝因为北方还有卢芳造成的威胁，匈奴也没有平定，想让郭伋在此多任职一些时间，因此没有征召他。郭伋知道卢芳非常狡猾，很难一下子制服他，就命令士兵严守边塞，侦察敌情，并公开悬赏捉拿，使贼寇内部慢慢发生分化。不久，卢芳的部将隋昱打算胁迫卢芳归降郭伋，卢芳最终逃奔匈奴。

郭伋以年老有病为由上书朝廷请求辞职。建武二十二年（46年），被征召为掌管议论进谏的太中大夫一职，皇上赏赐他府宅一套以及许多帷帐钱谷。郭伋每次都把皇上的赏赐赠送给宗族亲戚，自己一点也没有留下。第二年他去世，时年八十六岁。光武帝亲自吊唁，并赐给他坟冢之地。

杜诗

杜诗[①]，字君公，河内汲县（今属河南）人。他年少时有才学能力，在郡里担任功曹，做事公平，很有声望。

更始帝刘玄统治年间，杜诗被征召至大司马府任职。建武元年（25年），迁升至侍御史，安定洛阳。当时将军萧广放纵士兵横行霸道，肆意抢掠，百姓惶恐不安，杜诗多次告诫他却屡教不改，于是杜诗便击杀萧广，回京后将具体情况上奏朝廷。光武帝召见杜诗，并赐给棨戟[②]，派他出使河东，诛灭招降叛逆贼寇杨异等人。杜诗来到大阳（今山西运城），听说贼寇图谋渡河北上，便与随从官吏迅速烧毁他们的船只，并率领郡中兵马突袭斩杀了杨异等人，贼寇被彻底消灭。杜诗被任命为成皋（今河南荥阳）令，在任三年，政绩十分突出。

建武七年（31年），杜诗迁升为南阳太守。他生性节俭、为政清廉，通过诛除残暴之徒来树立威望，擅长计策谋略，爱护百姓并减轻他们的劳役。他组织百姓制造水排，铸造农具，成效显著，百姓得到许多便利。又修建治理池塘水渠，开垦土地，郡内各家各户都非常富足。当时人将他比作西汉时的召信臣，南阳百姓称赞说："前有召父，后有杜母。"

杜诗自认为没有多少功劳，不敢心安理得地长久位居郡守要职，

① 杜诗（？—38年）之所以被视作循吏，主要是因为任南阳太守时，创造水排，也就是水力鼓风机来冶铁、铸造农具，大大提升了劳动效率。另外修治陂池，广开田池，使郡内耕地修整，百姓富庶。当时百姓对他有"杜母"之称，所谓"前有召父（召信臣），后有杜母"。

② 棨戟：有缯衣或油漆的木戟。古代官吏所用的仪仗，出行时作为前导，后来也列于门庭。

想要降低官职回避功绩，便上疏说：“陛下成就上天之意，完成复兴大业，停止军事行动，振兴文教，将领们班师回朝，海内和睦，万世蒙受福祉，这是天下最幸运的事情。只是匈奴不了解圣上的恩德，威胁侵犯边陲，图谋欺凌中原，边境居民财物耗费过多，难以自守，臣恐怕勇武威猛的将帅们虽然辛劳，也不能解甲藏弓休养生息。辛勤劳苦却得不到休息就会产生怨恨，怨恨满腹的军队，是很难再建立新功的。臣在下边看到将帅们的心情、功臣们的期待，都是希望能在内地得到充足的休息，然后再披甲出战，不敢有所怨恨。臣窃认为军队打胜仗在于人和而不在于人多，陛下虽然关注北部边陲，但也应该稍微调和一下。从前商汤、周武王善于统率兵卒，没有因忿恨而出击的军队。陛下起兵十三年，将帅和睦，士卒也没有不满。如今如果让公卿郡守的职务出于军阵，那么将帅就会自我勉励；如果士卒待遇像禁卫军一样优厚，那么自然会以一当百。什么原因呢？天下已经安定，人们各自珍惜性命，自大臣以下都留恋乐土，不赏赐将士的功劳却要他们努力作战，恐怕是做不到的。陛下实在应该空出一些郡县的官位，留待加封那些统率军旅的将领，准备好丰厚的赏赐，给予那些长久服兵役的士卒。这样沿边境驻防的军队会争先恐后而忘却死亡，据守城池要塞的官吏会不辞辛劳地勇猛战斗。圣王的统治之道，必定是以顺应人心为先。如今随意使用愚笨而浅薄的办法去满足功臣们的愿望，确实是不适合的。在下原本只是一个小小的功曹，只是遇上陛下开创大业，在贤德俊杰之士空缺的时候额外受到特别的恩惠，治理百姓不符合要求，供职也没有成效，却长时间占据官位，使有功之臣心怀不满，真是诚惶诚恐。臣蒙受恩赏，按照大义绝不敢弄虚作假，实在是受之有愧，希望能辞掉大郡的官职，接受低一些的职位。如果臣趁着年纪未老，尚有力承担重任，到那时再接受高位，即使是按爵位高低分赐珪玉授爵，臣也不会推辞。希望陛下同情臣下！”皇帝爱惜他的才能，没有答应他的请求。

杜诗喜欢推荐贤能，多次举荐知名人士，如清河刘统以及鲁阳长董崇等人。起初，法令还比较简单，没有使用虎符作为凭证，只用皇上的印玺诏书就可以发兵，杜诗上疏说：“臣听说发动战争对于治理国家来说是凶险的手段，所以圣人会谨慎对待。按照过去的制度，发兵都是用虎符作凭证，其余小的调动，使用竹符就行了。虎符调兵表明国家的命令控制非常有权威，而用玺书、诏令发兵则不免有奸人行诈作假。臣认为现在战事频发，贼寇还未被消灭，在郡国征兵，应该十分慎重，可以建立虎符制，杜绝奸邪萌生的危险。从前魏国公子信陵君，威望遍及列国，尚且还要借兵符以解赵国之围。有些事情虽然烦琐却不能省简，虽然费事却又不得不做，大概说的就是这类事情吧！”皇帝接受了他的建议。

杜诗虽身在京城之外，却一心想着朝廷，勇于忠言进谏。他治理地方政事七年之久，政令教化都得到贯彻执行。杜诗去世时，因为生活贫困没有田宅，甚至无处安葬。朝廷下诏在郡府办理丧事，并赐绢千匹来表彰他。

张堪

张堪，字君游，南阳宛县（今属河南）人，是郡中的豪门大族。张堪早年丧父，把父亲留下来的数百万财产都让给了兄长的子女。十六岁时，他在长安学习，志向远大，刻苦用功，被儒生们称为“圣童”。

光武帝还未即位的时候，就了解张堪的志向节操，常常褒奖他。即位之后，征召张堪为郎中，后来升迁为掌管议论的谒者一职。当时朝廷派他运送布匹与丝织品，并率领七千骑兵参加大司马吴汉讨伐公孙述的军队，在路上被加封为蜀郡太守。当时吴汉的军队只剩下七天的粮草，正暗中准备船只想要撤走。张堪听说后，快马加鞭赶往吴汉军营，极力陈说公孙述必败、不应退军的策略。吴汉听从了他的意见，故意表现出疲弱之态来欺骗对方，公孙述果然轻率地亲自出战，最后战死在成都城下。攻入成都之后，张堪首先检查府库中所藏的珍宝财物，详细列出清单上报朝廷，没有私藏半点财物；并发布公告慰问安抚官吏百姓，蜀人都十分高兴。

张堪在蜀郡任职二年，朝廷征召任命他为骑都尉[①]，后来兼任骠骑将军杜茂军营的统领，在高柳打败了匈奴，出任渔阳太守。张堪追捕打击奸恶狡猾之徒，处理政事赏罚分明，官吏百姓都愿意接受他的领导。匈奴曾派上万骑兵进攻渔阳，张堪率数千骑兵迎击，大败敌军，郡内从此平静安定下来。张堪于是在狐奴（今北京顺义）开垦田地八千余顷，鼓励百姓耕种，民众日益富足。百姓用歌谣来颂扬他：“桑无附枝，麦穗两歧。[②] 张君为政，乐不可支。”张堪在渔阳任职八年，匈奴不敢再侵犯边塞。

---

① 骑都尉：汉代光禄勋的部属，掌管羽林骑兵。

② 前两句的意思是：大叶的桑枝不长小枝杈，一棵小麦长出两个麦穗。

光武帝曾召见各郡的计吏[①]，询问各地风土人情及所任长官是否称职能干。蜀郡的计吏樊显进言说："渔阳太守张堪以前在蜀郡的时候，以仁慈之心对待下属，打击奸邪树立威望。官军打败公孙述攻入成都，府库的珍宝堆积如山，珠玉无法计数，可以富足十代后人，但张堪离职的时候，乘坐的却是车辕曾折断过的车子，携带的只是布制的行囊。"皇帝听说后，颇为感慨。正要征召张堪，不巧他病逝了。皇帝深切悼念深感痛惜，下诏对他加以褒奖，赐给丝织品一百匹。

① 计吏：古代州郡掌管簿籍并负责上报财政账目的官员。

秦彭

秦彭[1]，字伯平，扶风茂陵（今陕西凤翔）人。从汉朝建立开始，秦氏家族世代相承。秦彭的六世祖秦袭曾担任颍川太守，同族兄弟中曾有五人同时担任俸禄二千石的职位，因此京城地区称他们为“万石秦氏”。秦彭的妹妹在汉明帝时入宫为贵人，很受宠幸。汉明帝永平十五年（72年），秦彭被授予骑都尉一职，协助驸马都尉[2]耿秉北征匈奴。

建初元年（76年），秦彭升为山阳（今属陕西商洛）太守。他以礼义教化百姓，不用刑罚；推崇儒学，兴办学校。每逢春秋时节进行祭祀、乡射的时候，都会推行宾主升降、揖让等礼仪。他制定了四条训诫，以确定父子、兄弟、夫妇、长幼之间的礼仪；提拔遵守奉行教化的长者为乡里的官员，经常在八月份送去酒肉作为勉励；官员犯有罪过，只是批评训诫、免去官职打发走而已，并不加羞辱。因此百姓都心怀仁爱，没有人互相欺骗或侵犯。他率领百姓开垦了几千顷稻田，每到农事季节，亲自测量土地，按照土地的肥沃和贫瘠程度，划分为三等，并记录在公文簿上，收藏到乡里、县府，使奸猾的官吏不敢肆意妄为。秦彭上书朝廷，建议全国都实行这种制度。朝廷下诏书将他所列的条文规定分发下达给各级州郡政府。

秦彭在山阳任职六年后，调任颍川太守。他到任后，郡内经常有凤凰、麒麟、特别茁壮的稻禾、甘美的雨露等祥瑞出现。汉章帝外出视察，两次来到颍川，赏给他钱粮，对他尤为赞赏优待。

---

① 秦彭（?—88年）：东汉官员。曾任骑都尉，协助耿秉北征匈奴。任山阳太守时，注重教化，革除旧弊，发展农业生产。后任颍川太守，政绩突出。

② 驸，即副。驸马都尉，汉代光禄勋的部属，掌管副车之马。皇帝出行时乘坐的车驾为正车，其他随行的均为副车。

孟尝

孟尝[①]，字伯周，会稽上虞（今属浙江绍兴）人。他的祖先三代都是郡吏，在战乱中坚持节义而死。孟尝从小就修养道德品行，在郡府任管理民户的官吏。上虞有位寡妇奉养婆婆极为孝顺，后来婆婆年老去世，小姑子一直心怀忌恨，就诬陷寡妇毒死了婆婆，向县里投诉。郡府没有仔细调查，就判定寡妇有罪。孟尝原先就知道寡妇的冤情，将详情告诉了太守，但太守不以为然，并没有再去审理。孟尝在郡府门外哀声痛哭，借口有病辞去了官职。寡妇最终含冤而死。此后郡中连续两年大旱，无论怎样祷告祈求都不起作用。后来新任太守殷丹上任，询问连续大旱的原因，孟尝到郡府详细陈述了寡妇蒙冤而死的事情，说："从前东海有位孝妇，冤屈触动上天而造成大旱，如果您秉公说一句话，上天会立刻降下甘霖。应该将诬陷的人依法惩治，向冤死的魂灵道歉，这样使冤屈得到伸张，应时之雨才可以指望。"殷丹听从了他的意见，立即重审冤案，将小姑子治罪并在寡妇的坟前祭奠，上天感应降下大雨，庄稼因此得以丰收。

孟尝后来被推举为孝廉[②]、秀才，朝廷任命他为徐县（今江苏泗洪县）县令。在任政绩突出，州郡长官纷纷上书举荐他，升为广西合浦太

---

① 孟尝：东汉官吏。会稽上虞（今浙江绍兴市上虞区）人。初仕郡吏，后举茂才。历任徐县县令、合浦太守。孟尝为官，清廉公正、品节高洁，尤其为人称道的是他能从保护生态环境和商业环境两方面入手，重新恢复合浦的珍珠产业，让百姓得利，地方重振。合浦原产珠宝，因官吏搜刮渐移他地，孟尝上任后革除前弊，去珠复还。典故珠还合浦、孟守还珠即出于此。

② 孝廉：汉武帝时开始设立察举考试以任用官员的一种科目，推举孝顺正直之士。

守。合浦不产粮食，但海中出产珍珠。合浦与交趾接壤，经常有商贩往来，买卖粮食与珍珠。从前的太守大都非常贪婪，逼迫百姓过度采集珍珠，珠蚌就逐渐迁徙到交趾境内。结果商贩不再前来交易，人和牲畜都没有粮食吃，穷人饿死在路边。孟尝上任后，革除了过去的弊政，访求百姓疾苦，推行有利于百姓的政令。不到一年的时间，流失的珠蚌又回到合浦，老百姓都恢复他们的本业，商贩又开始来往，珍珠、粮食等货物重新流通，百姓都称赞孟尝明智如神灵一般。

后来孟尝因病上书辞职，朝廷征召他返回京师，合浦的官吏百姓拦着孟尝的车子恳求他留下。孟尝只好坐了乡里百姓的小船在深夜离去。孟尝辞官后，在荒僻的沼泽地隐居，自己动手耕种。邻县的士人百姓仰慕孟尝的德行，搬来和他住在一起的有一百多家。

汉桓帝时，孟尝的同乡尚书[①]杨乔又上书推荐他说："臣先后七次上书推荐原合浦太守孟尝，但人微言轻，始终没得到朝廷的重视。孟尝安于仁爱、弘扬道义、行为高洁、才能出众。他以前做太守时，移风易俗，改革弊政，饥饿的百姓赖以存活。南海珍宝丰饶，容易积蓄财富，孟尝手中掌管的珍宝财货价值超过千金，但他孑然一身，两袖清风，因病辞官回乡，在田间耕作，隐藏起自己的风采，不显露自己的才华。他确实是可以为国效力的卓越人才，然而现在却埋没在荒野之中，不得封官晋爵，致使国家宝器被抛弃在沟渠之中。年华转瞬即逝，孟尝已近暮年，忠贞节义将在圣明的时代永远凋零。臣内心无比伤痛，私下为此流泪。远方稀见的物品被视为珍奇，不同一般的士人被当作珍宝。盘曲枯朽的树木能为天子所用，是因为手下工匠雕刻修饰所致。天子任用士人，应当选拔大家都推重的人才。臣才识短浅，在天子身边奔走驱使，

① 尚书：官名。秦时在少府中置尚书，往来于皇帝与丞相之间，掌呈章奏。汉代沿置，常于后宫直接处理政务。隋唐时三省制度确立，尚书省为行政的总汇，其分部也已定型。隋设吏部、礼部、兵部、都官、度支、工部六部，长官为尚书。唐改都官为刑部，度支为户部，定六部序列为吏、户、礼、兵、刑、工，此后相沿至清代光绪庚子之役以前，始终未改。

想要树立微不足道的品节，并不敢与同乡暗徇私情，受禽息[1]行为的感动，不顾一切推举有才德的人。”可惜孟尝最终也没被起用。七十岁时，他在家中去世。

① 禽息：春秋时秦国的大夫，相传他推荐百里奚，秦穆公不采纳。秦穆公出行，禽息拦住车说自己生而对国家没有帮助，不如一死，于是以头撞大门中央的短木而亡，秦穆公感悟，以百里奚为上卿。

仇览

仇览，字季智，又名仇香，陈留考城（今分属河南兰考、民权县）人。他从小喜爱读书，性格淳朴，沉默寡言，乡里都没人知道他。四十岁时，县里召求补缺的官吏，选拔他担任蒲亭长。他鼓励百姓从事各种产业，制定各种法令制度，详细到瓜果蔬菜的种植范围，以及鸡和猪的饲养数目，等等。农事结束以后，就让各家子弟集中到学校学习，那些剽悍放纵、游手好闲的人，都让他们种田养蚕，规定严厉的奖罚制度。仇览帮助家有丧事的百姓，救济穷困孤寡的人家。一年以后，就把地方治理得井井有条。仇览刚当亭长时，有个叫陈元的人，单独侍奉母亲住在一起，但母亲却状告陈元不孝顺。仇览惊讶地说："我最近经过你家，看到院子里收拾得整整齐齐，庄稼都按时耕种。陈元不是坏人，可能是没有接受教化的结果。您守寡抚养儿子，年纪渐老，为什么因一时的气愤，使儿子背上不孝的罪名呢？"老人听完这番话后非常感动悔恨，流着眼泪走了。仇览来到陈元家中，跟他们母子一同喝酒，趁机为陈元讲述人伦孝顺和祸福相依的道理。陈元最终成为孝子。乡里流传的谚语说："父母在哪里？就在我庭堂。亭长教导恶人受感化，还将亲生父母来奉养。"

当时的考城县令是河内人王涣，得知仇览以道德感化百姓，就请他暂任主簿。王涣对仇览说："主簿听说了陈元的过错，没有惩罚而去感化他，是不是少了点鹰隼那样威猛的志向？"仇览说："鹰隼虽然威猛，但比不上鸾鸟凤凰那样美善。"王涣向仇览道歉说："枳木荆棘不是鸾鸟凤凰栖息的地方，这区区百里之地怎是贤士施展才能的舞台？现在太学里面拖着长长的衣袖、追逐名誉的人，德行才能都在您之下。赠送给您一个月的俸禄，以表示我对您的景仰之情。"

仇览进入太学学习。当时做太学生的同郡人符融有很高的名声，他跟仇览相邻居住，每天宾客满屋。仇览保持自己的操守，不同符融说话。符融观察仇览的行为举止，心里感到奇怪，就问他：“我与先生来自同一个郡，现在住处相邻。当前是英雄豪杰从四面八方会集京城，有志之士相互结交的时代，虽然需要专心学问，但何必过于固守呢？”仇览严肃地回答：“天子设立太学，难道只是让大家在这里高谈阔论吗？”于是拱手作揖而去，不再与符融谈话。后来符融将情况告诉了郭林宗[①]，郭林宗与符融带了名帖到仇览的住处拜会他，仇览留他住宿。两人相谈甚欢，郭林宗非常叹赏他的品节，下床向仇览行敬拜之礼。

仇览在太学学习结束后回到家乡，州郡请他任职，他都托病推辞。即使是在平时，他也一定按照礼仪要求自己。妻子儿女犯了过错，他总是摘下冠责备自己。妻儿在堂前道歉，看到仇览戴上冠才敢登堂。后来，仇览被征召为德行高尚正直的“方正”之士，因病去世。

① 郭泰（128年—169年）：字林宗，东汉时期名士。出身寒微，博通群书，名重洛阳，被太学生推为领袖。第一次党锢之祸后，被推为党人“八顾”之一。

陈寔

陈寔[①]，字仲弓，颍川郡许县（今河南许昌）人，出身于地位较低的贫寒之家。自从儿童时候开始，即使是游戏玩耍，都被同伴拥戴。他年轻时当县吏，经常做粗重杂活。后来他有志于求学，随时随地都在诵读经典。县令邓邵偶尔和他聊天，很惊奇他的出众学识，就让他进太学深造，后来又招聘他为小吏，陈寔躲避隐居到阳城山中。当时有人杀人，同县姓杨的小吏怀疑是陈寔，县里便逮捕了他，反复拷问查不到证据，才释放了他。后来陈寔做了督邮，却悄悄地托县令以礼征召姓杨的小吏来做事。凡是知道这件事的人，无不叹服陈寔的气量。陈寔家里贫穷，只好出来当了西门亭长，不久转为郡里的功曹。这时中常侍[②]侯览托太守高伦任用某人为吏，高伦就让陈寔录用他为文学掾[③]。陈寔知道此人不可用，于是在怀中藏了任命书来见高伦说："此人不能用，但侯常侍也得罪不起。请允许我按通常办法推荐他，不能玷污您的清誉。"高伦采纳了他的建议。乡里舆论都责怪陈寔为什么推荐这种人，陈寔始终不予辩解。高伦后来被任命为尚书，郡中士大夫送别他。高伦对大家说："我先前因为侯常侍任用了一个人，陈寔秘密地收存了任命书，办理了任用手续。近来听说有人因为这件事批评他，这是我畏惧强权的过错。陈寔先生是把功劳归于上司而把过错留给自己的贤士啊！"陈寔仍然坚持说自己有错，听者再三感慨叹息，从此天下都钦佩他的德行。

司空黄琼召选能承担重任的辅佐官员，补授陈寔为闻喜县长。半

① 陈寔（104年—187年）：字仲弓。东汉时期著名官员、名士，品性清高，德行卓著。曾任太丘县长官，故后世称为"陈太丘"。

② 中常侍：在皇帝左右，掌管顾问应对，东汉多以宦官担任。

③ 文学掾：东汉时郡太守的属官之一。

个月之后，因为要守丧一年而离职，复出后被任命为太丘县长。陈寔修德清静，百姓得以安居乐业。邻县的百姓前来归附，陈寔就认真训导规劝，让他们各自回到原籍。县吏担心有人借告状闹事，想要他禁止诉讼。陈寔说："打官司就是要讨个明白，禁止的话有理也无法说清了。还是不要禁止吧。"主管官员听到后叹息说："陈君都已经说到这个地步了，天下哪还有怨恨的人呢？"此后再也没有发生争讼的事情。后来因为沛国相乱收赋税，目无法纪，陈寔便放下官印回乡去了，当地官吏百姓都非常怀念他。再后来朝廷逮捕结党的士人，事情牵连到陈寔，别人都逃避免祸，陈寔说："我不进监狱，大家就无所依靠。"就主动入狱接受囚禁。后来遇赦出狱。汉灵帝[①]初年，大将军窦武聘他为下属。当时中常侍张让权倾天下，其父去世，葬于颍川，虽然全郡人都来吊唁，但没有一个名士前往。张让非常恼恨，深以为耻，唯独陈寔一人前往悼念。张让非常感激他，后来诛杀结党士人时，多次宽免保全他。

陈寔在乡里能以平常心待人接物，如有争论诉讼，总是能公正判断，向当事人分析利害曲直，事后也没有人埋怨他。以至于有人慨叹说："宁可去坐牢受刑，也不能被陈君批评。"当时乡里闹灾荒，百姓生活艰苦，有个小偷晚上进入陈家，躲在房梁上伺机下手。陈寔暗中察觉后，默不作声，起床收拾停当，把子孙们都叫进来严肃训诫说："人不能不自勉自强。不善的人未必本来就有恶德，不过是习惯使然，一步步走向邪路。梁上君子就是这样的人啊！"小偷大惊，立刻从梁上跳下来，长跪磕头请罪。陈寔语重心长地教导他说："看你的面貌，不像是坏人，应该深刻反省自己，回到正道上来。不过你这样做可能是因为太贫穷了。"就让人送给他两匹绢。从此以后，县里再也没有发生偷盗的事情。

① 汉灵帝刘宏（157年或156年—189年）：汉章帝刘炟的玄孙。汉桓帝去世后，刘宏被外戚窦氏挑选为皇位继承人，于建宁元年（168年）正月即位。168年—189年在位。在位期间，外戚、宦官专权，发生党锢之祸，巧立名目搜刮钱财，甚至卖官鬻爵，导致民不聊生，爆发黄巾起义。

太尉杨赐、司徒陈耽每当任命新的公卿，同僚群臣都来祝贺，杨赐等人经常慨叹陈寔还没有登上高位，自己却先其一步，非常惭愧。等到朝廷开始解除党禁，大将军何进、司徒袁隗派专人敦促陈寔，准备让他越级入仕做官。陈寔向使者推辞说："我已经很久不做事了，现在只是戴着头巾等待终老罢了。"当时三公之位常有空缺，大家都认为应该由陈寔担任，他虽然多次接到征聘诏书，但总是托病不起，闭门养老，直到八十四岁时在家中去世。何进派使者前来吊祭，海内四方来哭悼的有三万余人，穿孝服吊唁的有上百人。大家为他刻石立碑，尊授谥号为"文范先生"。

贾琮

贾琮，字孟坚，东郡聊城（今属山东）人。他通过举孝廉的方式入仕，一生政绩卓著。

交趾地区物产丰富，有明玑、翠羽、异香、美木等珍贵特产。前几任刺史大多不够清廉，对上阿谀奉承，对下积聚私财，一旦财富丰足，就寻求升迁转任，所以官吏百姓都非常怨恨愤怒。汉灵帝中平元年（184年），在交趾驻扎的军队反叛，俘虏了刺史及合浦太守，带头者自称为“柱天将军”。汉灵帝特地下令选拔贤能官吏，于是派遣贾琮担任交趾刺史。贾琮到任后，询问叛军情况，大家都说是因为赋税徭役过重，百姓家财空虚，民不聊生，又远离京城，无处告状申冤，所以聚众为盗，发动叛乱。贾琮立即发布文书告示，使百姓各自安心从业，招抚四处离散之人，减免取消徭役赋税，诛杀祸害百姓的叛军首领，挑选贤能的官吏管理各县。一年之内平定了叛乱，使老百姓安居乐业。街巷道路之中到处有百姓歌颂他：“贾父上任晚，叛军先造反；如今现清平，奸吏不敢反。”贾琮在任三年，交趾成为十三州中治理最出色的，朝廷征拜他为议郎[①]。

当时黄巾军刚刚被打败，兵乱之后，郡县加重征收赋税，由此产生更多奸恶之事。朝廷下诏重新挑选刺史等清正贤能的官吏，任命贾琮为冀州刺史。根据传统的做法，刺史应该是坐着马车、垂下红色帷裳前去上任。贾琮却不是这样，他上车之后说：“刺史应当看得远听得广，审察美言恶行，哪有垂着帷裳把自己掩藏起来的呢？”于是命驾车人揭起帷裳。州里官吏听说后受到很大震动，那些犯有过错的就自动放下官印离去，只有贤良官吏在任上等待贾琮，从此州界之内一片安定。

汉灵帝驾崩后，大将军何进上表推举贾琮为度辽将军，贾琮在任上去世。

① 议郎：东汉郎官的一种，职掌顾问应对，可以参预朝政。

吴祐

吴祐，字季英，陈留郡长垣（今河北长垣县）人。父亲吴恢曾任南海（今属广东）太守。吴祐十二岁时随父亲到太守官府。有一次，吴恢想加工一批竹简以便抄写经书，吴祐不赞成，说："现在大人跨越五岭，远在南海，风俗固然鄙陋，但有不少珍奇怪异的物产，上为朝廷所怀疑，下为贵戚权臣所期待。如果抄完全部经书，至少需要几辆车来装载。当年马援因为携带薏苡而遭到其他官员的猜忌攻击，王阳因为衣着光鲜车马漂亮而受到世人的议论。嫌疑之间，希望大人您慎重考虑。"吴恢就放弃了修治竹简一事，抚摸着吴祐的头说："咱们吴姓人家世代不乏季札这样的贤能之士啊！"吴祐二十岁时，父亲去世，虽家境贫困，但从不接受别人的馈赠。吴祐经常在长垣大泽里养猪放牧，同时坚持每天吟诵经书。有一次他父亲的一位老朋友对他说："你再怎么说也是郡守的后代，却做这种低贱的事情。纵然你自己不以为耻，你父亲的脸往哪儿搁呀？"吴祐礼貌地答谢了他，照旧养猪放牧。

后来吴祐被推举为孝廉，郡中官吏百姓为他送行。将要出发的时候，吴祐走过礼坛去跟一名叫黄真的小文书欢语笑谈了好一阵子，并结为朋友才分手。郡里的功曹认为吴祐太过傲慢，请求将他除名。太守说："吴祐有知人之明，你们先不要多说。"黄真后来果然也被推举为孝廉，担任了新蔡县长，世人都称赞他施政清明。

吴祐因符合光禄四行[①]的要求被任命为胶东侯的相。当时济北人戴宏的父亲在此当县丞，戴宏跟随在父亲身边。吴祐每次出来，总能听到戴宏朗朗的读书声，非常惊奇，对他极为推重并结为好友。戴宏后来成了远近闻名的大学者，官至酒泉太守。

① 光禄四行：指敦厚、质朴、逊让、节俭四种德行。

吴祐施政力求简约平和，以身作则，率先垂范。百姓有诉讼案件的时候，他总是先闭门反省自己做得不好的地方，然后再审判案件，讲道理开导诉讼双方；有时自己到街坊村落中去，努力使双方和解。此后，百姓之间的争执分歧逐渐减少，官吏百姓都不忍心欺骗他。随从小吏孙性私自征收老百姓的钱给父亲买衣服，父亲生气地说："有这么好的上司，你怎么忍心做对不起他的事呢！"催促他去向吴祐认罪。孙性又惭愧又害怕，带着衣服到太守府去自首。吴祐让左右退出去，问他这是为什么，孙性就把事情的原委和父亲的话告诉了吴祐。吴祐说："你这是因为奉养父亲的缘故做了错事，人们常说'看一个人犯的错误就知道他是个怎样的人了'。"于是叫他回去向父亲道歉，并把衣服赠送给他。另外有个叫毌丘长[①]的安丘（今属山东）男子，跟母亲一起到市场去，路上遇到一名酒鬼污辱他母亲，毌丘长把这人杀了后逃亡他乡，官吏一直追踪到胶东将他抓获。吴祐传唤毌丘长说："母亲受辱，这是作为儿子所不能容忍的。然而孝子愤恨的时候要想想后果，不要给父母留下牵累。如今你不考虑母亲的境遇逞凶杀人，赦免你不合法理，严惩你又于心不忍。你说怎么办呢？"毌丘长自己戴上枷锁，说："国家制定法律，我自己触犯了它。大人虽然同情我，但这恩情也无法实施。"吴祐便问他有无妻子儿女，他回答说："有妻子但还没有儿女。"吴祐就下发公文到安丘县带来他的妻子，除掉枷锁让夫妇两人同住在一间狱室中，后来妻子就怀孕了。冬季过去应该行刑的时候，毌丘长哭着对母亲说："我辜负了母亲应该去死，可是该怎么报答吴大人的恩情呢？"当场就咬断指头吞进肚中，含血起誓说："妻子若生下儿子，就起名'吴生'，告诉他我临死吞指为誓，嘱咐儿子一定要报答吴大人。"说完便自缢而死。

吴祐在胶东任职九年之后，改任齐国相。大将军梁冀又聘他为府中长史。梁冀诬陷太尉李固，吴祐知道后与他争辩，梁冀不听，将吴祐外调为河间相。吴祐辞职回家，一生不再出仕做官，自己灌园种菜，用经书教授年轻人。九十八岁时去世。

① 毌丘，复姓，毌音guàn。

刘宠

刘宠，字祖荣，东莱牟平（今山东省烟台市牟平区）人。他是汉室宗亲，从小跟随父亲学习儒家经典，被举荐为孝廉。后任东平陵县令，因仁爱慈惠而深受官吏百姓爱戴。后来母亲生病，他放弃官位离去，前来送行的百姓挤满了道路，车子没法前行，刘宠只好换上便服悄悄返回乡里。

后来，刘宠先后担任过豫章（今江西南昌）太守和会稽（今属浙江）太守。山里的百姓朴实敦厚，有人竟然到老都没有进过城。他们经常遭受郡县官吏的侵扰。刘宠简化废除烦琐苛刻的律令，监察官吏不法行为，使郡里风俗大为开化。朝廷征召他担任将作大匠①。山阴县有五六位老人，眉毛头发都花白了，从若耶山谷里出来，每人拿了一百文钱送给刘宠，说："在山谷里生活的人见识浅陋，没有见过郡守。其他官吏征收赋税，夜里也不停歇，鸡犬不宁，老百姓苦不堪言。自您到任以来，夜里狗没有叫过，百姓也看不到官吏。我们这些老人有幸遇到贤明的太守，现在听说您要抛下我们离去，特意来给您送行。"刘宠说："我哪里达到你们所说的程度了，让老人家们这么辛苦！"为表示谢意，他从每人手中选了一个铜钱收下。

刘宠先后做过两个郡的太守，也多次出任过宗正、大鸿胪②、司空、司徒、太尉等公卿高官，但他为政廉洁朴实，家里没什么财物和积蓄。他曾经离开京城外出，想在驿站的客舍休息，负责的官吏拦住他说："我们正在收拾打扫，准备接待刘公，您不能在这儿休息。"刘宠什么也没说就离开了，当时的人都称赞刘宠是忠厚长者。

---

① 将作大匠：古代主管宫室、宗庙、陵寝等工程建设的官员。秦代称将作少府，汉代称将作大匠。

② 大鸿胪：古代官名，掌管诸侯及少数民族事务。秦代称典客，汉代沿袭，后改称大行令，又改称大鸿胪。

鲁恭

鲁恭[1]，字仲康，扶风平陵（今陕西西安）人。他的祖先是鲁顷公，被楚国灭亡后，迁居到下邑（今安徽砀山县），以鲁为姓。祖父叫鲁匡，王莽时担任羲和一职，主管全国财政赋税，机智善变，被称为"智囊"。他的父亲在光武帝建武[2]初年担任武陵太守，在官任上去世。当时鲁恭十二岁，弟弟鲁丕七岁，兄弟俩整天整夜号哭不停，郡里赠送的财物一概没有接受，恭恭敬敬办完丧事，礼数超过成年人，乡里人都啧啧称奇。十五岁的时候，和母亲、弟弟住在太学里面，学习《鲁诗》，闭门诵读，远离与自己无关的事。兄弟俩都受到儒生们的称赞，都争相接近他们。

太尉赵憙非常仰慕他们的志向，时常派儿子送酒和粮食给他们，他们都推辞不接受。鲁恭认为弟弟年龄小，想先成就他的名声，因此推托生病不出去做官。州郡多次以礼相邀，他都推辞没有答应。母亲再三要求，鲁恭迫不得已才出行，到新丰做了教授这一学官。汉章帝建初元年（76年），鲁丕考取了秀才，鲁恭才去做了郡县的官吏。

赵憙又向朝廷举荐鲁恭。鲁恭在公车署[3]里等待皇帝的诏令，被授予中牟县令。鲁恭把道德教化作为治政原则，从不施用刑罚。许伯等人为田产打官司，多位太守和县令都不能决断，鲁恭替他们分析是非曲直，双方都回家自我检讨，停止争执，相互谦让。亭长向他人借牛却不肯归还，牛主人告到鲁恭那里。鲁恭召来亭长，再三责令他归还别人的

① 鲁恭（32年—113年），施政注重以道德感化百姓，不依靠刑罚惩治，深受百姓爱戴，有蝗不入境、化及禽兽、竖子有仁心等"鲁恭三异"之传说。

② 建武：东汉光武帝刘秀的第一个年号，25年—56年。

③ 公车署：秦汉时开始设置的掌管宫门警卫、接待、传达之事的官署。

牛，亭长不肯听从。鲁恭叹息说：“这是教化不能施行的结果啊！”要放下官印辞官离去。属吏们哭着挽留他，亭长也感到惭愧后悔，于是归还了人家的牛，自觉到刑狱接受处罚，鲁恭训导一番后宽恕了他，不再追究。从此官吏们对他都非常信服。

建初七年（82年），郡里发生大面积蝗灾，飞蝗环绕县界危害庄稼，就是没有进入中牟县。河南尹[①]袁安听说后，怀疑这件事的真实性，派属吏肥亲前去巡察。鲁恭陪同到田间地头，一起坐在桑树下休息，有一只雉鸟飞过，停留在他们身边。旁边有个小孩，肥亲问他：“你为什么不捉雉鸟？”小孩说：“它还要生小鸟，不能伤害它。”肥亲惊讶地站起身，跟鲁恭辞别说：“我之所以来这里，是要巡察你为政的情形。蝗虫不侵犯边境，这是第一个特异之处；教化能及于禽兽，这是第二个特异之处；小孩子有仁爱之心，这是第三个特异之处。我再在此逗留，只会干扰贤能之人了。”回到府衙，肥亲把情况详细禀报袁安。鲁恭在任三年，因母亲去世而辞官，官吏百姓都很想念他。

后来，鲁恭被任命为侍御史。汉和帝刚刚即位，准备派车骑将军窦宪与征西将军耿秉进攻匈奴。鲁恭上书劝谏说：“陛下怎么能因个人的打算，置千万人的性命于不顾呢？如果陛下能观察天心、体察人事，就足以明白事情的得失。请陛下广施恩惠、顺应天心！”递上奏章以后，皇帝并没有接纳他的建议。但是每次讨论政事，只要有益于国家百姓，鲁恭总是直言进谏，从不避讳。此后他被拜授为《鲁诗》博士，跟随他学习的人越来越多。又升为侍中，皇上多次召见他，询问政事得失情况，对他的赏赐和恩宠超出群臣。升任乐安（今属山东）国的相。当时，东州一带有许多盗贼侵扰抢掠百姓，各郡县长官都深感忧虑。鲁恭到任后，加重悬赏，广施恩信，盗贼头目张汉等人带领党羽前来归降，鲁恭上书朝廷任命他们为博昌县（今山东博兴）的县尉，捕杀其余的盗贼，最后平定了各地盗贼，州郡于是得以安宁。

① 河南尹：东汉时期的地方行政区划，也是官名。秦代设三川郡，辖河南、洛阳二县，汉初改为河南郡，东汉光武帝时期改河南尹。

汉和帝永元九年（97年），征召鲁恭任命为议郎。八月，任命为侍中，命使者陪同乘车，慰劳抚问待遇特别优厚。后又迁升为光禄勋[①]，为官清正公平，京城权贵也不能改变他的正直做法。永元十三年（101年），担任司徒。永元十五年（103年），随从皇帝巡视南阳，朝廷任命他的儿子鲁抚为郎中。这时他的弟弟鲁丕也做了侍中，兄弟父子都在朝廷为官。后来因事被免职。汉殇帝[②]即位后，任命他为长乐卫尉。永初元年（107年），又替代梁鲔任司徒。

鲁恭在担任三公之位时，选拔征辟[③]才学能力优秀的官员，大到各级卿相小到郡守，多达几十人。那些名高望重的大族士人，有的没有被举荐，因而心怀不满。鲁恭听说后，说："学问不能勤于讲习，这才是应该忧虑的啊。如能勤于讲习，不是还有乡里可以推举吗？"最终不再有人说三道四。鲁恭性情谦恭礼让，奏议依据经书，对治理国家多有益处，但他始终不显耀自己，所以并不以刚正强直著称。永初三年（109年），鲁恭因年老多病上书请求辞官，于八十一岁时在家中去世。

① 光禄勋：秦汉时九卿之一。掌管宫廷事务，并备皇帝顾问的官职。秦时称郎中令，汉武帝时改称光禄勋。

② 汉殇帝刘隆（105年—106年）：汉和帝刘肇少子，东汉第五位皇帝，登基时刚满百天，是继位年龄最小的皇帝，不久夭折。

③ 征辟：汉代选拔人才的制度之一。主要包括皇帝征聘和公府、州郡辟除两种方式，皇帝征召称"征"，官府征召称"辟"。

三国

郑浑、仓慈、董和、张嶷四人，选自《三国志》。

《三国志》，西晋陈寿撰，全书六十五卷，《魏书》三十卷，《蜀书》十五卷，《吴书》二十卷。虽然当时社会动荡，战乱频仍，三国征战不休，但是各国都非常重视吏治，也涌现了一些勤勉能干的地方官员。曹操唯才是举，重视官员的选拔与任用；曹丕整顿吏治，发布取士不限年龄之诏。曹魏政权招揽了一批才能出众之士，其官僚系统是高效而有力的。诸葛亮辅佐刘备、刘禅，三分天下，所依赖的则是蒋琬、杨仪、张嶷这些德才兼备、极为得力的文臣武将。《三国志》并没有单立《循吏传》。以下选录的郑浑、仓慈出自《三国志·魏书》，董和、张嶷出自《三国志·蜀书》。

人物点评

【郑浑】郑浑、仓慈，恤理有方。抑皆魏代之名守乎！

【仓慈】清约有方，吏民畏而爱之。

【董和】参署七年，事有不至，至于十反，来相启告。

【张嶷】为臣有忠诚之节，处类有亮直之风。

郑浑

郑浑，字文公，河南开封人。高祖父郑众是著名的儒家学者。哥哥郑泰曾和荀攸等人谋划诛杀奸臣董卓，做过扬州刺史，很早就过世了。郑浑带着郑泰的小儿子郑袤去淮南避难，袁术用宾客之礼对他优厚相待。郑浑知道袁术必定会失败，时任豫章（今江西南昌）太守的华歆和郑泰一向关系亲密，郑浑就渡过长江来投奔华歆。当时曹操唯才是举，听说郑浑品行敦厚，就请他来做自己的属吏，先后任命为下蔡（今安徽凤台）县长、邵陵（今湖南邵阳）县令。当时天下还没有安定，老百姓都不愿从事农业生产，生了孩子大都遗弃不肯抚养，民风剽悍轻佻。郑浑没收百姓捕鱼打猎的工具，督促他们耕田种桑，同时又积极组织开垦稻田，加重对遗弃子女行为的惩罚。最初老百姓害怕获罪，只好听从遵守他的命令，后来生活渐渐富足，就再也没有不抚养子女的情形了。为了表示对郑浑的尊敬爱戴，他们大多用"郑"来给儿女作名字。

后来郑浑被征召担任丞相的部属，又升任左冯翊。当时梁兴等人大肆劫掠官吏和百姓，各县都难以防御抵挡，惊恐万分，县令都逃到左冯翊的治所。有人提议把郡衙官署迁移到地势险要的地方去，郑浑说："梁兴等人已被击败逃散，四处流窜抢掠，虽然有人追随，但大多数都是被胁迫的。现在我们应当为这些人广开投降的门路，宣传朝廷的恩德和信义。如果只是占据险要的地方自守，那就是向他们显示官府的软弱！"郑浑召集官吏和百姓修治城池，做好守卫防御的准备。接着又发动老百姓与官军一起追击梁兴，严明赏罚，订立盟约，将战利品的十分之七用作赏赐。老百姓十分高兴，都积极踊跃捕杀贼寇，梁兴的队伍很快就分崩瓦解。郑浑又派官吏百姓中有恩德信义的人，去山谷中说服贼寇归降，并派各县长官返回本县治所去安抚归降的贼寇。梁兴等人非常害怕，带领剩下的人马聚集在鄘城（今河南新乡一带）。曹操派遣夏侯渊前来进攻鄘城，郑浑带领官吏百姓打头阵，一举歼灭了梁兴及其同伙。接着又征讨打败了盗贼靳富等人，救出了夏阳、邵陵二县县官与民众，夺回了贼人抢掠的财物。先后来投降归顺的贼寇有四千多家，从此山中的贼寇被扫平，老百姓得以安居乐业。郑浑也因功转任上党太守。

曹操征伐汉中时，任命郑浑做京兆尹。因为老百姓都是新近从各地聚集来的，郑浑为他们制定了移居法令，让人口多的大户人家和单身独户的人家编在一伍，让温厚诚信的人和孤寡老人结为邻居，鼓励他们从事农业生产，使他们了解官府的禁令，以便揭发违法乱纪的人。从此老百姓都安心务农，盗贼也停止活动。曹操的大军进入汉中时，郑浑承担了最多的运送军粮的任务，并派出百姓去汉中屯田，没有人畏惧逃亡。曹操更加赏识他，调他入京做了丞相的属官。文帝曹丕即位后，郑浑任侍御史，加授驸马都尉，又升任阳平、沛郡二郡的太守。郡内地势低洼潮湿，容易遭受水涝灾害，老百姓生活困顿。郑浑计划在萧县和相县交界处修筑沟渠水坝，开垦稻田，大家都认为这样做不合适。郑浑说：“这里地势低下，便于灌溉，最终会在养鱼种稻方面带来长久的收益，这可是使老百姓富裕起来的根本大计啊！”他亲自带领官吏和百姓，仅用一个冬天的时间就全部完工。第二年庄稼获得大丰收，粮食产量逐年增加，缴纳的租赋是以前的两倍。老百姓感念他的恩德，撰文刻石颂扬他的功绩，并把修好的陂池沟渠命名为“郑陂”。郑浑又转任山阳、魏郡的太守，也仿照在阳平、沛郡时的做法加以治理。郡里百姓缺乏木材，郑浑就督促大家栽种榆树作篱笆，并要求另外多种五种果树。后来榆树都长成了遮护屋宅的屏障，所种的果树也都硕果累累。进入魏郡境内，只见座座村庄整齐如一，百姓钱粮宽裕、生活富足。魏明帝曹叡得知后，下诏书称赞他，并宣布通告天下，升任为将作大匠，主管工程建造。郑浑做官清廉朴实、一心为公，妻子儿女却不免要经常挨饿受冻。他去世后，朝廷任命他的儿子做了郎中。

仓慈

仓慈，字孝仁，安徽淮南人。最初担任郡中的小吏。建安[①]年间，太祖曹操在淮南招募流民开荒屯田，任命仓慈做绥集都尉，负责安抚招募百姓。黄初[②]末年，仓慈任长安令，施政清静简约，治理得法，官吏和百姓对他既敬畏又爱戴。太和[③]年间，升迁为敦煌太守。敦煌郡地处西部边境，因为战乱而与外界隔绝，长期空缺太守达二十年，郡中的豪强大族强横自大，当地已习以为常。前任太守尹奉等人，只是遵循过去的制度做事，没做匡正和改革旧有习俗的举措。仓慈到任后，抑制打击豪强权贵，安抚救济贫苦百姓，施政务求合乎当地实际情况。过去大族人家多占土地，普通百姓却穷得无立锥之地。仓慈按照人口数量把大族人家多余的土地分给贫苦百姓耕种以收纳赋税，并将这些土地按成本计价，让他们逐渐归还给大族人家。此前郡内各县的诉讼案件很多，县里无法判决，大多都集中到郡里处理。仓慈审视查阅卷宗，根据案情的轻重灵活处理，只要不是应该判处死刑的，往往处以鞭打杖责就释放了，一年中判处死刑的还不到十个人。

此前西域各地的胡人想来朝廷进贡，郡内的豪强大多在中途就阻止他们。即使和他们进行贸易，豪强大族也往往欺诈侮辱，交易很难做到公平明白。胡人经常心怀怨恨。仓慈对他们加以安抚劝慰，秉公对待，想到洛阳去的，仓慈为他们颁发过境的凭证；想从郡城返回的，官府用公平的价格换取他们的货品，用郡内府库现成的物品同他们做交易，并派官吏和百姓在路上护送他们，因此汉人和胡人都异口同声地称赞仓慈

① 建安：东汉末年汉献帝的年号，196年—220年。

② 黄初：魏文帝曹丕（pī）的年号，220年—226年。

③ 太和：魏明帝曹叡（ruì）的年号，227年—233年。

的恩德仁惠。

多年后仓慈在任上去世，当地官吏和百姓都非常悲痛伤感，如同失去了自己的亲人一样，他们画出仓慈的形象，追念他生前的容颜。西域各族民众听到仓慈去世的消息，都聚集到校尉和县官的治所表示哀悼，又为他修建祠堂，一同遥拜祭祀。

董和

董和，字幼宰，南郡枝江（今湖北枝江县）人。祖上本是巴郡江州人，汉代末年，董和带领同宗族的人向西迁移。益州牧[①]刘璋任用他为牛鞞（今四川简阳）县长、江原（今四川崇庆）县长、成都县令等官。蜀地生活富庶丰裕，当时有追求奢华的风气，经商人家跟王侯贵戚一样穿华丽的衣服、吃精美的饭食，婚姻仪式、丧葬礼节花费巨大，往往倾家荡产。董和以身作则，提倡勤俭朴素，穿粗布衣服，吃普通饭食，并立下规章制度，防止逾越等级的做法，使地方风俗变得淳厚，百姓敬畏而不敢违法。但是县里的豪强大户害怕董和的严厉规定，游说刘璋调董和去做巴东的属国都尉[②]，数千官吏百姓都极力挽留，年老体弱的甚至相互搀扶着前去恳求，刘璋答应让董和留任两年。后来升任益州太守，董和跟从前一样清廉简朴。和少数民族交往共事，他也是尽力诚心相待，深受南方各族百姓的爱戴和信任。

刘备平定蜀地后，召任董和为掌军中郎将[③]，与诸葛亮共同主持左将军大司马府事务。董和进献中肯的意见，废除不可行的做法，两人关系融洽和睦。董和自从担任官职领取俸禄起，就在外管辖偏远的地区，后来又在朝廷掌握大权，前后共二十多年，但他去世的时候家里连两石

① 益州牧：总管益州的治安、民政、军事的最高长官。

② 东汉的属国都尉，统辖地方、治理百姓，与郡太守相当。

③ 中郎将：东汉官职。汉朝武官的级别分将军、中郎将、校尉三级。由于将军并不常置，有战事时才给统兵者冠以将军之称，所以平时一般武官所能获得的最高官职为中郎将，品秩为比二千石，掌管皇家卫队，属光禄勋管辖。东汉以后，中郎将的名号被各割据势力广泛加于武官，不再限于禁卫统领等职，统兵将领亦多用此名。到三国时期，有军功者越来越多，大量被封为将军，中郎将反而成为了中下级军官的职位。

米的财产都没有。诸葛亮后来担任丞相，教诲属下的官员说：“在朝廷为官，一定要集中众人的智慧并广泛采纳对国家有益的意见。如果为避免微小的嫌疑，难以提出不同的意见，国家大事就会受到损害。提出不同的意见而能切合实际，就好像丢弃破烂的鞋子而得到珍珠宝玉一样。但是常人苦于不能尽心竭力，做不到这一点。只有徐元直[①]处在这个位置上不迷惑，董幼宰在朝为官七年，看到有不周到的地方会反复多次前来禀告说明。假如大家能学习徐元直的十分之一，像董幼宰那样殷勤负责，对国家忠心耿耿，我就可以减少过错了。”又说：“从前刚结识崔州平的时候，多次听他指出成绩过失；后来结交了徐元直，常常受到他的启发教诲；接着与董幼宰共事，他常常毫无保留地提出意见；后来与胡伟度（胡济）共事，他多次进行劝谏阻止。虽然我的品德修养不够，不能全部采纳他们的建议，但是我和这四个人自始至终亲密友好，也足以表明他们是不避嫌疑敢于直言的。”诸葛亮就是如此怀念董和。

① 徐庶：字元直，颍川（治今河南禹州）人。汉末三国时期人物，与司马徽、诸葛亮等人为友。先曾仕官于新野的刘备，后因曹操囚禁其母而不得不弃备投操，临行前向刘备推荐诸葛亮之才。此后徐庶仕魏，官至右中郎将、御史中丞。

张嶷

张嶷[1]，字伯岐，巴郡南充国（今四川南充）人。他年纪轻轻就担任了县里的小官吏。刘备平定蜀郡的时候，山中的贼寇来攻打县城，长官弃城逃跑，张嶷冒着危险，保护其夫人幸免于难，由此名声显扬，被州府征召担任刺史的属官，负责文书等工作。蜀后主刘禅建兴五年（227年），丞相诸葛亮北上驻扎在汉中，广汉绵竹山中的盗贼张慕等盗抢军用物资，劫夺官吏百姓，张嶷以都尉的身份率兵征讨他们。张嶷担心盗贼四散而逃难以抓获，就假称与他们亲近和睦，约定时间安排酒宴欢饮。饮酒正酣的时候，张嶷率领手下砍下张慕等五十多人的首级，将盗贼首领全部消灭。又搜寻追捕残余，仅用十天时间就肃清了全部盗贼。张嶷不幸身患重病，病情危急，但家里没有多少积蓄，广汉太守蜀郡人何祗以豁达宽厚著称，张嶷过去和他并不熟悉，却乘车前往何祗住所，想依托他治病。何祗赏识张嶷的德行才能，果然倾其钱财为他治病，几年后疾病就痊愈了。后来张嶷被任命为牙门将[2]，隶属马忠部下，北上征讨汶山郡叛乱的羌民，南下平定四郡的蛮夷部族，他总是能出谋划策征战取胜立下大功。

建兴十四年（236年），武都氐族首领苻健请求归顺，朝廷派遣将军张尉前去迎接。苻健超过约定时间还没到来，大将军蒋琬对此十分挂念担心。张嶷分析说：“苻健请求归附之心诚挚恳切，一定不会有

① 张嶷（194年—254年），是三国蜀汉名将，作为地方官也很有政绩，任越巂郡守，能够平定蛮族的叛乱，安定当地的百姓与部族，并且能够发展经济，建设地方。

② 牙门将：古代官职的一种，起源于古代的一种防御工事“牙门”，负责在牙门里统领士兵指挥作战的将领被称为牙门将，后来演变成类似于主将帐下的偏将、副将的职位。

别的变故，但是听说苻健的弟弟行事诡诈，另外夷狄部族往往很难团结一心，可能担心出现分裂，因此才耽搁滞留罢了。”几天后，消息传来，苻健的弟弟果然带领四百户部众去依附丁魏，只有苻健率部前来归附。

当初，越巂郡[①]自从诸葛亮征讨之后，蛮夷部族多次反叛，先后杀死了太守龚禄、焦璜，从此以后，太守不敢到治所去上任，只好在距离郡治八百多里的安上县，越巂郡已经徒有虚名。当时朝中议论要恢复旧日的越巂郡，刘禅任命张嶷做越巂太守。张嶷带领他所统率的人马到任，用恩惠信义招纳蛮夷部族前来降附。北面的捉马部族最为强悍，不接受管辖，张嶷前去征讨，活捉了他们的首领魏狼，晓以利害后释放他，让他招降安抚其他部族。张嶷上奏表请求任命魏狼为邑侯，部族三千多户都安居乐业。其他部族听说后，纷纷前来归顺，张嶷因功被赐为关内侯的爵位。

苏祁县长官冬逢与弟弟隗渠等人，投降后又反叛。张嶷征讨诛杀了冬逢。冬逢的妻子是旄牛王的女儿，张嶷赦免了她，而隗渠逃到郡西边界。隗渠勇猛彪悍，各部族都非常害怕他，他派两个亲信假装投降张嶷，实际上想探听消息。张嶷识破此事，重赏这两人，巧用反间之计，两人回去合谋杀死了隗渠。隗渠死后，各部族都安定下来。

因为长期战乱，越巂郡的城墙房屋倒塌毁坏，于是张嶷征召蛮夷部众一起修缮城池。各部落都很信服张嶷，纷纷出力建设越巂郡。

汉嘉郡的旄牛部落有四千余户人家，首领叫狼路，想要给他的姑父冬逢报仇，派遣叔父狼离率领部众去张嶷处查看形势。张嶷派人赐给狼离牛肉酒食慰问犒劳，又让狼离迎回冬逢的妻子。狼离见到自己的姐姐非常高兴，于是率领部下投降张嶷，张嶷对其大加赏赐。狼离和他姐姐回去后，旄牛部落不再为祸郡里。越巂郡本来有条旧路可以直通成都，道路平坦路程又短，自旄牛部落作乱以来，已经隔绝一百多年。张嶷派遣部下对狼路大加赏赐，狼路率领兄弟妻子前来和张嶷盟誓，一起开通

① 越巂郡：西汉开始设立，辖四川邛都、台登、苏祁等十一县。

旧有道路，恢复了过去的邮亭驿站。张嶷上表请朝廷封狼路为旄牛王，派遣使者带领狼路入朝朝拜并进献贡品。张嶷被加封为抚戎将军，仍然兼任越隽太守。

张嶷在南中十五年，郡泰民安，朝廷于是征召张嶷回成都。当地百姓都对他极为敬爱留恋，为张嶷的离去而哭泣。经过旄牛部落的时候，酋长背着孩子前来迎接张嶷，一直追随到蜀郡边界，大小首领追随张嶷并加入军队的有一百多人。张嶷到成都后，被拜为荡寇将军。他意气风发，勇敢而有气节，士大夫都很尊敬他，但是他任性随意不拘礼节，也颇遭非议和责难。延熙十七年（254年），魏狄道长官李简写密信请求归降，卫将军姜维率领张嶷等人出兵陇西。此时患有风湿的张嶷已经不能走动，必须依靠拐杖站立，于是有人提议张嶷留在后方，但是张嶷执意跟随大军北伐。出发之前，张嶷给后主刘禅上书说："臣承蒙主上看重，屡次接受恩惠，但疾病缠身，时常担心突然身亡，不能报答主上。如今总算可以随军出征，为国效劳。如果攻取凉州，臣愿意担任守将；如果不能报捷，只好牺牲自己以作报答。"后主看后非常感动，不禁流下泪来。后来张嶷与魏将徐质交战，因寡不敌众，临阵战死。张嶷死后，后主封他的长子张瑛为西乡侯，次子张护雄继承张嶷的爵位。越隽郡的百姓蛮夷听说张嶷战死，没有不悲伤哭泣的。他们为张嶷建立了祠庙，每年四季以及发生水旱灾害时总是去祭祀他。

晋

曹摅、邓攸、王蕴等三人，选自《晋书》。

《晋书》，唐房玄龄等人合著，记载了上起三国末年、下至东晋恭帝元熙二年（420年）刘裕废晋自立这一段历史。西晋建立初期，能够励精图治，关注民生，统治较为宽厚，农安其业，吏尽其能。随着门阀统治的加强，干谒大盛，贿赂公行，有英俊之才者沉沦下僚，高门贵胄则居于上位，使得吏治逐渐变得黑暗腐败。即使如此，仍有一些地方官吏能够做到勤政爱民、廉洁自律、匡救时弊、政绩卓著。《晋书》立《良吏传》，记载了鲁芝、胡威、曹摅等地方官员的事迹。

人物点评

【曹摅】申冤缓狱，人称之为圣君。仁惠明断，百姓至今怀之。

【邓攸】舍子保侄，以义断恩。德行高洁，历代传颂。

【王蕴】知人善任，甚有德政。和简平易，为百姓所悦。

曹摅

曹摅①，字颜远，谯国谯县（今安徽亳州）人。曹摅年少时就很孝顺，聪明好学，善于写文章。太尉王衍很器重他，让他做临淄令。县里有一位寡妇，非常尽心地侍养婆婆。婆婆觉得她还年轻，就劝说她改嫁，寡妇坚守贞节绝不改变。婆婆很怜悯她，就偷偷自杀了。亲戚们向官府告状说寡妇谋杀了婆婆，县官严刑拷打审问，寡妇承受不住痛苦，被迫承认杀人。狱吏正要判决时，正好曹摅到任。曹摅了解到寡妇的冤屈，仔细辨析探究，最后查知全部实情，当时百姓都称赞曹摅明察善断。官府的监狱里关押着死囚犯，年终的时候，曹摅前去巡查，很可怜他们，说："你们这些人不幸被关押在监狱里，而新年是人情所看重的节日，难道你们不想见家人吗？"那些死囚们都哭泣着说："如果能回家跟家人见一面，死而无怨！"曹摅于是打开狱门放他们出去，并规定了回归的时间。监狱的官吏据理力争，都说不能这样做。曹摅说："这些人虽然是囚犯，但相信他们不会背弃信义，我替你们承担责任。"到了规定的期限，所有囚犯都回到监狱，全县都为之叹服，称曹摅为圣人。曹摅被征召出任尚书郎，改任洛阳令，施政仁德贤惠，明断事理，百姓都很感念他。当时天降大雪，夜里宫门丢失了木栅栏，官吏四处检查，没人知道木栅栏的去向。曹摅派人把守卫宫门的士兵抓起来，官吏们都说不可能是他们。曹摅说："皇宫禁地戒备森严，外人不敢来偷盗，一定是守门士兵把木栅栏烧了御寒。"对守门士兵严加审问，果然是他们监守自盗。曹摅曾因病辞职，后来又恢复洛阳令的官职。

齐王司马冏辅佐朝政时，曹摅和左思都担任秘书工作。司马冏曾

① 曹摅（？—308年）：西晋官员，官至襄城太守、征南司马。善于治理地方，爱民如子，任临淄令期间被称为"圣君"。

经很随意地问曹摅："天子被贼臣逼迫，没有谁能奋勇反抗。我率领四海义军复兴王室，如今入朝辅政，匡正振兴艰难时势，也有人劝我回到封国去，你对此有什么看法？"曹摅说："平定诛灭国贼，恢复皇帝之位，古今臣子没有像您有这么大功劳的。然而大道不兴则不减，万物不盛则不衰，凡事不仅靠人事的努力，也要靠天理。大王不耻下问，我怎敢不讲出全部的想法？希望大王能够居安思危，精心选择官吏，关心国事，摒弃个人私欲，推举贤能，使人尽其才，然后整顿车马，离开京城回到封国，这样就会上下同庆，我们也会感到非常幸运。"司马冏没有采纳曹摅的建议。不久曹摅改任中书侍郎，长沙王司马乂任命曹摅为骠骑司马[①]。司马乂兵败以后，曹摅被免职。晋惠帝末年，又起用曹摅为襄城太守。当时襄城多次遭受贼寇入侵，曹摅安抚百姓，振兴纲纪，很快平定贼寇，收复襄城。

晋怀帝永嘉二年（308年），高密王司马简镇守襄阳，任命曹摅为征南司马。流寇王迪等人聚众屯兵，侵犯抢掠各地城镇。司马简派遣参军[②]崔旷征讨王迪，命曹摅监督护卫崔旷。崔旷为人邪恶阴险，欺骗曹摅前去作战，约定自己带领军队作为后援，却没有及时到达战场。曹摅率军与王迪部众在郦县（今属河南南阳）苦战，最后兵败而亡。曹摅的同僚官吏以及百姓前往奔丧，在路上痛哭失声，如同参加自己父母的葬礼一样悲痛。

① 骠骑司马：魏晋南北朝时期，将军开府，设置司马一人，职位次于将军，掌管本府军事事务，相当于后世的参谋长。

② 参军：又称参军事，参谋军务之意。东汉时开始设立，西晋至南北朝，将军府、丞相府都设参军，如谘议参军、中兵参军、卫军参军等。

邓攸

邓攸[①]，字伯道，平阳襄陵（今属山西）人。邓攸七岁丧父，不久母亲和祖母又去世，他连续服丧九年，以孝顺著称。邓攸为人平和，廉洁寡欲。父亲去世后，与弟弟同住。当初，祖父邓殷有朝廷赐官，传给邓攸继承。太守劝邓攸放弃赐官，准备推举他为孝廉，邓攸说："这是先人蒙朝廷所赐，不可以改变。"邓攸曾经去拜访镇军将军贾混，贾混让邓攸旁观处理诉讼案件，让他做出决断。邓攸没有同意，说："孔子曾说过，审理诉讼的时候自己也像其他人一样，但我一定能使人们避免诉讼纷争。"贾混认为邓攸有奇才，将女儿嫁给他做妻子。邓攸被推举为灼然二品[②]，做吴王的文学[③]一职，曾任太子洗马[④]、东海王司马越参军。司马越钦佩邓攸的为人，改任他为世子文学，做吏部的属官。司马越的弟弟司马腾为东中郎将，请邓攸去做长史。后出任河东太守。

永嘉[⑤]末年，邓攸沦落于石勒[⑥]军中。石勒平素特别忌恨郡县长官，听说邓攸在军营中，派人骑马去召邓攸前来，准备杀掉他。邓攸来到石勒军营门口，守门的仆役是邓攸做郎官时的部下，邓攸请他找来纸笔，

① 邓攸（？—326年）之所以为人尊崇，主要是因为他高洁的品行、崇高的德行，从做官来说，能够在饥荒之年决断赈灾，施政清明为人爱戴，可谓当时优秀的地方官员。

② 灼然二品：晋代九品中正制的考评科目，明晓天下事理、信誉卓著之人即被品评为灼然二品。

③ 文学：官名，掌教授诸生。

④ 太子洗马：官名，掌图籍。

⑤ 永嘉：西晋怀帝司马炽的年号，307年—312年。

⑥ 石勒（274年—333年）：字世龙，羯族，上党武乡（今山西榆社）人。十六国时期后赵的建立者，后称霸北方，为一时之雄主。

书写了一篇辞赋。那个仆役等到石勒心情愉悦的时候，把邓攸作的辞赋呈上去。石勒很欣赏邓攸的文采，没有杀他。石勒的长史张宾先前与邓攸是邻居，敬重邓攸的名声节操，也多次在石勒面前称赞他。石勒便把邓攸召至帐下，跟他相谈甚欢，让他做参军，并给他安排车马。石勒每次出行，都将邓攸安置在车营中随行。石勒禁止夜间用火，违犯禁令者都被处死。邓攸的车与胡人的车相邻，胡人夜间失火烧毁了车辆。吏卒查问时，胡人诬告邓攸犯禁。邓攸考虑到自己不可能与胡人争辩清楚，就禀告说是弟媳妇温酒导致失火，石勒最终也赦免了邓攸。胡人为此深受感动，把自己捆绑起来到石勒面前说明了实情，又暗中送给邓攸马、驴等牲畜，极为赞赏敬重邓攸。石勒渡过泗水后，邓攸乘机砍坏了车子，用牛马驮着妻儿逃跑。不幸遇上贼人，牛马被抢走，他们便步行担着儿子以及侄子邓绥继续逃亡。邓攸思量不能两全，就对妻子说："我弟弟去世很早，只有这一个后代，按情理来说不能让他绝后，我们只能把自己的儿子抛弃。如果侥幸得以生存，我们以后还会有儿子。"妻子哭泣着听从了他的话，抛弃了儿子。

邓攸到了新郑，投奔李矩。过了三年，邓攸要离开，没有得到李矩的允许。荀组任用邓攸为陈郡、汝南太守，晋愍帝征召邓攸任尚书左丞[①]、长水校尉，邓攸都没有去就任。后来邓攸偷偷离开李矩，到许昌投靠荀组。李矩非常痛恨他，过了很久才将家属送还。邓攸与刁协、周颛平素交情很好，于是来到江东。晋元帝让邓攸做太子的辅佐官。当时吴郡缺少太守，很多人想去就职，元帝最后把太守之职授予邓攸。邓攸用马车载着粮米来到吴郡，说自己不接受俸禄，只是饮吴郡水而已。当时吴郡遇到大饥荒，邓攸上奏章请求救济饥民，还没有得到朝廷的批复，便打开粮仓救助饥民。朝廷派人慰劳饥民，并视察邓攸为政的好坏。使者因

① 尚书左丞：官名。汉成帝建始四年（前29年）置尚书，员五人，丞四人。汉光武帝时，减二人，始分左右丞。尚书左丞佐尚书令，总领纲纪；右丞佐仆射，掌钱谷等事，秩均四百石。历代沿置，为尚书令及仆射的属官，品级也逐渐提高。

为邓攸擅自开仓放粮而弹劾他。不久皇帝下诏赦免了邓攸。邓攸在郡中施政清明，深受百姓爱戴，成为晋朝中兴时期的优秀太守。

后来邓攸因病而辞去官职。当时各郡经常有人在送迎官员中获得数百万钱财，而邓攸离开吴郡时，不接受一文钱的馈赠。数千名百姓挽留邓攸，牵住船只不让前行，邓攸只得暂时停船，在夜间出发离去。吴人歌唱道："击鼓打五鼓，鸡鸣天欲晓。邓侯挽不留，谢令推不去。"百姓们来到尚书台请愿，乞求邓攸留任一年，不被准许。后来邓攸被授为侍中。一年多以后，改任吏部尚书。邓攸生活简朴，粗茶淡饭，破衣旧衫，却经常救济处于急难中的人。他性情谦和，善于与人交往，来访的宾客不分贵贱，一律平等相待。

邓攸每次遇到官职升降都不露喜怒之色，后升任尚书右仆射（副宰相）。东晋成帝咸和元年（326年），邓攸去世，朝廷赠授光禄大夫[①]，用高规格的礼仪来祭祀他。

① 光禄大夫：战国时代置中大夫，汉武帝时始改为光禄大夫，秩比二千石，掌顾问应对。隶于光禄勋。魏晋以后无定员，皆为加官及褒赠之官：加金章紫绶者，称金紫光禄大夫；加银章青绶者，称银青光禄大夫。唐、宋以后用作散官文阶之号，唐朝光禄大夫为从二品，唐朝紫金光禄大夫为正三品，唐朝银青光禄大夫为从三品。宋朝光禄大夫为从一品，宋朝紫金光禄大夫为正二品，宋朝银青光禄大夫为从二品。元、明沿宋制为从一品，清代升为正一品。

王蕴

王蕴（329年—384年），字叔仁，太原晋阳人。他是孝武定皇后的父亲，司徒左长史王濛的儿子。最初任佐著作郎①，多次升官到尚书吏部郎。他性情平和，不贬低压制寒门出身的人，每当有空缺的官职，求官的人非常多，王蕴都不轻易下断语。当时简文帝②以会稽王的身份辅政，王蕴不断向会稽王呈上报告说："某人有门第，某人有才干。"他务求能够顺利推荐，按照各人的情况安排官职，因此得不到官职的人也不怨恨他。王蕴后来补任吴兴郡太守，施政宽仁厚德。吴兴发生灾荒，王蕴马上打开粮仓赈济百姓，主簿请求他先呈表上奏等待朝廷的答复，王蕴说："现在百姓哀声震天，路上都是没有饭吃的饥民，如果上表等待回复，怎么救济那些即将饿死的百姓呢？擅自决定的过失，罪责由我太守一人承担。就算因施行仁义而受处分，也没什么可悔恨的！"于是吴兴郡大规模地赈济救助百姓，依赖王蕴而保全性命的饥民有十分之七八。朝廷以违犯法令为由罢免王蕴的官职，士民百姓都到京城替他鸣冤叫屈。于是皇帝下诏免除王蕴的罪过，把他的官职降为晋陵（今江苏常州）太守。他在晋陵又有良好的政绩，百姓都赞扬歌颂他。

后来王蕴因为女儿做了皇后，升迁为光禄大夫，领五兵尚书（相当于国防部长）、本州大中正③，封建昌县侯。王蕴认为靠皇帝恩泽而被赏赐爵位，不符合上古三代的规制法度，坚决推辞不受。朝廷劝勉

① 著作郎：官名。三国魏始置，属中书省，掌编撰国史。晋代改属秘书省，号称大著作。南朝末期为贵族子弟出身之官。至唐代主管著作局，掌撰拟文字，曾一度改称司文郎中。著作郎下有著作佐郎、校书郎、正字等官。

② 东晋简文帝司马昱，晋元帝的小儿子。

③ 大中正：曹魏时在各州设置大中正，选拔人才、分为九等，以推荐给朝廷。

他，他始终不同意，于是任命为都督京口诸军事、左将军、徐州刺史、假节[①]，王蕴又坚决推让。谢安对王蕴说："您身为皇后的父亲，地位重要，不应该妄自菲薄，违背时运，应该依照褚公[②]的旧例，可以暂且位居尊位而不具体行使职责，以显扬皇上姻亲的尊贵。"于是王蕴接受任命，镇守京口。不久，征召为尚书左仆射，仍任左将军，升为丹阳尹，加授散骑常侍[③]。王蕴因为自己是皇帝的亲戚，不想在朝廷里做官，请求调到地方，朝廷任命他为都督浙江东五郡、镇军将军、会稽内史，仍然加授散骑常侍。

王蕴平时喜欢喝酒，晚年更加厉害，等到了会稽，很少有不喝醉的时候，但他因为人平和简约而得到百姓的喜爱。当时王悦来拜谒陵墓，王蕴的儿子王恭去看望王悦，他们一向非常友好，王恭滞留了十多天才回来。王蕴问是什么原因，王恭说："和阿太（阿太是王悦的小名）说话，总是说不完，所以回不来。"王蕴说："恐怕阿太不是你的朋友。"后来他们二人果然背离了当初的友好关系，当时人们都认为王蕴非常善于了解人。东晋孝武帝太元九年（384年）王蕴去世，享年五十五岁，被追赠为左光禄大夫[④]、开府仪同三司[⑤]。

---

① 假节：假（即"借"）以符节，持节。皇帝将符节借给执行临时任务的臣子使用，用以威慑一方，任务完成后，节将会被收回。汉末与魏晋南北朝时，掌地方军政的官往往加使持节、持节或假节的称号。

② 褚公指褚裒，字季野，东晋大臣。女儿为晋康帝皇后。

③ 散骑常侍：官名。汉有散骑，为皇帝侍从，又有中常侍，性质同。东汉省散骑，改以宦官任中常侍。魏文帝并散骑与中常侍为一官，如称散骑常侍，以士人任职。入则规谏过失，备皇帝顾问，出则骑马散从。后来历代多沿置。金、元后不设。

④ 左光禄大夫：文散官名（文散官，古代表示官员等级的称号，与职事官表示所任职务的称号相对而言）。晋始于光禄大夫外加置。隋炀帝定散官称号为九大夫、八郎。左光禄大夫正二品，右光禄大夫次之、从二品。唐以下不设。

⑤ 开府仪同三司：魏晋南北朝时期的一种高级官位，隋唐至元文散官的最高官阶，从一品。意思是可以建立公府，自选僚属，享受三公的待遇。

南朝

王镇之、杜慧度、徐豁，傅琰、虞愿，沈瑀、范述曾、孙谦、何远等九人，分别选自《宋书》《南齐书》《梁书》。

《宋书》记述南朝从刘裕建国到萧齐取而代之（420年—479年），共六十年历史。刘裕鉴于前朝弊政，大力整顿吏治，重用寒门之士，大大改善了东晋以来的政治和社会状况。此后诸帝也都非常重视吏治，出现了一些清廉且有能力的地方官员。《宋书》立《良吏传》，记载了王镇之、杜慧度、徐豁等七位循吏的事迹。

《南齐书》记述南朝自齐高帝建国至齐和帝国灭（479年—502年），共二十三年史事。刘宋末年社会风气奢侈放纵，吏治混乱。萧道成称帝后，治理得法，善于决断，官员犯法，敕令严惩，所以各级官员施政都小心谨慎。《南齐书》设《良政传》，记载了傅琰、虞愿等七位地方官员的事迹。

《梁书》记述南朝萧齐末年至萧梁王朝（502年—557年）五十余年的历史。梁武帝萧衍在位四十八年，前期重视吏治，政治较为清明，选拔任用地方官员时以为政简约、清廉公平为标准，涌现了《梁书·良吏传》中记载的沈瑀、范述曾、孙谦、何远等许多廉洁公正的地方官员。

人物点评

杜慧度 为政纤密，有如治家，威惠沾洽，奸盗不起，门不夜闭，道不拾遗。

虞愿 其心仁惠，其政清廉。直言敢谏，无所趋避。

沈瑀 廉洁自守，秉性刚正。拒绝请托，抑制豪门。

孙谦 清廉谨慎，名声卓著。仁义德行，为人敬服。

何远 耿介无私，轻财好义，馈遗秋毫无所受。

王镇之

王镇之（357年—422年），字伯重，琅琊临沂（今属山东）人。曾祖王讷曾任晋朝的骠骑将军，祖父王耆之曾任中书郎，父亲王随之曾任上虞县令。

王镇之开始担任琅琊王的卫军行参军，补任剡县、上虞县令，后来又任山阴县令，在任上都有精明能干的名声和突出的政绩。桓玄辅佐东晋时，任用王镇之为大将军录事参军。当时三吴地区发生饥荒，朝廷派遣王镇之前去赈济灾民，会稽内史王愉不接受诏令，王镇之按法律弹劾了他。王愉的儿子王绥是桓玄的外甥，当时是非常显赫的人物。王镇之很快遭到他的排挤，于是以母亲年老为由请求补任安成（今江西新余一带）太守。桓玄篡位失败，他的部将苻宏侵犯安成边境，王镇之率军队抵抗了一年多，兄弟子侄五人都在战斗中牺牲。后来王镇之因为母亲去世离职，护送母亲灵柩回到上虞祖坟安葬。王镇之做官清廉正直，妻子儿女连丰足的物质生活都不能满足。三年守孝期满，王镇之做了征西将军刘道规的司马，任南平太守。徐道覆进逼江陵，朝廷加授王镇之建威将军的官号，统率檀道济等人讨伐徐道覆。因有功劳被封爵为华容县五等男，征召为廷尉。东晋穆帝为何皇后营建陵墓时，王镇之任将作大匠（即工程总管），又升任御史中丞。王镇之为人刚正不阿，因此朝中百官都害怕他。

不久王镇之持节都督交、广二州的军事事务，任建威将军、平越中郎将、广州刺史。宋高祖刘裕[①]曾对人说："王镇之青年时代就建立了

① 刘裕（363年—422年）：字德舆，南北朝时期宋朝的建立者，史称宋武帝。刘裕是杰出的政治家、军事家，在东晋时期先后消灭刘毅、孙恩、卢循、桓楚、谯蜀、司马休之等分裂割据势力，使南方出现百年未有的统一局面。执政期间，抑制豪强兼并，整顿吏治，重用寒门，轻徭薄赋，废除苛法，改善政治和社会状况。对江南经济的发展，汉文化的传扬有重大贡献，被誉为"南朝第一帝"。

清廉的声誉，他一定会成为吴隐之以后最好的官员。岭南的弊病必定会得到治理。”王镇之在任上并没有接受俸禄，离开广州时和刚到时几乎一样两袖清风。刘裕刚开始建立相国府的时候，任用他当谘议参军，兼领录尚书事。王镇之在行政事务上特别能干，虽然要求严厉，但做事并不苛刻，又升为祠部尚书①。刘裕即位后，王镇之以足疾的名义申请辞职，刘裕让他出京担任辅国将军、琅琊太守，又升为宣训卫尉，并任本州大中正。

① 祠部尚书：东晋开始设祠部，以祠部尚书为主官，掌祭祀之事。南北朝沿袭设立。

杜慧度

杜慧度是交趾朱鸢（今越南北部）人，东晋右将军杜瑗的第五个儿子。东晋安帝义熙七年（411年），朝廷命他持节都督交州军事事务，任广武将军、交州刺史。诏书还未到达，当年春天，卢循叛军攻占了合浦郡（今属广西），向交州进发。杜慧度率领将士六千多人抗击卢循的军队，活捉了卢循的部下孙建之。卢循虽然暂时失利，但是残余部队还有三千多人，而且都是久经战斗的老兵。六月，卢循纠合与杜慧度家族有世仇的李弈以及部分当地部族，进攻南津。杜慧度把家族财产拿出来赏赐部众，弟弟杜慧期和九真太守杜章明统率步兵作战，杜慧度则攀上高船，与卢循叛军交战，点燃火箭射向敌人，步兵在两岸猛烈攻击，卢循的舰船都燃烧起来，顷刻之间大败而逃，卢循被箭射中掉入水中淹死。杜慧度的军队大获全胜，他被封为龙编县侯，享受一千户租税的待遇。

宋高祖刘裕即位后，杜慧度被封为辅国将军。这一年，杜慧度率领文武将士一万多人南征林邑国（今越南南部），消灭了林邑国的大半军队，被林邑国掠走的人员财物都得以归还。林邑国王请求投降，并且献纳牲口、大象、金银、古贝等特产，杜慧度全都献给了朝廷。

杜慧度生活节俭朴素，平常穿粗布衣服，吃素菜，喜欢弹琴，读《老子》《庄子》。他在州郡内严禁修建多余的庙祠，大力兴建学校。饥荒之年百姓没饭吃，他就用个人的俸禄赈济饥民。杜慧度治理地方严谨宽厚，好像管理自己家庭一样，因此恩惠威望人人敬仰，奸人盗贼也销声匿迹，到了夜不闭户、路不拾遗的境地。宋少帝景平元年（423年），杜慧度去世，享年五十岁，被追赠为左将军。

徐豁

徐豁，东莞姑幕（今江苏武进）人。晋安帝隆安[①]末年，任太学博士。桓玄[②]辅佐朝政，出任中外都督，统领中军与外军。徐豁建议说："这些致敬的官衔只是对内外武官而言，太宰、司徒都不是军中职务，您不应当加致敬的官衔。"桓玄很不高兴，唆使中丞弹劾罢免了徐豁的官职。

宋文帝元嘉[③]初年，徐豁任始兴（今属广东韶关）太守。三年，朝廷派遣使者巡视各地，并让郡县官员各自陈述治政得失。徐豁上表陈述了三件事，其一说："郡里实行的大田制度，凡是年满十六岁就要缴纳税米六十斛[④]；十五岁以下到十三岁，都要缴纳税米三十斛；一户之内根据人丁的多少，全都要缴纳税米。十三岁的孩童还不能承受繁重的田间劳作，有的孤寡百姓居住偏远，不能相互照顾，到了该纳税的年龄，就逃避隐藏起来。加之地方与蛮、俚部族接壤，逃跑就更加容易，有的被迫残害自己的肢体，生下孩子也不抚养，户口数量逐年减少。我认为应当重新核定缴税的限额，使老百姓能够生存和自立。现在减轻租税虽然会有损失，但从长远来看会有好处。"其二说："郡里管理的采银民户有三百多户，他们凿坑开采银砂，每坑都有二三丈深，不仅劳役辛苦，而且容易坍塌伤人，每年都有被压死的百姓。即使官府加紧征收银税，他们仍然不得不拖欠违抗。年轻的跟着年老的，长期脱离

① 隆安：晋安帝司马德宗的年号，397年—401年。

② 桓玄（369年—404年）：东晋杰出将领、权臣，大司马桓温之子。历任侍中、都督中外诸军事、丞相、录尚书事、扬州牧、徐州刺史、相国、大将军等职，掌握朝政。后篡位在建康（今南京）建立桓楚，改元"永始"，三个月后刘裕举义兵反抗桓玄，桓玄不敌而逃奔江陵，后被杀。

③ 元嘉：南朝宋文帝刘义隆的年号，424年—453年。

④ 斛：古代计量单位，晋时十斗为一斛。

农业生产，一千多人都依靠其他方面的收入来生活，哪里只是一个人不种田就挨饿那么简单的事呢？所以庄稼一旦歉收，就会导致很大的困苦。官府用米与用银一样，我认为应当按照征收银税的数额改征米税，这样就方便多了。”其三说：“征收中宿县（今广东清新县）百姓税银，一名男丁要交纳半两。但是该县并不产银，加上当地百姓都是在山里建造树屋居住，语言不通，不懂得如何进行货物交易，需要到市场上买银来交税，已经遭受很大损失。同时在称量上也容易滋生欺诈巧夺的事情，山里百姓又蒙昧怯懦，不敢为自己辩白申诉。官府征税银虽然很轻，百姓却觉得负担太重。现在如果按人丁征收税米，对公私两方面都有好处。”

徐豁在始兴任职，政绩显著。宋文帝刘义隆下诏称赞说：“始兴太守徐豁，廉洁节俭，为官恭敬守职，对百姓施加恩惠。近年来岭南地区发生灾荒，始兴郡尤其严重，徐豁救助抚恤饥民有方，即使是古代那些贤良的地方官也难以超过他，应当受到嘉奖，以表彰他的清廉和突出政绩，赏赐绢二百匹、谷千斛。”元嘉五年（428年），授他持节都督广、交二州军事事务，任宁远将军、平越中郎将、广州刺史。还没有上任，徐豁就去世了，时年五十一岁。

傅琰

傅琰[①]，字季珪，北地灵州（今宁夏吴忠市）人。祖父傅邵，曾任员外郎。父亲傅僧佑，曾任安东录事参军。傅琰容貌出众，仪表堂堂，出任宁蛮（今湖北襄阳）参军，又任主簿、功曹。宋前废帝永光元年（465年），补任诸暨郡武康县令，又出任吴兴郡丞。

宋明帝泰始六年（470年），转任山阴县令。山阴是江东大县，地方官治理很困难。傅僧佑当年任县令时就颇为人称道，而傅琰更加明察秋毫，以处理政事干练而闻名于世。元徽[②]初年，转任尚书右丞。

当时萧道成辅佐刘宋朝政，因为山阴县的诉讼案件积累很多，又让傅琰出任山阴县令。县里有两个老太婆，一个卖针，一个卖糖，为了一团丝线争执不下，面见傅琰请求裁定。傅琰没有马上询问核查，而是命人把丝线团绑在柱子上用鞭子抽打，仔细观察发现里面有铁屑，于是便责罚了那卖糖的老太婆。还有一次，两个百姓为一只鸡发生争执，傅琰分别询问他们用什么东西喂鸡，一人说用粟米，一人说用豆子。傅琰让人把鸡杀掉，在鸡肠内发现了粟米，便判定那个说用豆子喂鸡的百姓败诉。从此县里百姓都佩服他判案神明，没人敢再去做偷盗之事。傅琰父子做地方官都有突出的政绩，这在当时是很少见的，因此人们都传说傅家有家传的治理郡县的秘籍，子孙相传，从不外传。

宋顺帝升明二年（478年），萧道成提拔他持节都督益、宁二州军事事务，任建威将军、益州刺史、宋宁太守。齐高帝建元四年（482

① 傅琰（?—487年）：其祖孙四代都曾担任过南朝的县令，声名卓著，为廉吏世家。傅琰为官明察事理，处事果断，廉正有才，勤于职守。

② 元徽：南朝宋后废帝刘昱的年号，473年—477年。

年），征召他为骁骑将军[1]、黄门郎[2]。齐武帝永明二年（484年），傅琰转任建威将军、安陆王北中郎长史，后改任宁朔将军。第二年，又转任庐陵王安西长史、南郡内史。永明五年（487年），傅琰去世，皇帝下诏书吊唁他。

① 骁骑将军：古代武官名。汉武帝时李广为骁骑将军。东汉初改屯卫为骁骑。南朝梁陈有左右骁骑，北魏北周有骁骑将军之职。宋、元、明有骁骑尉。清有骁骑参领、副骁骑参领各十二名。

② 黄门郎：又称黄门侍郎，秦开始设置，汉代以后沿袭。是任职于宫门之内的郎官。掌侍从皇帝，传达诏命。

虞愿

虞愿，字士恭，会稽余姚（今属浙江）人。虞愿家的庭院里种着橘树，秋天果实成熟，孩子们都争着来摘取。虞愿当时只有几岁，却从不来摘橘子，家里人对此都感到惊异。

元嘉①末年，虞愿成为国子监的学生。后来任湘东王的常侍，转任浔阳王府墨曹参军。宋明帝②即位后，认为虞愿对儒学和吏治都有研究，再加上在封国时的往日恩情，所以对虞愿十分优待。宋明帝将自己的旧宅改造成湘宫寺，花费极其奢侈，要建十层宝刹，因太高难以建造，便分为两座宝刹，各建五层，还对人说："我建造这座寺院，是一个大功德。"虞愿却在一旁说："陛下建造此寺，用的都是老百姓卖儿鬻女典当老婆的钱，佛祖如果有知，就应当悲哭哀悯，罪孽和佛塔一样高，哪有什么功德？"尚书令袁粲当时也在座，听了这话大惊失色。宋明帝大怒，叫人把虞愿驱赶下殿。虞愿从容而去，神色不变。因为跟皇帝旧日交情深厚，几天后又被召进宫去。

宋明帝喜欢下围棋，但棋艺很拙劣，距离棋格还有七八道，人们评论时都恭维他为第三品。他曾与名列第一品的王抗下围棋，按照棋品进行赌博游戏。王抗经常让他，并说："皇帝下的是飞棋，我无法抵挡。"宋明帝始终没有醒悟，信以为真，对围棋越来越着迷。虞愿进谏说："尧曾经用围棋教导他的不肖儿子丹朱，这不是皇上所应喜好的东西。"虞愿虽然多次触犯皇帝的旨意，但受到的赏赐还是超过

① 元嘉：宋文帝刘义隆的年号，424年—453年。

② 宋明帝刘彧：宋文帝刘义隆的第十一子，封为湘东王，465年—472年在位。

其他人。后来迁职兼任中书郎。又因为长时间服侍宋明帝养病有功，转为正员郎。

后来虞愿出任晋平（今属福建）太守，为官清廉，在郡中并不经营家产。前任官吏曾与平民有纠葛，将那人的儿媳妇抓去做人质，虞愿派人在半路上将她抢夺下来护送回家。他还在郡中设立学校推行教育。晋平郡以前出产蚺蛇，蛇胆可以做药材。有人赠送给虞愿一条蚺蛇，虞愿不忍心杀死它，就放回了二十里外的山中，第二天蛇又回到他的床下。他又送到四十里外的山中，过了一个晚上蛇又回到原来的地方。虞愿又下令把它送得更远，才没有再回来。大家都认为这是他仁爱之心的体现。海边有一块越王石，常年隐藏在云雾中，相传清廉的太守到来才能看得见。虞愿前往观看，越王石清楚显现，没有一丝遮蔽。后来琅琊人王秀之继任郡太守，在写给朝中士人的信中说："晋平郡承蒙虞公治理之后，政令仍然得到遵循，现在风俗淳良，我几乎无事可做了。"虞愿因母亲年老而辞去官职，后来又被任命为后军将军。褚渊曾经去拜访虞愿，虞愿不在家，只见他的床上积满了尘埃，堆着好多书籍。褚渊感叹说："虞君清廉到了这种地步啊！"他让人替虞愿扫地拂床，然后离去。

虞愿升为中书郎[①]，兼任东观祭酒[②]。他的哥哥虞季担任上虞县令，不幸去世。虞愿从中书省官署步行回家，不等诏书下达就回家奔丧。后来虞愿任骁骑将军，升为廷尉，仍旧兼任东观祭酒。虞愿曾经长期侍奉过宋明帝，齐朝建立初期，将宋朝的国君牌位移往汝阴宗庙时，虞愿泪流满面地叩头拜别。齐高帝建元元年（479年），虞愿去世，终年五十四岁。

---

① 中书郎：三国魏始置，属中书省，为编修国史之任。后代沿置，名称多有改变，职掌亦有变化。明代废。

② 东观祭酒：东观是东汉宫廷中贮藏档案、典籍和从事校书、著述的处所。后代也有设置。祭酒是主管官员。

沈瑀

沈瑀，字伯瑜，吴兴武康（今属浙江湖州）人。他的叔父沈昶曾为宋建平王刘景素做事，刘景素计划谋反的时候，沈昶已经离开，但也因此受牵连而被关押。沈瑀赶往御史台陈奏实情，请求赦免，沈昶得以免罪，沈瑀也因此出名。

沈瑀最初出任州从事、奉朝请。他曾经去拜见尚书右丞殷沵，两人谈及政事，殷沵发现他见解不俗，非常器重他，说："看你的才干，将来会做到我这一官职。"司徒、竟陵王萧子良听说了沈瑀的名声，就选用他做了府里的参军。当时建康令沈徽孚仗势欺人，沈瑀按法律惩治了他，从此大家都畏惧沈瑀的刚强正直。萧子良非常赏识他，即使是府里事务也让他处置。

萧子良去世后，沈瑀又侍奉始安王萧遥光。沈瑀曾被州府派去押送民丁，他马上应召前去，毫无怨言。萧遥光对一同被派遣的官员说："你们为什么不仿效沈瑀呢？"于是萧遥光命沈瑀独自主管州里狱讼之事。湖熟县（今属江苏南京市）的方山埭高耸险峻，寒冬腊月的时候，更加艰险难行，齐明帝萧鸾派沈瑀前去整治。沈瑀经过实地考察，计划凿开四处水急滩险的地方，并让来往行人也参加施工，三天就把事情全部处理完毕。扬州主办文书的属吏因私事经过，假称是州府的使者，不肯参加施工，沈瑀下令鞭打他三十下。那个属吏回去向萧遥光诉苦，萧遥光说："沈瑀一定不会无缘无故鞭打你。"于是派人去核查，果然是属吏有欺诈行为。齐明帝又派沈瑀修筑赤山塘，费用比官府预计的数量减少了数十万钱，更加赞赏沈瑀的才能。齐明帝永泰元年（498年），沈瑀任建德令。他鼓励百姓种植树木，每一成年男丁栽种十五棵桑树、四棵柿树以及梨树、栗树，成年女丁数量减半。百姓都非常高兴地听从他的教导，不久栽种的树木就形成了大片树林。

当初，沈瑀还在竟陵王府的时候，和范云交情很好。南齐末年，沈瑀曾经到范云那儿去，他梦到自己坐在房屋梁柱上，仰头看见天空中有“范氏宅”三个字。沈瑀跟随高祖①以后，就把这一梦境向高祖述说。高祖说：“只要范云不死，梦境最终总能应验。”高祖即位之后，范云极力向高祖推荐沈瑀，提拔他兼任尚书右丞。当时天下刚刚安定，陈伯之上表奏请沈瑀催督转运粮草，使军队、国家粮草丰足。高祖认为沈瑀很有能力，让他任尚书驾部郎，仍兼尚书右丞一职。沈瑀推荐本族人沈僧隆、沈僧照，说他们都有从政的才干，高祖都接纳任用了他们。

沈瑀因为母亲去世而离职，重新被起用后担任振武将军、余姚县令。余姚县的大姓虞氏共有一千余户，每天到衙门请托、疏通关节的人络绎不绝，如同赶集一样，以前的县令无法杜绝这种现象。沈瑀到任之后，那些和诉讼无关的人来到衙门，沈瑀就让他们全都站在台阶下，一一按法纪惩治他们。县南有个豪门大族，共有数百家，子弟很多，他们互相庇护，搜刮聚敛财物，百姓很害怕他们。沈瑀把这些豪门大族的人召来，年长者命他们看管仓库，年少者命他们做县衙的杂役，这些人在路上就号呼哭泣。从此以后，豪门大族的行为都有所收敛，不敢再胡作非为。

① 高祖：梁武帝萧衍，502年—549年在位，庙号高祖。

范述曾

范述曾[1]，字子玄，吴郡钱唐（今浙江杭州）人。他自幼年始就勤奋好学，师从余杭吕道惠学习《五经》，精通经义解说。吕道惠的学生曾经有数百人，但他唯独称赞范述曾说："这个人将来一定会成为帝王之师。"齐文惠太子、竟陵文宣王年幼的时候，齐高帝萧道成选拔范述曾任他们的师友。范述曾最初出仕时担任宋晋熙王国的侍郎。齐朝初年，范述曾出任南郡王国的郎中令，升任尚书主客郎、太子步兵校尉，兼开阳县令。范述曾为人正直敢言，在东宫对很多事都提出建议，太子虽然不能全都采用，但也不怪罪他。竟陵王非常器重范述曾，称他为"周舍"[2]。当时太子左卫率[3]沈约将范述曾与汉代名臣汲黯[4]相提并

① 范述曾（431年—509年）：为政清廉，坚拒不收馈赠，示民恩信，不尚威猛之政。

② 周舍：春秋时期晋国正卿赵鞅的臣子。最初周舍去见赵鞅时，说："我很想做一个行事正直、敢于直谏的人，能够经常拿着笔墨和木牍跟随在您的左右，看到您犯了过错就把它记下来。如果每天记录下来并且时刻提醒您改正，那么一月下来就有所成效，一年下来收获就更大了。"赵鞅深以为是，就接纳了他。不久周舍因病去世，赵鞅厚葬他。三年以后，赵鞅仍然念念不忘，在一次宴会上痛哭追念他："从前我的朋友周舍说过：'一百只羊皮加起来，抵不上一只狐狸腋下的皮毛价值高；许多人唯唯诺诺俯首听命，抵不上一个人直言相谏的益处大。从前商纣王因昏聩无能而灭亡，周武王却因光明正大而国家昌盛。'自从周舍死后，再也没人当面指出我的过错，我的国家也差不多要亡了。"

③ 太子左卫率：太子卫率是古代官署名，掌东宫门卫、仪仗等，分左右卫率。

④ 汲黯（？—前112年）：西汉名臣。字长孺，濮阳（今河南濮阳）人。汉景帝时因为父亲的原因任太子洗马。汉武帝时期，初为谒者，后来出京做官为东海太守，有政绩。被召为主爵都尉，列于九卿。汲黯为人耿直，好直谏廷诤，汉武帝刘彻称其为"社稷之臣"。

论。因为父母年老，范述曾请求返回家乡赡养父母，于是朝廷任命他为中散大夫[1]。

齐明帝登上帝位，范述曾被授为游击将军，出京任永嘉太守。范述曾治政清廉公正，不用威严刚猛的办法治理，百姓感到很安适。永嘉下辖的横阳县，山高谷深，地势险要，是逃亡犯人聚集的地方，前任太守采用征讨的办法，未能彻底平定。范述曾刚刚上任，就昭示恩德，申明信义，那些凶恶之徒都携儿带女从深山中出来，编入户籍成为良民百姓，共有二百多家。从此之后，商人往来通行无阻，百姓安居乐业。范述曾在永嘉任职时，努力保持清正廉洁的操守，从不接受馈赠，齐明帝听说后非常赞赏，下诏书褒扬赞美他，征调他为游击将军。范述曾离开永嘉的时候，郡中按旧例送给离任太守故旧钱二十余万贯，他没有接受。范述曾上任的时候，不带家属，离郡回京的时候，他和手下属吏行李简单，甚至不需要车载担挑。当地百姓无论老少，都出来送别范述曾，依依不舍，挽留太守的哭声在数十里外都能听到。

东昏侯[2]在位时，范述曾被任命为中散大夫，回家闲居。梁高祖萧衍登上帝位，范述曾就乘坐小船离开家乡，到京城拜见高祖，接着告辞东归。高祖下诏说："范述曾从前在齐代的时候，忠诚耿直，担任永嘉太守期间，清廉简约，品德高尚，应当加赐爵禄，来激励那些有高洁操守的人。"范述曾一生得到的俸禄，都馈赠给别人。到他年老的时候，家徒四壁，没有任何家产。

① 中散大夫：官名，简称中散。王莽时置，或作东汉光武置，掌论议政事，员额三十人。历代沿置。唐、宋为文散官，正五品上，为文官第十阶。宋元丰改制后，以换光禄卿至少府监各官。后定为第十四阶。元废。

② 东昏侯：齐明帝的第二个儿子萧宝卷，南朝齐第六位皇帝，后来萧衍起兵取代南齐，将其贬为东昏侯。

孙谦

孙谦，字长逊，东莞莒县（今山东莒县）人。十七岁时就被亲戚赵伯符所了解器重。赵伯符任辽州刺史，选用他为左军行参军。孙谦以处理公务才能出众著称。因为父亲去世，孙谦离职回家守丧，亲自耕种供养弟妹，同乡人都称赞他们兄弟间的亲厚和睦。宋江夏王刘义恭听说了孙谦的为人，就任用他为行参军。孙谦先后在大司马、太宰两个官府中任职。后来出京任句容（今属江苏）县令，清廉谨慎，记忆力强，县中百姓称赞他明智如神。

泰始①初年，孙谦侍奉建安王刘休仁，为司徒参军。建安王向宋明帝推荐孙谦，被提拔为明威将军，巴东、建平二郡太守。这两个郡都处于三峡之中，过去官府常常依靠武力威慑镇服郡中百姓。孙谦赴任，宋明帝要他招募一千士兵跟随前去。孙谦说："各部众不肯归顺，是因为对待他们缺少准则罢了，哪里用得着派兵打仗，耗费国家资财呢？！"于是坚决拒绝，不肯招募兵丁。孙谦到任之后，广施惠政，推行教化，各部众纷纷前来归服，并争着馈赠金银财宝。孙谦一一抚慰他们，耐心教导，然后送他们回去，金银财宝丝毫未收。后来抓住了一些违法的百姓，也都将他们释放回家。原来由当地百姓承担的官员俸禄，也全都免除。如此一来，郡境之内安然无事，孙谦的威望大大提高。

南朝齐初年，孙谦任宁朔将军、钱唐县令。他用简洁的方法处理繁杂的政务，狱中从不关押未审讯判罪的犯人。孙谦离职的时候，百姓们因为他在职期间不接受馈赠，就趁着送别用船装满缣帛追着送给他，他坚决不接受。每次离职，孙谦总是因为自己没有私宅，只好向官府借空车棚居住。永明初年，孙谦任冠军将军长史、江夏太守，因为擅自

① 泰始：南朝宋明帝刘彧的年号，465年—471年。

离开江夏郡而获罪，被关押在尚方狱[1]中。不久，孙谦被免罪，任中散大夫。齐明帝图谋废除齐废帝萧子业，想选用孙谦做自己的心腹，任命他兼任卫尉，配给他一百名披甲执仗的卫士。孙谦不愿意置身于权力之争，便自己作主遣散了卫士。齐明帝虽不怪罪他，但从此之后不再委以重任。

天监六年（507年），孙谦出京任辅国将军、零陵太守，虽然已年老体衰，但还是努力处理政事，官吏百姓非常安定。孙谦担任郡县长官，经常鼓励督促百姓耕种农田，种桑养蚕，力求最大限度地利用土地，他属下的百姓常常比相邻郡县的百姓收入更多。天监九年（510年），因为孙谦年老，朝廷征调他为光禄大夫。孙谦回京赴任，高祖萧衍十分赞赏他的清廉高洁，对他待以隆重的礼仪，恩宠特别优厚。但孙谦每次朝见，还是主动请求担当烦难的重任来报效朝廷。高祖笑着对他说："我要用你的才智，不用你的力气。"天监十四年（515年），高祖下诏说："光禄大夫孙谦，清廉忠诚，很有名望，直到白首之年，仍毫不懈怠，这位德高望重的老臣，应当给予优厚的俸禄，配给亲信二十名，并赐予扶持服侍的仆役。"

孙谦一生历任二县五郡的长官，一直都保持廉洁的品格。他生活节俭朴素，坐榻旁边只设立用芦苇编织的屏风。冬天盖布被，铺莞草编织的席子。夏天没有帷帐，但晚上睡觉却未曾有蚊虫侵扰，很多人对此都感到惊奇。孙谦年过九十，但身体强壮得像五十岁的人一样。每逢朝会，他往往在众人之前到达朝门。他努力奉行仁义，立身行事远远超过别人。彭城人刘融在外乞讨时病重，无家可归，朋友们把他抬到孙谦家中，孙谦打开厅堂接待刘融。刘融死后，孙谦按照礼仪埋葬了他。大家对他的仁义德行都非常尊敬佩服。

天监十五年（516年），孙谦在任职期间去世，时年九十二岁。高祖下诏赐钱三万贯、布五十匹资助其家里办理丧事，并亲自哀悼他。

---

① 尚方狱：尚方是古代制造帝王所用器物的官署。因为经常役使刑徒之人劳作，也被作为囚禁罪犯之所。

何远

何远[①]，字义方，东海郯（今山东郯城）人。父亲何慧炬，齐时任尚书郎。

何远最初担任江夏王国侍郎，转任奉朝请。他参预了崔慧景与江夏王萧宝玄围攻宫城的行动，失败后逃亡在外，曾投奔北魏。后来在豫州刺史王肃的帮助下由北魏返回，迎接梁高祖萧衍的义军。萧衍盛赞他说："何远是个出色的大丈夫，竟然能抛弃家庭来报答旧恩，一般人不容易做到。"任命他为辅国将军，命他随军东下。击破朱雀航的守军之后，任命何远为建康令。萧衍登上帝位后，何远任步兵校尉。因为奉迎高祖为帝有功，被封为广兴男的爵位，食邑三百户。升任建武将军、后军鄱阳王萧恢的录事参军。何远与萧恢一向交情很好，在王府中尽心尽力，凡是了解的事情都努力去做，萧恢对他也推心置腹、尤为信赖。

不久，何远升任武昌太守。他本来是洒脱不羁的性格，崇尚侠义行为，出任朝廷官员后有很大改变，杜绝跟朋友交游来往，不再接受别人的馈赠。武昌百姓日常生活都取用江水，盛夏季节，何远担心江水太热，经常向百姓买井中凉水使用，主人不收钱的话，何远就把井水运还主人。其他事情基本上也都是这样。虽然好像有些虚伪做作，但却可以看出他周密仔细的用心。何远的车马特别破旧，服饰也很朴素，日用器具中没有铜器、漆器这类精致贵重的物品。江南水产丰富，价钱也很便宜，但何远每餐只是食用几片干鱼而已。

后来何远被起用为镇南将军、武康（今属浙江德清）令。他更加

① 何远（470年—521年）：初仕于南朝齐，后仕梁朝。武昌太守任上，开始专心吏事。杜绝交游，不受请托；生活俭朴，不附权贵；扶助贫弱，深受百姓爱戴。

砥砺自己清廉正直的节操，除去各种不合礼制的祭祀，刚正不阿，尽心尽责，为老百姓所称赞。太守王彬巡视下属各县，县里都会置办丰盛的宴席来招待，到武康时，何远只准备了干粮茶水而已。王彬离去的时候，何远送他到边界，献上一斗酒和两只鹅为他饯行。王彬和何远开玩笑说："过去陆纳用一斗酒、一盘鹿肉送礼，你的礼物超过陆纳，会不会被古人嘲笑呢？"高祖听说了何远的才能，就把他提拔为宣城太守。从县令提拔为京城附近大郡的太守，这是很久以来没有的事情。宣城刚经过叛贼的抢掠洗劫，何远尽心安抚百姓，全力处理政务，取得突出政绩。一年后，何远任树功将军、始兴（今属广东）内史。

何远每到一处任职，都会修整道路、房屋等基本设施，用心整理街市里巷、城池仓库，如同营建自己家室一般。田禄官俸，何远一点儿都不取用。年终的时候，他挑选生活最为窘困的百姓，用自己的俸禄充缴他们的赋税。何远处理诉讼案件并没有过人之处，但他生性果断，百姓不敢干坏事，对他又畏惧又敬重。

何远任职的地方，百姓都为他设立祠堂祭祀，官吏上表呈奏他的政绩，高祖常常下诏书赞美褒奖他。天监十六年（517年），高祖下诏说："何远在武康任职时，已经显扬了廉洁公正的名声，接着治理宣城、始兴两郡，更体现出他的清正高洁。为政重视治民之道，施以恩惠使百姓敬爱，即使是古代的贤良太守，也没有超过何远的。应当提拔他担任朝中荣耀的官职，以表彰他在郡县任职的政绩。任命何远为给事黄门侍郎！"何远随即回郡，接着任仁威长史。不久，何远出京任信武将军，监管吴郡（今江苏苏州）。因喝酒而犯有过错，转任东阳（今属浙江金华）太守。何远痛恨地方豪强富家，对待他们如同仇敌一般，而对待贫穷孤弱百姓，则如同自己的子弟一样，因此那些豪门大族都特别畏惧何远。何远在东阳任职一年多，因为受到那些被他责罚之人的毁谤，被免职回家。

何远为人光明正大、不徇私情，在官场上杜绝私人请托，自己也不交结权贵。与人书信往来，无论贵贱，都以平等之礼相待。他聚会时遇见别人，不会表现出卑贱的神色刻意逢迎，因此经常被那些平庸浅薄的士大夫厌恶忌恨。何远的清廉公正在当时的官员中居于第一位。何远从东阳免职回家，始终不谈及个人的荣辱，士人们因此更加敬重他。何远轻财重义，别人有急事，都会全力帮助，不说空话大话，这都是他的天性。他常常对人开玩笑说：“你能找到我一句虚妄空洞的话，我就酬谢你一匹丝绸。”许多人暗中窥伺等待，但还是找不出来。

后来何远又被任命为征西谘议参军、中抚司马。梁武帝普通二年（521年），何远去世，时年五十二岁。梁武帝给他家很丰厚的赠赐。

北朝

张恂、宋世景，裴延儁、苏琼、孟业，裴侠、薛慎等七人，分别选自《魏书》《北史》《周书》。

《魏书》记载4世纪末至6世纪中叶北魏王朝的历史。北魏孝文帝时期，大力整顿吏治，实行俸禄制度，提高官员待遇，同时根据官员政绩决定任期长短，从而使当时的吏治状况大为改观。《魏书·良吏传》收录了张恂、宋世景等地方官员的事迹。

《北史》记载了从北魏登国元年（386年）到隋义宁二年（618年），北魏、东魏、西魏、北齐、北周、隋朝六个朝代的历史。《北史·循吏传》收录了裴延儁、苏琼、孟业等地方官员的事迹。

《周书》记载宇文氏建立的北周（557年—581年）的历史。由西魏权臣宇文泰奠定基础，到他的儿子宇文觉时，废掉西魏恭帝正式建立北周。宇文泰知人善任，奉行德治教化为主、法治为辅的统治原则，要求各级官吏以儒家学说修身，躬行仁义、孝悌、忠信、礼让、廉平、俭约等儒家道德规范，严惩贪官，使吏治得到整顿。《周书》记载了裴侠、薛慎等地方官员的事迹，但未单立《循吏传》。

人物点评

张　恂　劝课农桑，兴学爱民。

宋世景　文武才略，当今寡俦，清平忠直，亦少其比。

裴延儁　修复督亢，溉田百万。在州五年，考绩为天下之冠。

苏　琼　历职中外，所至皆以宽平为治。

裴　侠　裴公贞惠，为世规矩。

张恂

张恂[①]，字洪让，上谷沮阳（今张家口怀来县）人。随同兄长张衮归附北魏，参预谋划代王府中的军机要务。张恂给北魏太祖拓跋珪进言说："现在天下大乱，诸侯并起，刘聪和石勒纷纭相争，慕容氏在山东称帝，苻氏和姚氏在秦陇地区建立政权，天下没有真命天子。大王在北方建立根基，重现英明圣政，从北向南，教化施及燕赵地区。而今中原的遗民们渴望甘霖，盼求滋润。应当乘此机会，建立帝王大业。"太祖对他深为器重，待以优厚的礼遇。皇始[②]初年，张恂任中书侍郎，得以参预军国要事。跟随将军奚牧开拓攻取晋川（今属宁夏），拜为镇远将军，赐封为平皋子爵。出任广平（今河北邯郸）太守，张恂召集流离散亡的百姓，劝导督促农业生产，回归的百姓有一千户。改任常山太守，兴建学校，优待儒生，官吏百姓都歌颂称赞他。当时正逢战争动乱之后，很少有官员能够严以律己，只有张恂为官清白，以仁慈宽恕的态度对待百姓，深受百姓爱戴，治民的政绩为当时第一。太祖对此大加褒扬赞叹。太宗拓跋嗣即位后，赐给他三百匹帛，征召为太中大夫。太宗神瑞三年（416年），张恂去世，终年六十九岁。张恂性情淡泊，生活俭朴，不积累财产家业，去世时家中没有多余的钱财。太宗哀悼痛惜他，追赠为征虏将军、并州刺史、平皋侯，谥号为"宣"。

---

① 张恂（347年—416年）：北魏大臣。清廉节俭，家无余财。曾任广平、常山太守，劝课农桑，兴学爱民，治理政绩堪称当时第一。

② 皇始：北魏太祖拓跋珪的年号，396年—398年。

宋世景

宋世景，广平（今河北邯郸）人。少年时就独立修习学业，侍奉双亲，以孝顺闻名。博览群书，尤其精通儒家经典大义。被推举为秀才，应答策问被评为上等，授国子助教，任彭城王元勰的府署法曹行参军，主管刑狱。彭城王元勰欣赏他的才学，对他非常器重和尊敬。北魏孝文帝也很欣赏他，升任他为司徒法曹行参军。

宋世景熟悉刑法，起草律令，裁决可疑的狱案，剖析判案娴熟流畅。转任尚书祠部郎。元勰经常称赞他说："宋世景很有见识，有尚书仆射的才能。"尚书台中有疑难事情，右仆射高肇经常委托他去做。宋世景既有擅长从政的才干，又加上勤奋不懈，所任各职都很有政绩和口碑。多次被左仆射源怀任用为行台①郎。他巡视过十几处州镇，对地方官员作出的升降赏罚被大家认为公平持正。他安排迁移了七个镇，另外设置军队戍守的据点，设立亭候，以防备北方民族侵犯。源怀对他非常信任和器重，向世宗皇帝推荐说："宋世景的文才武略，在当今臣僚中罕有匹敌的人。他清廉平易、忠贞正直，也很少有人能比。陛下如果能委以朝廷重职，一定不会比李冲差。"世宗说："朕也听说过他。"尚书令、广阳王元嘉，右仆射高肇，吏部尚书、中山王元英共同推荐宋世景为国子博士。接着又荐举他为尚书右丞。但是王显与宋世景的族兄宋弁有矛盾，在世宗面前横加诋毁，所以这件事被阻拦下来。

不久宋世景被授予伏波将军，任荥阳太守。荥阳的郑氏家族称霸一方，横行乡里，一直非常难以治理。济州刺史郑尚的弟弟郑远庆先前任苑陵（今属河南新郑）县令，贪赃受贿，聚敛钱财，老百姓认为是当

① 行台：魏、晋开始设立，出征时随其所驻之地设立的代表中央的政务机构，北朝后期，称为尚书大行台，设置官属与中央无异，自成行政系统。

地的祸害。宋世景上任伊始，召见他说：“我与先生为亲密故旧，应该给我个面子。我没来之前，你做了什么事我一概不加追究，从今日起，我决不会袖手不管。”但郑远庆的行为和态度照样不改。宋世景要将他绳之以法，郑远庆弃官而逃。其他部属官吏畏惧宋世景的威严，无不忌惮改过。他整天坐在厅堂办事，未曾见他瞌睡休息。县、乡的官吏以及庶民百姓，到此就可以见到他，没有时间限制。并且都可以直抒胸臆无所隐藏，他都能和颜悦色地耐心听取，甚至让侍从退下跟他们进行密谈。民间的事情，无论大小他都能知晓，揭露剪除奸邪恶徒，如同神明一般。曾经有一个官吏，休假期满回到衙门，吃了人家的鸡、猪；又有一个官吏，收了别人一顶帽子、吃了两只鸡。宋世景喝斥他们说：“你们怎么敢吃他人的鸡、猪，收取他人的帽子！”那两个官吏马上叩头认罪。于是，郡衙上下人人震慑恐惧，没有谁再敢违反禁令。

宋世景对于兄弟的友爱，超过常人。其弟宋道玙去世后，他哭得极为哀恸悲切，身体枯槁、容颜憔悴，见者无不叹息同情。一年后，母亲又不幸去世，宋世景因为难以承受这种哀痛而最终去世。

裴延儁

裴延儁（？—528年），字平子，河东闻喜（今属山西）人。魏冀州刺史裴徽的八世孙。曾祖父裴天明，曾任谘议参军、并州别驾。祖父裴双虎，曾任河东太守，死后被追赠为平远将军、雍州刺史。父亲裴崧，曾任州主簿，代掌平阳郡事。因平定蜀地盗贼有功，死后被追赠为东雍州刺史。

裴延儁幼年时父亲和生母就去世了，因孝顺后母而闻名。他广泛涉猎史传典籍，才华出众。被推举为秀才，因对策列在高等，被授予著作佐郎之职。北魏世宗初年，任散骑侍郎，随后出任雍州平西府（今属陕西）长史，升为建威将军，又调入朝中任中书侍郎。

当时世宗皇帝痴迷于佛教经典，很少学习儒家经籍。裴延儁上疏进谏说："臣听说尧帝文德盛大，敬肃明察，继承古代圣贤之道；舜帝体察先王之道，恭谨遵循前代经典，探究为圣之德。东汉光武帝天资神明睿智，也不忘在繁忙军务中勤奋读书；魏武帝曹操英明多识，戎马倥偬之际还坚持阅读典籍。我大魏孝文帝，天赋异禀，多才多艺，能文善武，经营迁都，筹划征战，日理万机之余，仍然手不释卷，孜孜以求。确实是因为经史意旨无比深奥，作用和益处非常广泛，所以先圣们虽然军国大事忙碌辛劳，也从不停止阅读圣贤经典。这是先王们的光辉实践，也是留给后世帝王的宝贵经验和永恒楷模。好的方面足以遵循，坏的方面应该借鉴。陛下悟性高深，见识独到，在宫廷中设立法座，在朝会时谈论佛法，凡是有幸见到、听到的臣民，无不尘俗尽扫，茅塞顿开。然而'五经'毕竟是治世的标准，'六艺'才是规范社会的根本。任何事物都是逐渐发展的，不可一蹴而就，追逐时尚不一定是好事，必须先粗后精、先近后远。诚恳地希望陛下儒经、佛典兼顾，孔子和释迦牟尼并存，如此才能达到内外周全、信教者与世俗之人都能心情顺畅的局面。"

后来裴延儁担任司州别驾，加授镇远将军。皇上下诏建立明堂，群臣展开广泛讨论，裴延儁熟知礼仪典制，独自坚持一堂之论。太傅、清河王元怿当时负责讨论建立明堂之事，读了裴延儁的文章后笑着说："先生是想与仆射李冲遥相呼应吧！"兼任太子中庶子，不久转为专职，依旧兼任别驾之职，又加授冠军将军。肃宗初年，升任散骑常侍，负责编撰起居注，又加前将军，升平西将军，授廷尉卿。改授平北将军、幽州刺史。

范阳郡有一条旧水渠，长五十里；渔阳燕郡戾陵有一些旧塘堰，方圆约三十里。这些水渠塘堰年久失修，废毁多时，一直没有修复利用。当时幽州地区水旱灾害频繁，百姓经常遭受饥荒。裴延儁认为如果修复旧的水渠塘堰，一定能够避免水旱灾害，于是上奏章请求朝廷批准动工。工程开始后，他亲自勘察地形，检查督促施工，不久工程竣工，可以灌溉田地一百多万亩，收成增加了十倍，老百姓至今还依赖它们。裴延儁又责成主簿郦恽兴修学校，使当地礼教大行，百姓纷纷歌颂赞美他的政绩。他任幽州太守五年，政绩考核为天下第一。

苏琼

苏琼，字珍之，长乐武强（今属河北）人。父亲苏备，在北魏做官，官至卫尉少卿①。苏琼幼年时跟随父亲在边境，曾经去拜见东荆州刺史曹芝，曹芝开玩笑地问他："你想做官吗？"苏琼回答说："设立官职选人担任，并不是让人去找官做。"曹芝对他的回答感到很惊异，就安排他做了自己府中的长流参军②。

北魏孝武帝永熙元年（532年），高澄设置丞相府的属官，征召苏琼做刑狱参军，对他经常加以鼓励和慰劳。并州有强盗为害百姓，长流参军张龙负责追查此事。被疑为强盗的人经过严刑拷问已经招认，丢失财物的人家也都确认，但是没有找到被抢劫的赃物，无法结案。高澄把这个案子交给苏琼，要他彻底审查。苏琼追查到真凶元景融等十余人，同时查到了赃物和证据。高澄大笑着对那些被冤枉为强盗的人说："你们如果没有遇到我的好参军，就差一点被冤枉死了。"

苏琼后来被任命为南清河郡（今河北清河一带）太守。此郡原本盗贼横行，苏琼上任后，使官吏百姓严守法令，犯法偷盗的事情再也没有发生过。有时外地的奸邪之徒擅自从南清河地界经过，没有不被抓到官府的。零县百姓魏双成丢失了一头牛，怀疑是同村人魏子宾偷的，就把他扭送到郡府衙门。苏琼经过仔细审问，知道魏子宾不是偷牛贼，就把他释放了。魏双成说："太守您把贼放跑了，老百姓的牛去哪儿找呢？"苏琼没有理睬他，暗中派人下去查访，找到了真正的偷牛贼。从此以后，百姓都散养牛羊等牲畜，说："只管交给苏太守就行。"邻郡的富豪也将财物存放在南清河郡以躲避盗贼。冀州绎幕（今山东平原）

① 卫尉少卿：卫尉，古代官署名，掌仪仗帐幕。副长官为卫尉少卿。

② 长流参军：又称治狱参军，刺史的属官，掌管禁防工作。

县人成氏家里很富有，被盗贼追逼得很紧，就对他们说："我家的财物都寄放在苏太守那里。"盗贼就自动离去了。平原郡有一个会法术的盗贼刘黑苟，招纳党徒，勾结海外贼寇。苏琼治理下的百姓和刘黑苟所在村子毗连而居，但没人牵连进去。邻郡的人因此都非常佩服苏琼的德行政绩。南清河郡以前曾经做过盗贼的达一百余人，后来都成为苏琼的耳目，随时通报民间发生的事情，甚至连官吏们喝老百姓一杯酒，苏琼都会马上知道。

苏琼天性清廉谨慎，从不拆看托他办个人私事的信件。道研是济州的沙门统[①]，财产极多，在郡中向老百姓放了不少债，以前经常请郡县的官吏帮他催债。等到他来求见时，苏琼已知道了他的意图，一见面就跟他谈论佛法。道研虽然为催债的事情来过多次，但都无法说出口。弟子问其中的缘由，道研说："每次见到苏太守，他直接就把我带到云霄之中，哪里还能谈论人间的俗事？"师徒回去后，便把债券全部焚烧了。

郡里有位叫赵颍的老者，官至乐陵太守，八十多岁的时候辞官回家。五月间，他带了两个刚摘下的瓜，送给苏琼。赵颍仗着自己的年纪资历，竭力请求苏琼收下，苏琼没有办法，只好把瓜收下后放到大堂的梁上。人们听说苏琼接受了赵颍馈赠的瓜，也想送上新摘的瓜果，来到衙门前面，发现赵颍送的瓜仍放在那儿，便相视一笑纷纷离去。

郡里有兄弟俩争夺土地，很多年了也没有最终裁定。两人各自寻找证人，竟然找了一百多个。苏琼把兄弟二人叫到郡府，意味深长地对他们说："天下最难得的是兄弟情谊，最容易得到的是土地财产。如果你们得到了土地而失去了兄弟情谊，那又怎么样呢？"说着不禁掉下了眼泪，那些证人也无不感动流涕，兄弟俩磕头请求让他们出去再想一想，最后尽释前嫌，分开十年后又住在了一起。

每年春季，苏琼都召集大儒士卫觊隆、田元凤等在郡里学校讲学，让郡吏们在处理公务后，利用闲暇时间来读书，把官吏看作学生一样。

---

① 沙门统：又称僧统、道人统、都统、昭玄统，北魏设立来统管全国僧尼事务的僧官。

苏琼禁止一切不合礼法的祭祀，婚礼丧葬也要俭省节约，严格遵守礼仪。每年三月，苏琼总是预先公布征收绵绢的长度式样，明确规定兵役、徭役、赋税的具体内容和先后次序。因为苏琼总是先把征派徭役等事情办好，郡县官吏很少因延误而受到处罚的。当时其他州郡都派人到南清河郡，询问处理政事的方法。

天保[①]年间，南清河郡内发大水，百姓受灾，粮食匮乏的有一千多家。苏琼召集郡里有粮食的人家，向他们借来粮食，全都分给那些挨饿的百姓。州府按户征收租税，并要追究借粮的事情，郡里主簿对苏琼说："虽然您可怜那些饥饿的百姓，但此事恐怕要连累您。"苏琼说："一人获罪而能救活千家百姓，还有什么可怨恨的呢？"于是给朝廷上表陈述事情原委，得以免除征收的租税，受灾百姓都能安定生活。这些百姓抚育儿女的时候都会说："是苏太守使你们活下来的啊！"苏琼在南清河郡为官六年，百姓都感激崇敬他，没有一个人向州里申诉上告。州里前后四次向朝廷上表报告地方官员的政绩，苏琼都名列最上等。

不久苏琼出任司直、廷尉正，负责监察官吏，朝中官员都感叹对他很不公平。尚书辛述说："苏琼为人正直，名实相副，不用担心他不能升迁高位。"

当初，苏琼任南清河郡太守的时候，裴献伯任济州刺史，裴献伯执政非常严厉，擅长用刑法治理地方，苏琼则通过施行恩惠来教化百姓。房延祐出任乐陵郡太守，经过济州，裴献伯问他自己在外面的声誉如何，房延祐说："只听说苏太守善良而裴刺史残暴。"裴献伯说："百姓的称颂并不都很公正。"房延祐回答说："这样说来，黄霸、龚遂这样的清官倒成了你眼中的罪人了。"后来朝廷下令，让各州推荐清廉而有才干的人。裴献伯因为先前说过的话，害怕被苏琼陷害，而苏琼却替他申诉长期不得晋升的委屈，人们都推崇苏琼为人公正。

毕义云出任御史中丞，处理案件以凶猛暴虐而著称，大理寺掌管司法的官员都很害怕他，不敢有不同意见。而苏琼审查案件务求公平公

① 天保：北齐文宣帝高洋的年号，550年—559年。

正，许多冤案得以昭雪。由大理寺来复查御史台的案件，这一做法就是从苏琼开始的。后来苏琼又出任三公郎中。赵州及清河、南中郎府管辖的地域不断有人来告发谋反，都交由苏琼审理，事情大多得到公正处理。尚书崔昂对苏琼说："如果想要建立功名，应当从别的地方考虑，如果经常为反叛的逆贼洗刷罪责，这不是把自己的身家性命都看轻了吗？"苏琼严肃地说："我所昭雪的都是蒙受冤屈的人，从来没有错放过反贼叛逆！"崔昂十分惭愧。京城的人都称颂他是"断决无疑苏珍之"。

皇建[①]年间，苏琼被赐爵位为安定县男，任徐州行台左丞，代理徐州刺史的职务。徐州城中的五级寺有一天晚上突然被盗走了一百座铜像，官府追查巡访的时候，逮捕了数十个夜间守卫以及行踪可疑的人，苏琼却把这些人全部释放回家。寺院的僧人抱怨苏琼放纵盗贼，苏琼对僧人说："你们暂且回寺，佛像自然会送还。"仅仅过了十天，苏琼就将盗贼的姓名以及藏匿赃物的地方全都写出来，派人直接前去搜捕，人赃俱获，盗贼都供认不讳。僧人与老百姓都敬服不已，惊为神明。

此前朝廷制度中有"禁淮令"，不允许商人随意渡过淮河交易。淮南地区遭受灾荒，苏琼上表请求允许商人到淮北去买粮。此后淮北发生饥荒，他又请求允许商人到淮南买粮。于是淮河两岸货物得以流通，彼此都得到好处，水陆交通的便利一直达到黄河以北。

后来苏琼出任大理寺卿。北齐灭亡后，他出仕北周，为博陵（今属河北）太守。隋文帝开皇初年（581年）去世。

① 皇建：北齐孝昭帝高演的年号，560年—561年。

孟业

孟业，字敬业，钜鹿安国（今属河北）人。家境贫寒卑微，年轻时做州里的小吏，品性廉洁谨慎。一起共事的官吏偷窃官府的绢帛，分了三十匹给孟业，他拒绝接受。行台郎中郭秀非常器重他，对他以礼相待。

东魏的彭城王元韶，是北齐神武帝高欢的女婿。元韶出任定州刺史，授予孟业典签①这一职务。长史刘仁之对孟业说："我在外衙，您在内衙，我们同心协力，应该会有所成就吧！"不久，刘仁之入朝做了中书令②，临走时禀告元韶说："殿下身边可以信任的人，只有孟业。希望您让他独当大任，其他人都不可信任。"又拉着孟业的手说："现在我离开彭城，您就失去了援手，担心您以后难以自我保全，只希望您努力做到忠正刚直。"

孟业家里只有一匹马，因缺少草料瘦死了。元韶考虑到孟业家里贫穷，就让州府的官吏差役一起吃马肉，想让他们借此酬谢补偿孟业，孟业坚决推辞不肯照办。元韶就跟他开玩笑说："你是个要谋求声名的人啊！"孟业回答说："我身为典签，担当州里的重要职位，很多人都想贿赂我，只怕没有机会。现在让他们一起吃马肉，趁机聚敛财物，恐怕有损于官府的名声，因此我才违背您的意愿。"后来不到十天，元

① 典签：南北朝时地方长官之下典掌机要的官。

② 中书令：官名。汉武帝时以宦官担任中书，称中书令，置令与仆射为其长，掌传宣诏命等。中书令是帮助皇帝在宫廷处理政务的官员，负责直接向皇帝上奏的密奏文书，地位重要。南北朝中书令一官最为清贵华重，常用有文学才望者任职。隋唐早期，中书令为中书省长官，属于宰相职。后来名称多有变化，也不常授职。辽、金、夏、元，中书令掌实权，权位重。

韶身边的王四德、董惟金等官员都因为马死了送人马肉敛财，被长史裴英起暗中弹劾。高欢写了一封信给元韶，对他大加责备。孟业不久也被诬陷诋毁，离开州府到各县巡查政务。高欢又写信责备元韶说："典签孟业，办事非常谨慎认真，你为什么让他离开州府呢？"等元韶派去代替他的人到任后，孟业随即回到定州，别人赠送的物品他丝毫没有接受。刘仁之后来到西兖州做官，临走时对吏部郎中崔暹说："你们州的人才，只有孟业一人最为突出，铨选举荐的时候，不要忘记他。"崔暹问孟业说："您以前在定州，有什么政绩，让刘仁之对您如此钦佩叹服？"孟业回答说："我只是懂得修养自身罢了。"后来，元韶做了并州刺史，孟业仍做典签，并兼任长史一职。

北齐天保初年（550年），清河王高岳被任命为司州牧，听闻孟业的名声品行，征召他担任法曹一职。孟业身形矮小，去拜见高岳的时候，高岳从内心里瞧不起他，对他笑而不语。后来高岳看到孟业判决查处的案件，大为感叹，对他说："您判决案件非常英明，可以说超过了您的身材和容貌。"孟业后来任河间王的郎中令，清贫自守，未曾有任何过失。

有一次，文宣帝高洋问侍中裴英起："你认识河间王的郎中孟业吗？朕昨天见到他的国司[①]文案，感觉他是个有才能的好官。"裴英起回答说："过去他与为臣一同侍奉彭城王元韶。此人清廉忠诚、正直恭谨，当世少有。"文宣帝说："如果真像你说的那样，以前真是委屈了他。"于是，任命孟业担任中书舍人[②]一职。

---

① 国司：由中央分配的地方行政长官。

② 中书舍人：官名。舍人始于先秦，本为国君、太子亲近属官，魏晋时在中书省内置中书通事舍人，掌传宣诏命。南朝沿置，至梁，称中书舍人，任起草诏令之职，参与机密，权力日重。隋唐时，中书舍人在中书省掌制诰。隋炀帝时曾改称内书舍人，武则天时称凤阁舍人。宋初亦设此官，实不任职，另置知制诰及直舍人院起草诏令。元丰改制后，始仍掌其事。辽属中书舍人院，起草有关诏令。明清时于内阁的中书科亦设有中书舍人，掌书写诰敕、制诏、银册、铁券等，非前代可比。明代时，中书舍人已为从七品，清沿置。

河清三年（564年），武成帝高湛命令民间养驴卖给官府，催购非常急迫。但老百姓穷困异常，拿不出钱来买驴喂养。孟业感慨说："我既然是老百姓的父母官，怎么能坐视百姓的急难不管呢？应该拿出府库中的钱财，借给老百姓买驴。今后如有什么差错，都由我自己承担下来。"后来他因为此事遭到弹劾。被押送入京那天，东郡的老百姓都哭着跟随在他的身边，不停地安慰他，送孟业出关的有好几百人。他们一直送到黎阳郡的西边，仍然拉着手依依不舍，痛哭悲戚的情形连路人都被感动了。许多百姓又赶到京城，向朝廷诉说孟业的冤情，皇上于是下令将孟业放还。听到这一消息，东郡的老百姓纷纷拥到黄河边上，迎接孟业。

裴侠

裴侠[1]，字嵩和，河东解县（今属山西）人。他七岁的时候还不会说话，后来有一天看见一群乌鸦遮天蔽日从西边飞来，举手指着它们开口说话，从此就变得博学聪慧，异于常人。十三岁时，父亲去世，他像成年人一样悲哀过度而伤害了身体。

北魏孝明帝正光[2]年间，裴侠逐渐做到义阳（今属河南）郡守。武卫将军向明帝推荐裴侠，授予他左中郎将一职。等到明帝西迁时，裴侠要随同前往，妻子儿女还留在东郡。荥阳人郑伟对裴侠说："天下正在动乱之中，与其像飞鸟一样不知道聚集何处，不如去东郡与妻子儿女团聚，慢慢再选择投奔的地方。"裴侠说："既然享用朝廷的俸禄，怎能因为妻子儿女而改变自己的忠心呢？"于是跟随明帝入关。后来被任命为河北郡太守。

裴侠生活俭朴、爱民如子，平时只吃豆麦咸菜，官吏百姓没有不敬仰他的。按照先前的制度，郡里要安排三十个捕鱼打猎的百姓来供应郡守鱼肉之需，又雇佣三十个成年男子做郡守的奴仆。裴侠说："为了个人饮食、生活而役使别人，这是我做不到的。"于是让他们全部回家。又将佣工交纳的雇佣钱给官府买马，几年以后，马匹成群。裴侠离职的时候，却什么都不带走。老百姓歌颂他说："肥美的鱼肉不吃，雇佣丁役的钱不取。裴公坚贞仁惠的德行，是人世间的楷模。"文帝非常赏识裴侠清政爱民的风范，有一次在朝堂上，让裴侠独自站在一边，然后对其他郡守说，裴侠是天下最为清廉的郡守，你们自己认为能与他相

① 裴侠（？—559年），一生为政清廉，生活俭朴，克己爱民，受到州郡百姓的爱戴。

② 正光：北魏孝明帝拓跋诩的年号，520年—525年。

比的可以跟他站在一起。大家都不敢应对，于是文帝给他非常丰厚的赏赐，朝廷上下都对他极为赞叹佩服，称他为“独立使君”。

裴侠升任户部中大夫。当时有奸猾不法的官吏管理府库财物，多年隐瞒贪污达到千万钱。裴侠到任后，整顿作风，揭发检举，数十天之内，不法官吏受到惩处，监守自盗的情形基本杜绝。后来裴侠调任工部中大夫，掌管钱物的大司空李贵在府中悲伤哭泣。有人问他缘由，他回答说：“我掌管的官府财物，很多都被耗费占用。裴公清廉严明，我害怕受到责罚，因此而哭泣。”裴侠听说后，允许他自首认罪，于是李贵自己供认了隐瞒耗费的五百万钱。

裴侠有一次病重，疲惫不振，士人朋友都为他担忧，忽然听到敲五鼓的声音，裴侠立刻受惊起身，问身边的人说：“可以到府里办公了吧？”他的病竟然也因此痊愈。晋国公宇文护听闻此事后说：“裴侠病情如此危重却不忘公事，听到鼓声而痊愈，这难道不是上天保佑他勤勉恭谨吗？”大司空宇文贵、小司空北海公申征一起来探望裴侠，看到裴侠所住的房子破败不堪，难以躲避风雨。宇文贵等人回来，向皇帝说起此事。皇帝怜悯他生活清苦，下诏令给他建造房屋，并且赐给他十顷良田，耕作农具、粮食等样样充足。缙绅士大夫都为此感到荣耀。裴侠最后在任上去世，谥号为“贞”。

薛慎

薛慎，字佛护，河东汾阴（今属山西）人。他喜爱学习，会写文章，擅长草书。薛慎入仕时便担任丞相府的墨曹参军。太祖宇文泰[①]在行台省[②]设立学校，选拔德行出众和聪明机敏的丞郎[③]和府佐等下层官吏作为学生，要求他们白天处理公务，晚上参加学习，先学《六经》，然后学习子部和史部书籍，又从中选取德行淳厚、学问突出的，侍奉太祖读书。薛慎与李璨等十二人都被选中。太祖又任命薛慎为学师，管理各位学生的学习和功课。太祖喜欢清谈，挑选了一百名深刻了解佛教深奥旨意的名僧，在宫中讲经说法。要求薛慎等人兼学佛教经义，掌握内外之学。全国各地兴起学习佛教大乘之学的风气。

几年后，又让薛慎任宜都公的侍读。魏太子东宫建立后，任命为太子舍人。设置六官时，委任为膳部[④]下大夫。薛慎的哥哥薛善在工部任职，兄弟两人都位居清要显达的官职，当时人认为是很荣耀的事情。

保定[⑤]初年，薛慎出任湖州（治所在今河南唐河）刺史。湖州界内杂居着很多蛮夷，长期以抢掠为生。薛慎于是召集各位蛮夷首领，宣告朝廷旨意，并命令他们每月来州府参见一次，如果有事需要禀告，可以随时面见。薛慎每次接见他们，都要设酒宴款待，并谆谆教导劝戒。不到一年时间，各部族就高高兴兴地归化朝廷。大家相互之间都

① 北周太祖宇文泰（507年—556年）：西魏权臣，北周政权的实际奠基者。改革政治，奠定隋唐制度之始。

② 行台省：魏晋至金代中央的尚书省（台），出征时在其驻在地设立的临时性机构称为行台，又称行尚书台或行台省。

③ 丞郎：尚书左右丞、六部侍郎通称。

④ 膳部：古代官署名。掌祭器、牲豆、酒膳及藏冰等事。

⑤ 保定：北周武帝宇文邕的年号，561年—565年。

说：“现在才知道刺史是百姓的父母官！”从此以后携儿带女前来归附的有一千多户。按照当地风俗，婚娶之后，父母虽然健在，也要马上分开居住。薛慎对下属说：“地方官的责任是教化百姓，怎么能儿子一娶妻便与父母分居呢？这不仅是当地习俗的问题，也是地方官员的过错。”于是教导当地百姓，倡导孝顺慈爱之风，并令各郡县的官员通告所管辖的地区。有些已经分居数年的子女，也都回来侍养父母，在外得到果品膳食，也一定拿回家送给父母。薛慎因为他们迅速向善而特别感动，将情况全部呈报朝廷。朝廷下诏书免去这些蛮族百姓的赋税徭役。从此以后湖州风化盛行，与中原风俗基本相同。

隋

辛公义、魏德深，梁彦光、赵轨等四人，前二人选自《隋书》，后二人选自《北史》。

《隋书》，唐魏征等撰，纪传体断代史。记载隋朝三十八年的历史。南北朝以来，天下分裂，王朝更迭频繁，官吏放纵不法，使得社会混乱，吏治腐败，上下贪污成风，贿赂盛行，聚敛无厌。隋文帝有鉴于此，开国之初，即励精图治，提倡节俭，对吏治问题大加整顿，改善颇多，涌现出一批廉正贤能的官吏。《隋书·循吏传》记载了辛公义、魏德深等十二位官员的事迹。

人物点评

【辛公义】改变陋俗，民称之为慈母。消泯争讼，兴礼让之风。

【魏德深】为政清净，不严而肃。深得民心，百姓至今怀之。

【梁彦光】为政清廉恭谨，崇尚以德化人。

【赵　轨】修身自洁，清廉如水。约束部属，实为官之楷模。

辛公义

辛公义，陇西狄道（今属甘肃）人。年幼时父亲去世，由母亲一人抚养长大。北周天和①年间，朝廷挑选出身清白的年轻人进入太学学习。辛公义以勤奋苦读而出名，北周武帝征召他到露门学②学习儒家经义。武帝每月召他到身边，与学识渊博的学者讨论学问。辛公义多次得到武帝的赞赏，当时的人都非常仰慕他。

辛公义跟随军队攻打陈朝，立下功劳，被授予岷州（今甘肃岷县）刺史。当地有一种害怕疾病的风俗，假如一个人患病，全家人都躲避他，父子、夫妻之间也不相互看护照料，违背忠孝仁义之道，因此患病的人大多死去。辛公义对此非常担忧，想改变这一鄙陋的习俗。于是分别派遣官吏巡察各地，凡是患病的人都用床接到州衙，安置在处理政事的大厅里。夏天瘟病流行，有时能接纳几百人，厅堂内外都住满了病人。辛公义安排了一副床榻，独自坐在里面，从白天到黑夜，面对病人处理政务。自己所得的俸禄全部用来买药，并请医生给他们治病，劝病人进食，最终这些病人全部被治愈。辛公义叫来他们的亲人，对他们说："死是由上天决定的，不会相互传染。过去你们抛弃病人，导致病人死亡。现在我将患病的人聚集起来，在他们中间办公、睡觉。假如说能传染，我怎么能不死呢？现在病人恢复了健康，你们不要再相信疾病传染这种事了！"患者的亲人们都十分惭愧地拜谢离开。后来有人患病，就争相到辛公义那里去。病人家里没有亲人的，辛公义就把他们留下来照料。大家开始相互关怀体贴，过去的鄙陋风俗就逐渐消亡了。岷州境内的老百姓都称辛公义为"慈母"。

---

① 天和：北周武帝宇文邕的年号，566年—572年。

② 露门学：北周的中央官学，主要教授贵族子弟。

辛公义后来调任牟州（今山东莱州）刺史，刚刚到任，就先到监狱里去，坐在牢房旁边审问案情。十多天的时间，把案件全部判完，才回到州衙厅堂。新受理的案子，先不建立卷宗，派当天值班办事的官吏坐在一旁审问。如果案子没审完，当事人必须要监禁的话，辛公义就回到厅堂住宿，案子不结他不回内室。有人劝他说："审理案件需要有一定的程序，您何必折磨自己呢？"辛公义回答说："我作为刺史不能用德行来教化百姓，还让他们被拘押入狱，哪里有别人被监禁在狱中而自己心里踏实的呢？"犯人听到这些话以后，都心甘情愿地服罪。后来一有想打官司的，乡里父老就开导他们说："这种小事，怎么忍心让刺史大人辛苦劳累呢！"于是双方大多就相互礼让而不再去诉讼了。当时山东一带天降大雨，从陈、汝到沧海一带，都遭受水灾危害，唯独辛公义治理下的牟州没有什么损失。

隋文帝仁寿元年（601年），辛公义任扬州道黜陟大使[①]。豫章王杨暕害怕属下官员犯法，提前给辛公义打招呼疏通，辛公义回答说不敢徇私情。他到了扬州，秉公办事，毫不宽松，豫章王对此怀恨在心。等到隋炀帝即位，扬州长史王弘入朝做黄门郎，弹劾批评辛公义，使他被迫离职。官吏百姓守在宫城的阙门为他喊冤，持续不绝很长时间。过了几年，隋炀帝醒悟过来，任命他做内史侍郎。因为母亲去世，辛公义没有赴任。不久回朝任司隶大夫[②]、检校右御卫武贲郎将，跟随皇帝出征到柳城郡（今辽宁西部），不幸去世。

---

① 黜陟大使：官名。隋时设立。掌管巡察地方，对地方官员政绩进行考察，并提出晋升或贬黜的建议。

② 司隶大夫：官名。隋炀帝置，为司隶台长官，其职掌为京畿内外诸郡巡察。正四品。属官有别驾二人，从五品，分察畿内。有刺史十四人，由诸郡从事四十人辅助巡察京畿以外全国郡县。其职责是"激浊扬清"，若遇贪渎的郡守则有权免职，有功则上报其事迹，加以旌勉。

魏德深

魏德深，祖籍河北巨鹿。祖父魏冲，在北周为官，担任刑部大夫和建州刺史，迁居到弘农（今属河南）。父亲魏毗，曾担任郁林（今属广西）县令。

魏德深最初担任隋文帝的挽郎，出殡时负责牵引灵柩唱挽歌，后来历任冯翊书佐、武阳司户书佐等文书官职，因为很有才能，调任贵乡（今河北大名）县令。他处理政务清廉干练，措施虽不严厉，却能使社会安定。恰逢辽东发生战事，官府军队征税名目繁多，使者往来监督，强令各郡县长官负责征税。当时朝廷法度松弛混乱，官吏多半贪污受贿，所到之处，老百姓都承受不了他们的横征暴敛。只有魏德深治理的贵乡县，生产生活没有受到干扰，老百姓互通有无，没有耗尽财力，所需求的赋税都能交纳完毕。

当时盗贼群起，武阳等县城多半沦陷，只有贵乡县能够独自保全。郡丞元宝藏接受朝廷诏令抓捕盗贼，但他与盗贼作战屡屡失利，器械也往往全部丢失，于是再从百姓那里征集，动不动就以军法论处。邻近各县修造器械时，都是聚集在办公场所，官吏们相互监督责令，昼夜喧闹，还是难以完成。魏德深只是分别询问众人想承担哪些工作，让大家怎么方便就怎么修造，官府里很安静，像是没事一样。魏德深只负责督促官吏，让他们所修造的器械不得超过其他县，不得让百姓辛劳受苦。然而因为官吏百姓尽心尽力，所修造的器械又常常是各县中最多的。

不久魏德深调任馆陶县令，贵乡县的官吏和百姓听说之后，一谈及此事都唏嘘落泪，语不成声。等魏德深将要赴任时，全县的人都来送他，哭声一片。他到馆陶上任之后，全县百姓不论男女老幼，都像见了亲生父母一样。县里有个奸猾的员外郎赵君实，跟郡丞元宝藏互相勾结，前后多任县令没有谁敢不听他摆布的。但自从魏德深来到馆陶县，赵君实只能躲在家里，不敢随便出门。那些逃亡外地的百姓也都陆续回到家乡，县里人多得像闹市一样。贵乡县的父老乡亲不怕路途艰险，一起到朝廷去请愿让魏德深留任本县，朝廷下诏书答应了他们的请求。而馆陶县的父老们又来到郡里提出上诉，认为贵乡县百姓得到的诏令文书是假的。郡里无法作出裁决。恰巧持节使者韦霁、杜整等下来巡察，两个县的百姓都来面见使者并提出诉讼，于是使者作出判决，顺从了贵乡县的民意。贵乡县的官吏百姓一路歌唱欢呼，互相庆祝。馆陶县的官吏百姓则全都悲伤痛哭，跟随魏德深搬到贵乡居住的百姓就有数百户之多。

元宝藏非常嫉妒魏德深的能力和声望。恰好越王杨侗从郡里征兵，元宝藏就命令魏德深率一千士兵前往东都洛阳。不久，元宝藏献出武阳县，投降李密。魏德深所率领的士兵都是武阳人，因为思念亲人，就走出洛阳城门，面向东方悲伤哭泣，然后返回洛阳城里。有人劝他们说："李密的军队就在金墉（在今河南洛阳西北），距离这里只有二十多里。你们如果想回乡归附他，谁能阻止得了呢？何必这样折磨自己？"这些士兵都潸然泪下说："我们是和县令大人一同来的，不忍心抛弃他而去，哪里是因为道路艰难啊！"魏德深就是如此深得人心。

后来，在与贼寇作战时，魏德深英勇战死。贵乡、馆陶两县的人们直到现在都还在怀念他。

梁彦光

梁彦光，字修芝，安定乌氏（今属宁夏）人。祖父梁茂，曾任西魏秦州、华州刺史。父亲梁显，曾任北周荆州刺史。梁彦光小时候很聪明，天赋异禀。他父亲经常对亲近的人说："这孩子很有风骨，将来会使我们家族兴盛起来。"梁彦光七岁时，父亲染上重病，医生说吃五石散可以治好，可是到处都找不到紫石英，梁彦光非常忧虑憔悴，不知怎么办才好。有一天，他偶然在园子里看到一块石头，觉得很奇怪，拿回家给大人一看，正是苦苦寻找的紫石英。亲戚朋友们都很惊异，认为这是上天被他的孝心所感动而赐给他的。

西魏大统[①]末年，梁彦光到太学学习，逐渐涉猎经史典籍，做事循规蹈矩，自我约束严格，行为举止都合乎礼节。他最初做秘书郎时，年仅十七岁。北周建立后，他担任皇帝的侍从官。到武帝时，又升任小驭下大夫[②]。

隋文帝即位后，梁彦光担任岐州（今陕西凤翔县南）刺史，兼岐州宫督。梁彦光在岐州任上政绩突出，州里粮食丰收，还能转卖到别的州郡。开皇二年（582年），皇上驾临岐州，很欣赏他的才能，于是下诏书褒奖他。不久，又赐钱五万贯。过了几年，转任相州（治所在今河南安阳）刺史。

梁彦光在岐州时，当地民风淳朴。他以清静无为的思路来治理，州里百姓大受感化，赋税连年超额完成，为天下第一。到相州后，梁彦光还按照在岐州的方法来治理。但当地人口杂居，民风不淳，有很多狡

① 大统：西魏文帝元宝炬的年号，535年—551年。

② 小驭下大夫：北周根据《周礼》设置六官，夏官府有大驭中大夫，其副手为小驭下大夫，掌皇帝车马驾驭。

诈之徒给梁彦光作歌谣，说他不能治理教化这个地方。隋文帝听说后责备梁彦光，还因此免了他的职务。一年以后，又任命他为赵州刺史，梁彦光对隋文帝说："我以前在相州获罪，理应被贬去官职，已经不抱做官的希望，不想皇上施加恩惠再次起用我。请让我重新做相州刺史，修正以前的做法，希望能改变民风来报答陛下的恩德。"隋文帝就让他再次出任相州刺史。相州的豪强地痞听说梁彦光自己请求再来相州，没有不嗤笑的。梁彦光上任伊始，就公布了这些人的若干罪状，像有神灵指引一样。于是，豪强地痞全都偷偷地逃到外地，相州全境大为震动。

当初，北齐灭亡以后，有身份的人都迁入关内，只有杂要、说唱艺人和小商小贩等住在相州城里，人心险恶，谣言四起，状告官吏，变化无常。梁彦光想彻底革除这些弊端，就用自己的俸禄从山东请来大学者，每乡都设立学校，只讲授圣人先哲的经典。并经常在每季度的最后一个月召集学生，进行考试。勤奋学习、聪明出众而成绩优异的，就升堂设宴招待，其余的都坐在廊下。喜欢诉讼、懒惰懈怠而学业无成的，就让他们坐在庭中，给他们粗劣的饭食。等到他们学业有成，应当举行宾贡礼仪的时候，又在郊外饯行，并资助他们财物。于是当地士人都刻苦学习，自我砥砺，风气大为改观，社会安定和睦。

滏阳（今属河北邯郸）有一个叫焦通的人，经常酗酒，不好好侍奉父母，被堂兄弟告到公堂。梁彦光没有马上问罪，而是把他带到州学，让他到孔庙去观看一幅画像，上面画着一个叫韩伯瑜的人，因为母亲打他不疼，为母亲年老没有力气而悲伤，正对着母亲悲泣的情形。焦通顿时有所感悟，既悲伤又惭愧，无地自容，梁彦光教训了一番就让他走了。后来焦通改正了错误，最终成为一个行善好德的人。梁彦光就是这样用道德来教化百姓，州里的官员和百姓都很高兴，再也没有因吵架告状的了。

赵轨

赵轨，河南洛阳人。父亲赵肃是东魏掌管司法刑狱的廷尉卿。赵轨年少时就非常好学，品德操行出众。北周的蔡王推荐他做了掌管文书的记室，因安守贫困、刻苦努力而知名。后迁升为卫州治中①。

隋文帝杨坚称帝后，赵轨转任齐州（今山东济南）别驾，有才能卓著的名声。赵轨东边邻居家有棵桑树，桑葚落到了他家，他派人把桑葚全都拾起来还给邻居，并告诫儿子们说："我不是用这种行为来博取名声，只是考虑到不是自己劳动得来的东西，不愿意侵占别人利益。你们应该以此为戒。"他在齐州四年，考核政绩连年最佳。持节使者郃阳公梁子恭上表向朝廷汇报，隋文帝很赞赏赵轨，征召他入朝做官。父老乡亲含泪送别他说："您任职时，丝毫不触动百姓利益，因此我们不敢用酒来送别您。您像水一样清廉，因此我们斟上清水为您饯行。"赵轨接过水杯一饮而尽。

他到京城之后，皇帝让他跟牛弘一起草拟制定法令、规则。当时卫王杨爽任原州（今宁夏固原）总管②，皇帝考虑到杨爽年纪轻，就任命赵轨做总管司马，辅佐杨爽。有一次晚上出行，赵轨身边侍从的马跑进田地，踏坏了庄稼。赵轨停下来一直等到天明，找到庄稼的主人偿付了钱才离开。原州百姓官吏听说了此事以后，深为感动，纷纷改变自己的行为。

后赵轨升为硖州（今属湖北）刺史，团结各族百姓，广施恩惠。不

① 治中：州刺史的高级辅佐官员之一，掌管各部门文书。

② 总管：隋朝在各州设置总管，重镇要州设置大总管，为地方高级行政长官。

久，被任命为寿州（今安徽寿县）总管长史。芍陂这个地方先前有五门围堰[1]，荒废了很久也没有修整。赵轨鼓励督促百姓和官吏加以修整，又修建了三十六门围堰，灌溉田地五千多顷，给百姓带来很好的收成。

① 围堰：指在水利工程中，为建造永久性水利设施而修建的临时性围护堤防。

唐

韦仁寿、张允济、李素立、崔知温、贾敦颐（附贾敦实）、王方翼、狄仁杰、韦机、薛珏、韦景骏、裴怀古、元结、韦丹（附韦宙）、何易于、崔戎，选自《旧唐书》《新唐书》。

《旧唐书》，刘昫等撰，共200卷，记载唐朝历史的纪传体断代史书，原名《唐书》，宋祁、欧阳修等编著《新唐书》问世后，改称《旧唐书》。《新唐书》，北宋欧阳修、宋祁等合撰的一部记载唐朝历史的纪传体史书，共225卷。《新唐书》增加了《旧唐书》中未记载的史料，采用了传状、碑记、家谱等资料，增加了唐代后期人物的列传，内容更为丰富翔实。

唐朝建立后，为加强中央集权，采取"以法治吏"的思路，吏治成为国家法制体系的重要内容，力图通过治吏达到治民的目的。唐代对吏治的整顿，提高了国家的统治效能，保障了社会经济的繁荣发展，对唐王朝的长治久安起到了积极的促进作用。虽然后期也不免机构重叠、冗员增多的弊端，但唐代吏治总体上是比较清明的，也出现了狄仁杰等著名的清官能吏。

《旧唐书·良吏传》记载了李君球、崔知温、高智周、韦机等49位地方良吏的事迹。《新唐书·循吏传》记载了韦仁寿、陈君宾、张允济、李素立等25位地方官员的事迹。我们还从《旧唐书》中选录了一代名臣狄仁杰的传记，从《新唐书》中选录了元结的传记，以作补充。

人物点评

【贾敦颐】清廉节俭，见者不知其为刺史也。

【王方翼】巩固边镇，平定西域，立不世之功。

【狄仁杰】疾恶如仇，心系民生，辅国安邦，政绩卓著。

【薛　珏】性格刚毅，执法严明，练达政务，体察下情。

【元　结】招募义勇，抗击叛军。经略容管，民乐其教。

韦仁寿

韦仁寿，雍州万年县（今属陕西西安）人。隋朝大业[①]末年，韦仁寿担任蜀郡的司法官，善于审判案件，平息争端，即使那些被判罪的人都说："韦君审理判定的案子，我死而无憾！"唐高祖李渊进入函谷关以东，派使臣安抚巴、蜀两郡（今四川境内），授予韦仁寿嶲州（今四川西昌）都督府长史的官职。当时南宁州（今云南曲靖）刚刚归顺唐朝，朝廷每次派使者前去安抚，经常索取贿赂，边地部族不堪其扰，经常有叛乱的事情发生。唐高祖因韦仁寿一向有才能卓著的名声，命他为检校南宁州都督，在嶲州处理政事，每年一次到南宁州安抚慰问。韦仁寿带领五百名兵士到达西洱河（今云南大理县东），按照皇上的诏令设置了八州十七县，任命地方部落酋长为州县长官，法令清明整肃，老百姓心里都非常欣喜。准备返回嶲州时，当地酋长都失声痛哭说："天子派您镇守安抚南宁，您怎么就要离去呢？"韦仁寿以此地没有修建城池、官衙作为托辞，众酋长便一起派人修筑城池，建立官衙，十天时间就全部完成了。韦仁寿只好说："我奉诏令前来只是负责巡察安抚，不敢擅自住下来。"到他离开时，边地各少数民族的父老乡亲挥泪相送。南宁州还派遣青年子弟跟随韦仁寿进京朝见皇帝，进贡地方土产，唐高祖十分高兴。韦仁寿又请求将治所迁到南宁州，派军队驻防守卫。皇上下诏让韦仁寿见机行事，并命令益州刺史调拨军队给他。益州刺史窦轨嫉妒他的功劳，借口蜀地仡佬部族反叛，无暇派兵顾及更远的南宁，就没有按时派遣军队前来。一年后，韦仁寿病逝。

① 大业：隋炀帝杨广的年号，605年—618年。

张允济

张允济，青州北海（今山东寿光）人。隋朝时任武阳（今山东莘县）县令，治理政事以爱护百姓、为民谋利著称。邻近的元武县有一个人带着母牛投靠妻子娘家生活，时间长了，母牛繁殖了十多头牛犊。要返回自己家时，妻子娘家拒绝给他牛。那人告到元武县衙，县令不能决断。于是他去见张允济，张允济说："你自己有县令，我怎么能管这件事呢？"那人哭泣着诉说了自己的冤屈，张允济就叫卒吏捆着他，用布蒙住头，来到他妻子娘家，说是抓到一个偷牛的人，让各家各户把牛全部牵出来，询问牛的来源。妻子娘家人不知是计，急忙说："这母牛是女婿家的，我们没有偷过牛。"张允济立即叫卒吏撤去那人头上的布，说："你们可以把这头牛归还原主了。"妻子娘家人马上叩头认错，元武县的县令也感到非常惭愧。

有一次张允济在路上走，看见有位老妇人在茅屋守护她种的葱，就告诉她说："你尽管回家去，如果有人偷了葱，就来告诉县令。"老妇人非常感激地回家了。不久果真丢了许多葱，张允济将十里以内的男女百姓全部召集起来，仔细访求审查，最终抓到了偷葱的人。有人在夜里出行，经过武阳县的时候遗失了衣袍，走了十多里以后才发现，别人对他说："我们县里的人都不拾取遗失的东西，你可以返回去取它。"那个行人果真找到了衣袍。远近的百姓都称赞张允济的政绩卓异出众。

后来张允济升任高阳（今属河北）郡丞，当时郡里没有太守，他独自统领全郡，官吏百姓都心悦诚服。叛贼王须拔进攻围城时，城中粮食都吃光了，官吏百姓采集树叶野草充饥，竟然没有人叛变投敌。贞观[①]初年，张允济升任刑部侍郎，被封爵为武城县男。后出京任幽州刺史，不久去世。

① 贞观：唐太宗李世民的第一个年号，627年—649年。

李素立

李素立，赵州高邑（今河北高邑县）人。北齐梁州刺史李义深曾孙。

李素立在武德[1]初年任监察御史[2]。当时有人犯法，罪不至死，唐高祖却下令杀掉他。李素立进谏说："三尺之法，全天下人都要共同遵守，法律一旦动摇不定，人们就会手足无措。陛下您刚刚开创大业，荒远的地方还未能统一，为什么在您周围反而要摒弃法令？为臣不才作为御史，不敢接受您的旨意。"唐高祖接受了他的建议，对他厚爱有加。李素立父亲去世后，唐高祖特意下旨让他继续任职，授予他地位显要而政务清简的七品官职。吏部最初拟授予他雍州司户参军，掌管百姓户口，唐高祖说："这一官职重要但不清简。"又拟定授予他秘书郎，唐高祖说："这一官职清简但不重要。"最终授予他侍御史一职，唐高祖说："这一官职既清简又很重要。"

贞观年间，李素立多次迁升出任扬州大都督府司马。当时突厥的铁勒部落相继归附唐朝，唐太宗在突厥旧地设置瀚海都护府[3]来统辖管理，任命他为瀚海都护。当时还有阙泥孰别部落，仍然侵扰边境，造成祸患。李素立派使者前去安抚招降，那些部落感动于他的恩惠，赶着牛马来馈赠感谢。李素立只接受了一杯酒，其余礼物全部奉还，并为他们建造房舍，组织开垦屯田。永徽[4]初年，转任蒲州刺史。他命州中官员将剩余粮食杂物等全部收好，只身一人带着书箱前去上任。在赴任途中，生病去世。唐高宗特意为他停止上朝一天，赠谥号为"平"。

---

① 武德：唐高祖李渊的年号，618年—626年。

② 监察御史：御史台职官中最基层的官员，职责是巡查郡县。

③ 瀚海都护府：都护，第一个职位接近于都督，但多设在边境。瀚海，今之蒙古。

④ 永徽：唐高宗李治的第一个年号，650年—655年。

崔知温

崔知温（626年—682年），许州鄢陵（今属河南）人。祖父崔枢，任司农卿，掌管钱谷。父亲崔义真，为陕州刺史。崔知温开始为官时，担任左千牛这一高级禁卫武官。唐高宗麟德[①]年间，转任灵州都督府的司马。灵州边境有吐谷浑、斛薛部落一万多人马，屡次侵扰掳掠当地居民，百姓只好放弃农业生产，练习骑马射箭的本领来防备侵犯。崔知温上书请求把这些部落迁移到黄河以北，斛薛人不愿意迁移，有个将军也替他们向唐高宗讲情，于是崔知温的奏章被搁置起来。他前后共上书十五次，皇上终于听从了他的意见，当地百姓才能安心从事耕种。后来斛薛人进京朝拜，还顺便路过灵州来拜谢他说："从前承蒙您上奏章让我们迁往黄河以北，当时确有怨恨之心。然而迁移后的牧场土地肥沃，水草丰美，部落一天比一天富裕，这是蒙受您恩泽的结果。"说完伏地叩拜而去。

崔知温转任兰州刺史，党项族三万多人来侵犯州城，城内精锐士兵较少，众人十分害怕，不知如何是好。崔知温让人打开城门，敌兵害怕有埋伏，不敢贸然进城。不久权善才将军率领大军来救援，大破党项军队。权善才准备将投降的党项人全都活埋，以杜绝后患。崔知温劝说道："不要进击已被打败溃逃的军队，这是古人的经验。赶尽杀绝，祸害将会延及子孙后代。此地溪谷深邃山势高峻，草木幽深繁茂，万一发生变乱，将后悔莫及。"权善才认为他的分析很正确，接受了他的意见，想要分给他五百个投降的士卒。崔知温说："我所谈论的有关局势安危的对策，是从公事出发，哪里是为了图谋私利呢！"坚决推辞不接受。党项人被击溃的剩余兵士因此都来投降归附崔知温。崔知温后

① 麟德：唐高宗李治的年号，664年—665年。

来升任尚书左丞，转为黄门侍郎、同中书门下三品[①]，兼任撰修国史的职务。永隆二年（681年）七月，升任中书令。永淳二年（683年）三月，崔知温去世，时年五十七岁，被追赠荆州大都督。

① 同中书门下三品：官名。唐初以中书令、侍中、尚书左右仆射为宰相。但后来不轻易授予。贞观十七年(643年)，下诏以萧瑀为太子太保，李靖为詹事，二人并同中书门下三品，意思是说与侍中、中书令相同。

贾敦颐（附贾敦实）

贾敦颐，曹州冤句（今山东菏泽）人。唐太宗贞观年间，他多次担任州刺史，为政廉洁。他入朝时，全家坐着一辆极为破烂的车子，几匹瘦马戴着草绳笼头，路人都不知道他是刺史。后来他出任洛州司马，因公事牵累被捕入狱，唐太宗下令赦免他，有关官员坚决反对。唐太宗说："人谁能没有过错？我只惩罚那些过失严重的。如果全部绳之以法，即使儿子也有不合父亲心意的，何况臣子为君主做事呢？"于是贾敦颐得到了宽恕。

贞观二十三年（649年），贾敦颐转任瀛州（今河北河间）刺史。瀛州靠近滹沱河、滱河，每年河水泛滥，毁坏房屋，淹没洼地达数百里。贾敦颐带人修筑堤坝，使河水不再泛滥，百姓都从中受益。唐高宗永徽五年（654年），任洛州刺史。当地的豪富大族所霸占的田地大都超过规定，贾敦颐清查后没收了三千多顷土地，全部分给贫苦百姓，揭发坏人坏事，使他们无所隐藏，好像有神明指示一样。不久，他在官任上去世。

贾敦颐的弟弟贾敦实，贞观年间担任饶阳县（今属河北）的县令，为政清廉平和，受到老百姓的赞美感念。当时贾敦颐被任命为瀛州刺史。按照过去的制度，凡是有服丧九个月以上的亲属关系的人，为避嫌不能在相邻的地区同时担任官职，朝廷因为他们兄弟治理地方的政绩都很突出，最终也没有调离他们。

唐高宗咸亨元年（670年），贾敦实担任洛州长史，为政宽厚仁惠。当时的洛阳令杨德幹崇尚严酷刑罚，用拷打杀人来树立威信，贾敦实劝止说："为政之本在于养育百姓，应该多加体恤，伤害生命过多，即使特别有才能也不足为贵。"杨德幹因此逐渐减少严酷的刑罚。当初，贾敦颐做洛州刺史，洛州百姓在街市道路上给贾敦颐竖立石碑，等到贾敦实入京任太子右庶子[①]，人们又给贾敦实立碑刻石赞颂他，竖立在他哥哥的石碑旁边，称为“常棣[②]碑”。贾敦实后来出任怀州刺史，也有良好的政绩。永淳[③]初年退休，在他病重时，子孙们请医生来给他看病，贾敦实不愿意，说：“没听说良医能治年老之病。”最终也不肯服药。垂拱四年（688年），贾敦实去世，终年九十多岁。

① 太子右庶子：唐代辅佐太子的官职。设左春坊左庶子及右春坊右庶子。

② 《常棣》是《诗经》中的一篇，赞美兄弟之情。这里称“常棣碑”，是称赞贾敦颐兄弟情深。

③ 永淳：唐高宗李治的年号，682年—683年。

王方翼

王方翼[1]，并州祁县（今属山西）人。他是唐高宗宫内王庶人的堂祖兄长。祖父王裕，武德初年为隋州刺史，妻子是唐高祖的妹妹同安大长公主。王方翼的父亲王仁表，贞观年间为岐州刺史。王仁表去世后，妻子李氏被公主赶出家门，住在凤泉别墅。当时王方翼年纪很小，与雇工一起辛勤耕作，苦心经营。功夫不负有心人，几年之间他们就开垦了几十顷田地，修建馆舍楼宇，遍种翠竹绿树，成为富裕人家。公主去世后，他们就回到长安。友人赵持满犯罪被杀，尸体被抛弃在城西，连亲属都没人敢去探视收尸。王方翼感叹说：“栾布哭祭彭越，是义气的举动；周文掩埋朽骨，是仁厚的行为。弃绝对朋友的大义，泯灭对君主的仁爱，怎么来事奉君主呢？”于是前去收殓了赵持满的尸体，按照礼仪埋葬了朋友。唐高宗听说后大为赞叹，王方翼也因此为人所知。

唐高宗永徽年间，王方翼被授予安定（今甘肃定西）县令，诛杀了大姓皇甫氏家的奸邪之徒，制止了盗贼的侵扰，施政仁善为人称道。经过五次升迁，王方翼出任肃州刺史。当时肃州城墙荒芜毁坏，又没有护城河，屡次被贼寇侵袭。王方翼派遣士卒疏浚河道，修筑城池，引入多乐河水环绕城墙作为护城河。他又拿出个人钱财修造水磨，用水磨获利来赡养饥饿百姓，并在居民住宅附近修建了十几排房屋让他们居住。遇到蝗虫为害的歉收年成，各州贫民死于道路上的比比皆是，而肃州度过饥荒活下来的人很多，因此肃州百姓为他立碑，颂扬他的美德。恰逢吏部侍郎裴行俭向西讨伐李遮匐，奏请王方翼为副帅，兼任检校安西都护。他们修筑了碎叶城城墙，城墙四周修了十二个门，都弯弯曲曲地呈

① 王方翼（625年—687年）：唐朝名将，曾修筑碎叶城，挫败突厥进犯，巩固西北边防，平定西域，立下卓著功勋。

现幽深潜藏、忽隐忽现的样子，五十天就竣工了。西域各国民众竞相来参观，大为叹服，并进献特产，以示友好。

唐高宗永隆年间，车簿人反叛，围攻弓月城。王方翼率领军队前去救援，到达伊犁河畔，叛贼列阵抵抗，王方翼纵兵进击，大破敌军，斩首一千多人。不久三姓咽面部族派出全部十万人马，与车簿人合力抵抗。王方翼把军队驻扎在热海，与叛军接连大战，一支箭矢射穿他的手臂，他镇定地举起佩刀截去那只手臂，继续作战，身边的将士竟然都没有觉察。此后军队中一些少数民族士兵怀有二心，打算抓住王方翼去投靠叛军。王方翼暗中知道了这件事，把这些士兵全部集中在一起，佯装拿出军需物品赏赐他们，然后把他们一个个引出去杀掉。当时正碰上大风天气，王方翼让人敲锣鸣鼓以掩盖发出的声音，最后成功消除内乱。然后他派遣副将分路讨伐袭击咽面等部族，叛军毫无防备，被打得大败，首领突骑施等三百人被活捉，西域得以平定。王方翼因功升任夏州（今陕西西北部）都督。碰上牛群爆发瘟疫，没有办法耕田，王方翼在犁上装上机关，发明了人推犁耕地的方法，老百姓依赖这一方法恢复耕作。永淳二年（683年），唐高宗征召王方翼前去商谈西域之事，在奉天宫拜见唐高宗。王方翼衣服上有从前苦战留下的血渍，唐高宗询问怎么回事，王方翼于是将热海苦战的情形简要讲述一遍。唐高宗让他脱下衣服，看到满身的伤疤，感叹道："你真是我所依赖的亲信大臣！"于是给他丰厚的赏赐。不久，绥州（今陕西绥德）白铁余兴兵反叛，皇上诏命王方翼做程务挺的副将讨伐白铁余。平定叛乱后，王方翼被封爵为太原郡公。

狄仁杰

狄仁杰[1]，字怀英，并州太原（今山西太原）人。祖父狄孝绪，曾任尚书左丞。父亲狄知逊，曾任夔州长史。狄仁杰还是小孩时，家里奴仆被害，县里有官吏来盘问。众人都忙于接待、应对来的官吏，只有狄仁杰一直坐着读书。有衙役责怪他，狄仁杰回答说："圣贤们都在书卷之中，我尚且不能应对他们，哪里有空跟你们几个俗吏说话，还要被你们责备？"后来他以明经科中举，被授予汴州判佐[2]的官职。当时工部尚书阎立本任河南道黜陟使[3]，狄仁杰被官吏诬告，阎立本查明后去见狄仁杰，向他道歉说："孔子说过，'看一个人所犯的过错，就可以知道他的为人'。您可以说是海边僻地的明珠、东南蛮荒的遗失宝物啊！"于是向朝廷推荐，授予他并州都督府管司法的法曹一职。狄仁杰的家人住在河阳，他前往并州赴任，登太行山时，向南方望去，看到白云孤独地飘浮在天上，便对随从说："我的亲人居住的地方，就在这片云的下面。"他久久伫立仰望高处，等到云移动了才又重新出发。

狄仁杰仪凤[4]年间担任大理丞[5]，一年之内审理判决了大量积压案

① 狄仁杰（630年—700年）：唐代名臣。狄仁杰为人正直，疾恶如仇，每任一职，都心系民生，政绩卓著。任宰相之后，辅国安邦，对武则天弊政多所匡正；狄仁杰在上承贞观之治、下启开元盛世的武则天时代，作出了卓越的贡献。

② 判佐：判官的副职，辅佐处理事务的低级官吏。

③ 黜陟使：唐代时对地方官吏进行考察、将其政绩情况上报，并提出推荐或贬黜的建议，以便朝廷对官吏职务升迁或贬黜的官员。

④ 仪凤：唐高宗李治的年号，676年—679年。

⑤ 大理丞：官名。晋武帝时始为廷尉置丞。南朝沿置。北魏亦置。北齐以大理寺为署名，遂称大理丞。唐大理丞，秩从六品上。丞一般为主官副职之称，大理寺的主官为大理寺卿，其次才是大理寺少卿、大理寺寺正、大理寺丞，丞之职在正刑之轻重。

件，涉及一万七千人，没有造成任何冤屈。当时武卫大将军权善才因不慎砍伐太宗昭陵的柏树而获罪，狄仁杰上奏认为应当免去其官职。唐高宗下诏令要立即处死权善才，狄仁杰上奏说他的罪过不应该处死。唐高宗气得变了脸色，说："权善才砍了昭陵的柏树，让我背上不孝的罪名，必须处死。"左右群臣都示意狄仁杰马上退下，狄仁杰说："冒犯龙颜，违抗君王，自古以来都认为是很难的事情，我认为并非如此。如果处在桀、纣时代，的确很难办；但如果处在尧、舜时代，就容易做到了。我有幸遇到了尧、舜一样的贤君，所以不怕像比干那样被杀掉。西汉文帝时，有人偷走了高祖庙里的玉环，张释之在朝廷上向汉文帝进谏，论罪时并没有将盗贼在闹市中砍头示众。魏文帝准备将河北百姓迁往河南，辛毗拉着文帝的衣襟劝谏，也被采纳。况且对贤明的君主可以用道理来劝他改正错误，而对忠臣却不能用权势来恐吓。如今陛下不采纳我的进言，我死后将无颜去见张释之、辛毗。陛下制定了法律，悬挂在象魏[①]之上，流放、处死等不同刑罚，都各有其等级次序的标准。难道所犯罪过不应处以极刑，却要下令杀死他吗？法律如果没有准则，老百姓该怎么办呢？陛下如果一定要改变法律，那就请从今天开始吧！古人说：'如果盗取长陵[②]一捧泥土，陛下岂能治他的罪？'如今陛下因为昭陵的一株柏树而杀死一个将军，千载之后，人们会认为陛下是什么样的君王呢？所以为臣不敢奉命处死权善才，使陛下蒙受无道昏君的声名。"唐高宗的怒气于是稍微消除，权善才因而免于一死。

垂拱二年（686年），狄仁杰出任宁州（今甘肃宁县）刺史，在任内妥善处理民族关系，深受拥戴，宁州百姓立碑颂扬他的美德。当时，右台监察御史郭翰巡察陇右各州县，所到之处弹劾了大批官员。到宁州以后，前来赞颂刺史美德的人不绝于路，郭翰入住馆舍后，召来州里的小吏说："一到宁州境内，就知道地方官治理得如何了。我愿意成人之美向朝廷推荐，告诉百姓们不要聚集在这里。"于是郭翰向朝廷推荐狄

① 象魏：古代天子、诸侯宫门外的楼阙，制定法律后就在象魏上悬挂公布。
② 长陵：汉高祖刘邦的陵寝。

仁杰，不久被征拜为冬官侍郎[①]，出任江南巡抚使[②]。当时，江南地区有很多民间设立的祠庙，狄仁杰奏请焚毁了一千七百多所，只留下祭祀夏禹、吴太伯、季札、伍员的四所祠庙。不久，狄仁杰改任文昌右丞，又出任豫州刺史。

后来，越王李贞在豫州起兵反抗武则天失败，六七百人受到株连，五千余人被没入官府为奴。掌管刑狱的官员逼迫狄仁杰执行判决，狄仁杰认为判决有误，请求延缓执行，然后秘奏武则天说："我本想正大光明地上奏，但似乎有为谋逆造反者说情的嫌疑；但是如果我明知有问题又不说的话，恐怕会违背陛下您怜悯天下百姓之心。这些人做出谋逆之事并非他们自愿，希望您怜悯宽恕他们的不得已。"于是武则天下旨减刑，改为发配到丰州（今属内蒙古）。囚犯们被押解到宁州时，宁州父老到郊外迎接，并说："是我们狄太守救了你们的命啊！"于是囚犯们相互搀扶着到百姓为狄仁杰立的石碑旁痛哭，斋戒三日，才离开宁州。囚犯们到丰州后，又为狄仁杰立碑，以颂扬他的恩德。

武则天万岁通天元年（696年），契丹作乱，攻陷冀州（今河北临漳），一时间河北全境为之震动。为了稳定局势，武则天起用狄仁杰为魏州（今河北大名）刺史。狄仁杰到任后，改变了前任刺史独孤思庄驱赶百姓入城、固守城池的做法，让百姓继续耕田，说："贼寇离城还远，何必这么做呢？万一贼寇侵扰，我们可以全力抵挡，不会殃及百姓。"契丹人听说狄仁杰上任，退兵而去。老百姓于是一起立碑歌颂他的恩德政绩。

后来，狄仁杰屡次升迁，做到肃政台御史、河北道元帅等职务。他最后病逝于官任上，武则天为他停止朝政哀悼三天，赠授文昌右相，谥号"文惠"。

① 冬官侍郎：即工部侍郎，光宅元年（684年），改工部为冬官，工部侍郎为冬官侍郎。

② 巡抚使：朝廷派出巡视、巡察地方，处理特殊事务的官员。

韦机

韦机，雍州万年（今属陕西西安）人。祖父韦元礼，隋朝时任浙州（今贵州习水）刺史。父亲韦恪，任洛州别驾。韦机在贞观年间任左千牛卫[①]的胄曹参军，是皇帝的侍从官，充任大使前往西突厥，册封同俄设为可汗。正赶上石国叛乱，道路阻绝，三年不能回国。韦机把衣服撕成片，记录出使沿途经过的各国风俗物产，书名为《西征记》。回国后，唐太宗问到蕃邦的事情，韦机便把他撰写的书奏呈皇上，唐太宗十分高兴，提拔他为朝散大夫[②]，后升任殿中监[③]。

显庆[④]年间，韦机任檀州（今北京密云）刺史。边塞州郡原来没有学校，韦机设立学校，勉励学生，建立孔庙，绘制孔子七十二贤徒及历代贤达士人的画像，并一一写了赞文。当时契苾何力讨伐高丽国，军队

① 左千牛卫：禁卫军指挥机构，唐代十六卫之一。龙朔二年（662年）改左奉宸卫置，设大将军一人、将军二人、中郎将二人，与右千牛卫统领亲近禁军，共掌侍卫宫禁及供御兵器仪仗，不领府兵。受朝之日，侍列于御座左右。又有长史、录事及兵、胄参军及千牛备身、备身左右、主仗等属。天授二年（691年）加置四色官。贞元二年(786年)置上将军一人，位居大将军之上。辽代亦置，设大将军、上将军、将军，领折冲都尉、果毅都尉。

② 朝散大夫：官名。隋文帝始置，为正四品文散官。大业三年（607年）为从五品。唐沿置，从五品下。北宋初沿唐制，元丰三年（1080年）废罢文散官，改为新寄禄官，定为从六品，取代旧寄禄官中行郎中。金再置为文散官，从五品中，元改从四品，宣授。

③ 殿中监：官名。三国魏始设此官，历代相沿，名称有异。北魏设殿中监，北齐设殿中局，隋朝改称殿内局。隋炀帝大业三年改为殿内省，以监为长官，少监为副；掌诸供奉，领尚食、尚药、尚衣、尚舍、尚乘、尚辇六局。唐改称殿中省，职制与隋同。清朝的内务府，其职掌与此类似。

④ 显庆：唐高宗李治的年号，656年—661年。

到达檀州后，滦河泛滥，军队不能前进，檀州负责供给物资粮食，一连几天也不匮乏。何力全军返回后，将此事禀告唐高宗。唐高宗认为韦机很有才干，破格提拔为司农少卿[①]，兼任东都营田使[②]，非常器重他。有宦官在蓄养飞禽走兽的苑囿中犯法，韦机将他杖责后奏明唐高宗，高宗极为叹赏，赐给他几十匹绢，并对他说："再有违法乱纪的，你只管鞭打处罚，不用再逐项禀报。"

上元[③]年间，韦机升任司农卿[④]，管理皇宫园苑，组织建造了上阳宫，并把中桥从立德坊曲巷迁移到长夏门街，当时民众都称赞这样做非常便利。道士朱钦遂被武则天召见。他乘驿站车马来到京城，恣意横行。韦机把他囚禁起来，秘密禀告皇上说："这个道士假称是皇后派遣来的，倚仗权势横行无忌，恐怕会有损于皇上的圣德，导致一些祸患发生。"唐高宗特地派宫中使者去好言安抚韦机，朱钦遂最终被流放到边远州郡。武后因此很不高兴。仪凤年间，韦机因家人犯盗窃罪受到牵累，被御史弹劾而免去官职。永淳年间，高宗巡幸东都洛阳，在芳桂宫驿站召见韦机，让他以平民身份管理园林苑囿，准备恢复韦机的官职，因被武则天阻挠而作罢。后来让他暂任司农少卿。不久韦机就去世了。

① 司农少卿：官名。北魏为大司农少卿省称。北齐始置为司农寺次官，员一人，四品上。历代沿置，又称司农寺少卿。

② 营田使：掌管屯田等事宜，唐玄宗时开始设立，后多由节度使兼任。

③ 上元：唐高宗李治的年号，674年—676年。

④ 司农卿：官名。两晋时为大司农别称。南朝梁武帝天监七年（508年），改大司农为司农卿，职掌劝农、仓储、园苑、供应宫廷膳羞。后来历代都设置，又称司农寺卿。

薛珏

薛珏，字温如，河中宝鼎（今山西万荣县）人。祖父薛宝胤，曾任邠州刺史。父亲薛纮，曾任蒲州刺史。薛珏年少时，因祖辈世代为官而被授予懿德太子庙令，后授予乾陵台令。不久，任太子宫中官员，兼渭南县尉，政绩考核排名第一。因施政清廉卓著而为人所知，升任昭德（今浙江临安）县令。由于治理出色，县里人请求立碑记录他的政绩，薛珏坚决推辞。后升任楚州刺史兼任本州营田使。

按惯例，州里的营田使名义上由宰相担任，但不前往任职，由刺史负责具体事务，俸禄以及其他费用达一百多万钱，设置田官数百人，杂役达三千户，每年因此而授官的也有十多人。薛珏都一一裁减免除，只留下十分之一二的人员，田租收入反而有所盈余。

建中初年，唐德宗派遣使臣到各地巡察，以罢黜、升任官吏。巡察淮南的李承禀告薛珏在楚州时裁减烦琐政务，巡察山南的赵赞禀告薛珏在硖州时清正廉明，巡察河南的卢翰禀告薛珏待人接物严肃端正，都写成奏章禀告皇上。因此，薛珏被加授中散大夫，赐紫色官服。

当时，皇上下诏命天下推举可以出任刺史、县令的官员，大约推选了一百多人。薛珏与其他考官一起考察他们，询问民间疾苦、吏事得失等问题，从中选拔出十几名有同情心并且明白事理的官员。宰相还要考察文辞，薛珏说："选拔好官不需要苛求辞令，应该以仁民爱物为根本。"宰相接受了他的建议，没有再过分要求他们的文辞，都授予了相应的官职，这些官员大多数都很称职。

唐德宗贞元五年（789年），薛珏拜授京兆尹。薛珏刚正严明、通晓法令、勤俭为公，处处给下属做出表率。后因病去世，时年七十四岁。皇上为他暂停朝政一天，追赠工部尚书。

韦景骏

韦景骏，雍州万年（今陕西西安）人。他是司农少卿韦弘机的孙子，因通晓五经而考中了进士，神龙[①]年间，任肥乡（今属河北邯郸）县令。肥乡县北部靠近漳河，河水连年泛滥，百姓苦不堪言。原来的堤坝离漕运渠道太近，虽然筑得很高，但洪水一冲就会决堤。韦景骏考察地势后，在河南离岸边一千步的地方，顺应地势修筑拦水坝。这样河水一涨到堤坝底下就会退去，堤坝与河道之间就变成了肥沃的土地。他又把运输的木船用绳子捆牢做成大梁，横卧在堤坝上，原来的长桥废弃不用，花的工夫少，费用也不高，但效果很好，后来人们就以此为典范。当时河北发生饥荒，他亲自到乡里巡视，引导百姓互通有无买卖粮食，教导大家扶贫济困，老百姓很幸运地避免了到处流浪、颠沛流离的苦难。等到他卸任离开的时候，当地百姓立碑表彰他的功绩。后来他做贵乡（今河北大名）县令，有母子俩互相控诉打起了官司。韦景骏感叹说："我小时候父母死得早，现在还常常感到痛惜。你现在很幸运有亲人，但怎么会忘了尽孝呢？孝顺父母的教化没有普及，是我做县令的罪过啊！"说到这里流下了悲痛的眼泪，哽咽得说不出话来。最后韦景骏送给他们一本《孝经》，让做儿子的好好学习怎样孝敬父母的道理。母子俩很感动，儿子非常惭愧，请求回家悔过自新，后来成了一个大孝子。

当时地方官里面治理有方、声名远播的，有韦景骏与清漳县令冯元淑、临洺（临洺、清漳皆在今河北邯郸一带）县令杨茂谦三人。韦景骏后来做了好几年的赵州长史，有公事路过肥乡的时候，老百姓非常高兴，争先恐后地准备酒食迎接慰问他。有个小孩子也在里面，韦景骏就

① 神龙：唐中宗李显的年号，705年—707年。

问他："我离开肥乡的时候，你还没有出生，并没有受到我的恩惠，为什么也来了呢？"孩子回答说："老爷爷们告诉我说，学校的校舍、招待客人的房子以及桥和堤坝全是您修的，我还以为您是古代的人呢。今天想亲眼见到您，所以才来的啊！"韦景骏很感动，便留在那里和当地百姓喝了一天的酒。唐玄宗开元十七年（729年），升任房州（今湖北房县）刺史。当地很贫穷，没有学校，交通极为不便，还有浓厚的少数民族风俗，老百姓喜欢祭祀鬼神。韦景骏就推荐喜欢读书的士人到京城去考试求取功名，修通了狭隘的道路，建造了招待客人的房子，把祭祀鬼神的庙祠废弃不用。韦景骏善于治理地方，让百姓们感到方便的措施，大体上就像这样。

开元二十年（732年），韦景骏转任奉先（今陕西乾县）县令，还未赴任就去世了。

裴怀古

裴怀古（638年—712年），寿州寿春（今属安徽）人。唐高宗仪凤年间，他给朝廷上书反映民情，被任命为下邽县（今陕西渭南县西南）主簿。后来多次升迁，担任监察御史。当时，姚州、雟州（今属云南）的少数民族首领反叛，皇上命裴怀古前往安抚招降他们。他申明赏罚条例，每天归降的反叛者数以千计，不久就俘虏了叛军首领，平定了南方。当地的少数民族和汉族百姓为他立碑颂扬功绩。当时恒州有个叫净满的和尚被徒弟诬告诅咒圣上、大逆不道。武则天大怒，要杀了净满和尚。裴怀古查明他的冤情，向武则天上书为他申诉。武则天不听，裴怀古说："陛下的法令不应该区分亲疏，对天下所有人都是一样的。难道要让我杀死无辜的人来迎合圣上的旨意吗？如果他有反叛的情况，我有什么理由来宽恕他呢？"武则天的怒气慢慢消除，净满和尚得以活命。

武则天圣历[①]年间，阎知微出使突厥，裴怀古做他的监军。突厥首领墨啜胁迫阎知微尊称自己为可汗，又要封裴怀古做伪官。裴怀古坚决不接受，墨啜要杀他，他抗争道："坚守忠诚而死与投降变节求生，哪一种品行更值得称颂呢？我请求马上去死，决不回避。"于是被囚禁在军中。后来他找到机会逃出来，因平素体弱多病，不能骑马，只好在山谷之间辗转躲藏，最后逃回并州。当时并州长史武重规纵容凶暴行为，部下随意杀人以求奖赏，看到裴怀古，争相将其抓获。有一个将官曾经见过裴怀古，大声喊道："这是裴御史！"于是才幸免于难。

后裴怀古转任祠部员外郎。姚州、雟州的少数民族首领进京叩见皇上，希望能够派裴怀古去安抚边远部族，于是授予他姚州都督一职，他因病推辞了。始安（今广西兴安县北）县叛贼欧阳倩纠集数万部众抢掠

① 圣历：武则天的年号，698年—700年。

附近州县。朝廷任命裴怀古为桂州都督、招慰讨击使，前去平叛。还没有过五岭，裴怀古就提前发布公文劝谕叛军，贼寇纷纷前来投降，自我陈述是被不法官吏逼得造反。裴怀古知道他们心意诚恳，为了表明自己不加怀疑，真正安抚他们，于是轻装骑马独自前往。部下官吏说："蛮夷部众难以亲近，充分戒备尚且不可信，何况您这么不在乎呢？"裴怀古回答说："忠诚守信就可以跟神明相通，何况是百姓呢？"于是到对方的营寨安抚他们，告知皇上的旨意。欧阳倩等人非常高兴，全部归还了掠夺的东西，前来投降。其他各部落酋长，包括那些平时两端观望、反复无常的，也都一起归附朝廷，五岭以南得以平定。

裴怀古又担任相州刺史，转任并州大都督长史，所到之处都得到官吏百姓的爱戴。神龙年间，朝廷召他为左羽林大将军[①]，还未到任，又任命他做并州长史。官吏百姓知道他回来了，扶老携幼出城到郊外迎接他。当时崔宣道代他为并州长史，刚到任就免职，也到郊外等候。裴怀古不想让崔宣道感到难堪，就派人劝说迎接他的人回去，可是来迎接的百姓更多了。裴怀古就是如此深得民心，被百姓所思慕。

① 左羽林大将军：羽林卫是唐代中央禁卫军的一种，左羽林大将军即左羽林卫的首领。

元结

元结[1]，字次山，原籍河南（今河南洛阳）人。年少时行为放纵，不受约束，直到十七岁才改变志向，拜元德秀为师，一心求学。唐玄宗天宝十二年（753年），考中进士，又考中制科[2]。因为安史之乱，元结未能出仕做官。唐肃宗时，曾召见国子司业[3]苏源明，询问天下贤才，苏源明推荐了元结。当时史思明叛军正攻打河阳（今河南孟州），唐肃宗在去河东之前征召元结，询问他有何建议。元结第一次面见皇帝，非常拘谨，怕顾虑太多说不清楚，于是呈上《时议》三篇。唐肃宗看完以后非常欣喜，说："你能解除朕的忧虑啊！"就提升他为金吾兵曹参军，兼监察御史，出任山南西道节度参谋。元结到任之后，在唐、邓、汝、蔡等各州招募了许多义士，击败了五千叛军，并将作战中牺牲的士兵一起埋葬在汝南，称作"哀丘"。

唐肃宗要出征讨伐史思明叛军，元结进言说："不能直接跟叛军的精锐部队作战，应该善用计谋对付他们。"唐肃宗接受他的建议，调发宛城、叶县的军队挫败叛军的先头部队。元结屯兵泌阳，坚守险要之地，保全了十五座城池。因讨伐叛军有功，迁升为监察御史里行[4]。又调到山南东道来瑱府内辅佐处理军务。当时有些士兵的父母跟着一起住在军营，元结对来瑱说："孝顺而有仁德的人，才可以谈忠诚问题；讲

① 元结（约719年—约772年），安史之乱中，率族人避难，后招募义兵，抗击史思明叛军，保全十五座城池。唐代宗时，任道州、容州等地长官，政绩卓著。

② 制科：唐朝时皇帝临时下诏举行的考试科目，以选拔各种特殊人才，官员和士人皆可参加。后来各朝都有所沿袭。

③ 国子司业：国子监的官职，掌管儒学训导。

④ 监察御史里行：唐代设置，分道监察地方官员，不是正式官职，也不规定员额。

信用而又勇敢的人，才可以保全节义。怎能只要求他们忠信义勇而不勉励他们孝敬父母呢？将士们的随军父母，应该供给衣食，这样才能保全节义。”来瑱采纳了这一建议。后来来瑱被杀，元结就代理山南东道事务。唐代宗即位后，元结上表辞官，请求皇上恩准回樊上老家侍奉双亲。过了很久，元结又出任道州（今属湖南）刺史。当初西原蛮族曾掳掠走道州居民数万人，只剩下四千多户，各地发来征调徭役赋税的文书却有二百多件。元结认为道州百姓已经太过贫困，不忍心再加重赋税，于是向朝廷上奏：“道州被蛮族攻破掳掠，粮食、房屋、百姓、牲畜几乎一无所有。如今百姓还不到平时的十分之一，老人儿童遭乱离散，生活不能安定。许多州县寇盗不绝，一旦时局动荡，这个地区就会大乱。因此，请准予免去百姓所负担的租税以及租庸使[①]向百姓议价购买的杂物十三万缗[②]。”唐代宗批准了他的奏章。第二年，元结又上奏说：“每年除应征发的正常赋税徭役之外，其他杂税都应根据年成好坏适当增减。”皇上又下诏允准。元结帮助老百姓盖房子分田地，免除徭役，使流亡在外的一万多人重返故里。

此后，元结晋升容管[③]经略使，亲自告知蛮族首领当今圣上的旨意，安抚平定了八个州。元结的母亲去世时，当地百姓都来到节度府请他留任，皇上于是加封他为左金吾卫将军。当地百姓乐于接受他的教化，甚至立碑刻石歌颂他的功绩。后来元结免职回到京城，五十岁时去世，朝廷追赠他为礼部侍郎。

---

① 租庸使：唐玄宗时开始设立的主管国家税政的官员。

② 缗：指成串的铜钱，一千文为一缗。

③ 容管：现广西所辖地域在唐朝时分属桂管、容管、邕管三个政区管辖，简称“三管”。

韦丹（附韦宙）

韦丹，字文明，京兆府万年县（今陕西西安）人。朝鲜半岛的新罗国君去世，皇帝诏令任命他为使节前往吊唁。按照过去的制度，使臣出使外国，朝廷会赐给他十个州县的官职，将这些官职卖出后得到出使的费用，称为“私觌官”。韦丹说：“出使外国资费不足，应该向朝廷申请，怎么能够卖官得钱呢？”于是他列出应开支的费用，上奏朝廷，皇上命令有关部门拨付给他，此后就把这种做法固定下来，写到法令制度中。韦丹还没有出发，新罗国继位的国君又去世了，韦丹于是被另外任命为容州（今广西容县）刺史。他教导百姓耕种纺织，禁止民众懒惰游乐，兴办学校，发展教育。对于因贫穷而卖身为奴的百姓，替他们赎身回家，严格约束官吏，不允许他们抢掠买卖人口。韦丹在任时开始兴建州城，城墙长达三十里，开垦屯田二十四处，教导百姓种植茶树、麦子，仁政教化得以广泛实行。

朝廷征召韦丹回朝担任谏议大夫一职，韦丹作为谏议官以正直不阿而闻名。刘辟发动叛乱，议政的大臣们都不主张讨伐，韦丹上奏说：“法令荒废，使人们轻忽怠慢，应当用威慑手段来挽救危险的局面。现在不讨伐刘辟，朝廷能够管辖的地区就只剩下京城长安和东京洛阳了，如何去号令天下呢？”得到唐宪宗的赞扬，调任江南西道观察使。最初，当地百姓不懂得建造瓦屋，都是用茅草覆盖屋顶，用竹子做屋椽，如果遇到长期气候干燥容易突然爆裂。韦丹召来工匠教他们烧制砖瓦，将建筑材料放在一起，根据制造费用定出价格，不谋求营利。勉励和督促有能力建造瓦屋的百姓，从官府领取木材，建造房屋。韦丹又建立了南北两个市场，建造军营来驻扎军队。年中大旱，他广泛征召百姓做工，给予优厚的工钱并供给食物。有官吏主管粮仓十多年了，韦丹检查库存的粮食，发现少了三千斛，韦丹说：“难道他能够消耗如此多的粮食吗？”于是检查记录他的家产，得到了全部账目，发现都是当权的官员强制索取的。韦丹召集这些官员说：“你们仗着权势从官府粮仓强取粮食，这是犯罪。我跟你们约定一个月的期限来归还这些粮食！”官员们都叩头谢罪，到了期限没有一个敢违约的，全部把粮食交还粮仓。有一个士兵因违反法令被判处死刑，但是韦丹没有处死他，而是把他释放了。那个士兵离开后，上诉状告发韦丹违法，皇帝下诏将韦丹押送官府等候处理。就在此时，韦丹去世，终年五十八岁。后来朝廷核查那个士兵告发的罪名，发现都不符合事实，韦丹为政的功绩就更加显著。

唐宣宗读《元和实录》，看到书中记载韦丹政绩突出，有一天跟宰相周墀谈论道：“元和[①]年间，治理百姓的政绩谁排第一？”周墀回答说：“我曾任江西太守，知道韦丹功绩卓著，恩泽施及八州百姓，去世后四十年，无论男女老幼对他仍思念不忘。”

韦丹的儿子韦宙通过恩荫的方式入仕，任河南府司录参军，李珏推荐他进入河阳幕府。唐宣宗对宰相周墀说：“韦丹有儿子吗？”周墀回答说叫韦宙。宣宗说：“授予他一个合适的职位。”于是授予侍御史的官职，几次升迁后做到度支郎中[②]。

卢钧任太原节度使的时候，举荐韦宙为副职。当时，回鹘军队已经打败各个部落，入侵唐朝边境，抢掠杀害官吏百姓。卢钧想派遣自己信任倚重的官员巡视边境，韦宙请求前往。从定襄、雁门、五原，穿过武州塞、云中，又经过句注（即山西雁门关），面见各地酋长强豪，明确传达使命；视察边塞守军，增加粮食储备；约束官吏不得擅自侵扰边地部族，违者处死。于是边境各少数民族部落都非常信服他。

后召拜为吏部郎中。出任永州刺史。永州遭受灾害庄稼歉收，韦宙免除官府供应刺史所需的用度，总计九十余万钱，给百姓购买粮食。当地百姓不熟悉法律，经常无端获罪，韦宙给百姓明确书写法令制度以

① 元和：唐宪宗李纯的年号，806年—820年。

② 度支郎中：唐代中央户部的官员，掌管全国财赋的统计与支调。

及耕种谋生的方法，派人送到每家每户。永州山路崎岖，转运粮食非常艰难，每逢饥荒都会饿死人。韦宙建立常平仓，向百姓征收剩余的谷物，以备荒年粮食匮乏时所需，并裁减官府不必要的杂役九百四十四员。各县过去都是由官吏监督上交赋税，韦宙开始让老百姓自己缴纳，每十户相互保证，经常先于截止期限完成交纳任务。湘源出产名酒零陵香，每年征收进贡，百姓苦不堪言，韦宙上奏朝廷后予以免除。百姓家贫无牛，用人力耕种，效率低下，韦宙组织百姓结社，每二十家为一组，每月凑钱若干，抽签得中的先买耕牛，时间长了耕牛就不缺乏了。又设立学校，选择官家子弟十五人充任学官，推行教化。最初，当地百姓结婚要出钱大宴宾客，称为“破酒”，昼夜集会，最多时达数百人，贫穷之家也要数十人，财力不足，就不能迎娶，以致有人不堪其扰逃避私奔。韦宙制定条例规约，让百姓逐渐根据礼仪行事，这种鄙陋的习俗随之改变。永州的少年子弟经常在七月击鼓聚会，一起进入平民家中，称为“行盗”，民众必须置办酒食迎接，谓之“起盆”，喧哗戏谑。韦宙将这些习俗一概禁止。后来韦宙回朝任大理少卿。不久，拜为江西观察使，治理政事简明平易。又升任岭南节度使。当时南诏[1]陷入交趾之乱，韦宙整顿军队防备变乱，以才干卓著闻名。后来加检校[2]尚书左仆射、同中书门下平章事。咸通[3]年间去世。

① 南诏国（738年—902年）是8世纪在云南、贵州一带建立的王国。
② 检校：以其他官职代办某事，相当于“代理”官职。
③ 咸通：唐懿宗李漼（cuǐ）的年号，860年—874年。

何易于

何易于，出生地不详，也不知如何进入仕途的，曾经做过益昌（今属四川广元）县令。益昌县城在嘉陵江南岸，离刺史的治所有四十里路程。有一次，刺史崔朴趁着春光明媚，带了许多宾客，坐着大船，唱歌喝酒，从上游放舟东下，一直来到益昌县附近。船到达以后，刺史下令要民夫拉纤。何易于把手板插在腰带里，一起去拉纤，跑上跑下不停奔忙。刺史发现县令在拉纤，非常吃惊，问他原因。何易于说："现在正是春天，百姓不是忙于春耕，就是养桑喂蚕，一点时间都不能耽搁。我是您主管下的县令，现在没什么事干，正可以来干这个差事。"刺史听了很羞愧，和几个宾客跳出船舱，上岸骑马一起回去了。

朝廷派盐铁官征收茶赋，诏令下达以后，各地不敢忽视违抗。何易于看着诏书说："益昌百姓不征收茶赋尚且难以生活，现在难道不是更加危害百姓吗？"让属下官吏搁置诏令不执行。属吏说："天子的诏令谁敢抗拒？属下因此会犯下死罪，大人您能免于灾难吗？"何易于回答说："我怎么能怜惜自己，而将暴政转移给百姓呢？我也不会使你们受到惩罚。"于是焚烧了诏书。观察使素来推崇他的贤能，没有弹劾他。百姓家里有人去世而不能下葬的，何易于都会用自己的俸禄安排属吏去办理。他经常请年纪大的老人来县衙，询问施政得失。凡是有百姓争斗，到了县衙厅堂之上，何易于都会谆谆善诱，分析曲直，用杖刑处罚后遣送回去，并不交给官吏处理，监狱里三年都没有囚禁一个犯人。催督赋役时他不忍心逼迫贫苦百姓，有时就用自己的俸禄代缴。最后何易于以中上等的考评成绩升任罗江（今属四川德阳）县令。刺史裴休曾经到他的县城巡视，发现他的侍从不过两三人而已，大概清廉简约是他的天性吧。

崔戎

崔戎，字可大，博陵（今河北定州）人。参加明经科入仕做官，补任太子校书郎。考核合格，调任蓝田主簿。后来进入淮南李鄘的幕府。卫次公代替李鄘后，唐宪宗称赞崔戎的才干，因此卫次公很倚重他。裴度为太原节度使，请他出任参谋。当时王承宗发动叛乱，裴度请崔戎前去劝谕招降，王承宗为之感激流泪，于是听命归顺朝廷。崔戎入朝任殿中侍御史，升为谏议大夫。

云南发生叛乱，危及成都，皇上下诏令崔戎持节剑南为宣抚使[①]。崔戎上奏罢去正常赋税以外的姜芋钱，安抚流亡百姓，废弃旧制设置新规，官府百姓都认为合理方便。回朝后担任给事中一职，备皇帝顾问应对，后来出任华州刺史。当地官吏按照过去成规为刺史准备私用的万缗钱财，崔戎从不取用。他离职时，召来属吏说："积累的钱财全部用于军队，我并不是违背常情想要后人夸耀。"奉旨转任兖、海、沂、密四州观察使，百姓纷纷前来挽留，道路不得通行，崔戎只好在驿站休息，老百姓甚至抱住他，拿走他的靴子。当时下诏令的使者还在，百姓们哭着去见使者，请求他回禀天子请崔戎继续留任，使者被迫答应了。崔戎生气地责怪属下，众人说："挽留您天子即使会发怒，也不过斩杀我们这两三个老人而已，但是您就不会离开了。"当晚崔戎一个人骑马偷偷离开，老百姓追不上才罢休。崔戎到兖州后，铲除了十多个贪官污吏，老百姓非常高兴。一年后，崔戎去世，时年五十五岁，被追赠为礼部尚书。

① 宣抚使：唐后期派朝官巡视地方，称宣慰安抚使或宣抚使。宋朝宣抚使地位相当于执政大臣，或由执政大臣担任。最初的职责是巡视地方、慰劳官吏百姓，以后演变为一路或数路的军事统帅。官署为宣抚司。

五代

张全义、安彦威、王周等三人，选自《旧五代史》。

《旧五代史》，原名《五代史》，由宋太祖诏令编纂、薛居正监修的官修史书。记载从907年朱温称帝建立后梁到公元960年北宋王朝建立这一段时间的历史。《旧五代史》未单立《循吏传》。

人物点评

张全义 为人节俭，为政勤勉。宽和平易，辗转多朝。

安彦威 谨厚自守，为人所重。开仓赈饥，民赖之以存。

王　周 屡有战功。历迁四镇，皆有善政。

张全义

张全义，原名居言，赐名全义，濮州临濮（今山东鄄城）人。祖父张琏，父亲张诚，世代种田为业。张全义做县里的小吏时，曾受到县令的侮辱。唐僖宗乾符末年，黄巢在冤句（今属山东菏泽）起义，张全义逃亡投奔了黄巢军队。黄巢攻入长安，任命张全义为吏部尚书，充任水运使。黄巢失败后，张全义在河阳依附诸葛爽，逐渐升至偏裨校官，多次立下战功，诸葛爽上书朝廷任命他为泽州（今山西晋城）刺史。

唐僖宗光启初年，诸葛爽去世，他的儿子诸葛仲方为留后[①]。部将刘经和李罕之争夺洛阳，李罕之在圣善寺打败了刘经，想乘胜进攻河阳，在洛口安营扎寨。刘经派张全义抵抗，张全义便和李罕之结成同盟，反过来在河阳攻击刘经，被刘经打败后，集合剩下的军队，与李罕之据守怀州，向李克用[②]求援兵。李克用派泽州刺史安金俊相助，进攻河阳，刘经、诸葛仲方弃城投奔汴州，李罕之于是自己掌管河阳，上表推荐张全义为河南尹。

张全义生性勤勉节俭，善于安抚军民，虽然当时到处都有贼寇，仍然鼓励大家耕田务农，因此治下仓库粮草充实。李罕之性格贪暴，不守法纪，军中缺粮的时候，每次都向张全义索取。两人开始时交情很好，李罕之贪得无厌，动不动就加以凌辱欺压，张全义十分苦恼，后来乘其不备，暗地带兵袭取河阳，于是兼领河阳节度使。李罕之向李克用求援，李克用又派兵帮助攻打河阳，恰好梁太祖朱温[③]派汴州军救兵赶

① 留后：唐代节度使、观察使缺位时设置的代理职务。五代时仍然沿袭。

② 李克用：唐末将领，被封为晋王，其子李存勖建后唐时，追尊为后唐太祖。

③ 梁太祖朱温，开平元年（907年）废掉唐哀帝李柷（chù）称帝，建都开封，国号“大梁”，史称“后梁”。

到。张全义感激梁太祖援助之恩，从此依附梁朝，听从他的号令。

起初，蔡州军阀孙儒、诸葛爽互相攻伐，争夺洛阳，七八年之间，繁华的都城化为灰烬，满目疮痍。张全义刚刚到任，只能和部下暂住在以前的市区内，街市中的穷苦百姓甚至不满一百户。张全义努力安抚招纳民众，督促部下砍去杂草种植庄稼，一边耕地一边作战，用粮食换取耕牛，每年扩大开垦的田地，招收流亡散失百姓，待之如子女一般。每当立春鼓励农耕的时候，张全义一定站在田边，供给大家酒食。他执政宽仁简易，官吏一丝一毫也不敢欺瞒。数年之间，京郊附近就不再有闲置的土地，编入户籍的百姓有五六万人，于是在过去的街市修筑营垒，建立府衙机构，防止外敌入城侵扰。

梁末帝后期，张汉杰、赵廷隐等掌权，段凝为北面招讨使，职位突然晋升居于众将之上。张全义认为这样不合适，派使者上奏说："老臣受先朝重视，蒙陛下委任为副元帅，我虽然老了，还可以带兵，如果交给我北面军权，我将日夜工作。段凝是晚进之人，德行威望不够，老臣担心军队内部不和谐，败乱国政。"梁末帝没理睬他。张全义依附朱氏近三十年，梁太祖晚年时，猜忌旧将，几次想加害张全义，张全义总是自示卑贱恭敬侍奉，将所有家产都献给朝廷。梁太祖河朔一战失败之后，张全义更是每月献上铠甲马匹以补充军队，再加上做事勤谨尽职尽责，朱温找不到差错加罪，最后免于灾祸。张全义的妻子储氏聪明敏捷，很有才能谋略，多次替张全义申诉道理。有时朱温怒不可遏，急召张全义，储氏也去觐见，高声说："张全义只是一个种田老汉，三十多年来，在洛阳城四面开荒锄草，招来百姓供应军粮，帮助陛下创立大业。现在年齿衰朽，眼看要死的人了，陛下还怀疑他，是为什么呢？"朱温马上笑着说："我没有恶意，老太太不用多说了。"

后唐庄宗李存勖[①]平定梁朝后，张全义从洛阳进见庄宗，顿首待罪。庄宗安慰了他很久，因为他年老，就令人扶他上殿，赐宴欢饮，下诏令皇子李继岌、皇弟李存纪等人都把他当兄长看待。在此之前，梁末

① 后唐庄宗李存勖：五代时期后唐政权的建立者。

帝从汴州前往洛阳，准备在圜丘举行祭祀。当李存勖军队攻下黄河重要渡口杨刘，占领曹州、濮州的时候，梁末帝非常害怕，急忙返回汴州，祭祀所用的法物都留在洛阳。此时张全义上奏庄宗说："请陛下顺便巡幸洛阳，为臣已做好了举行郊祭礼的准备。"第二天，庄宗下诏任张全义为尚书令、魏王、河南尹。第二年二月，郊祭礼结束，任命张全义为太尉、中书令、河南尹，改封齐王，兼领河阳。四年，张全义被免去河南尹，授忠武军节度使，检校太师、尚书令。

张全义历任太师、太傅、太尉、中书令等重要官职，曾经封王，封邑三千户，所领方镇有洛、郓、陕、滑、宋等州，三次临河阳，二次领许州，在朝廷内外做官有二十九任，做河、洛尹正共有四十年，位极人臣。时逢乱世，善于保全自身最后吉祥平安的，只有他一人而已。张全义朴实大度，讲求根本，做事务实，从普通士兵起家而忘却功名，尊重儒教而乐于善道。虽然自己不是士族出身，但特别强调门第，开幕府征求贤士，一定要求有实际名望。属地封邑补充官吏，从不使用胥吏差役。他位极王公之尊，却不穿绫罗绸缎，信仰佛教道教，却不沉溺于歪门左道。像上面这些，别人都难以做到。自从庄宗李存勖来到洛阳，投奔钻营的人都走捷径来求得恩宠，唯独张全义不改往日行为，只是竭尽诚心努力做事而已。有人认为梁太祖是后唐的世仇，应破坏焚烧他的棺椁，只有张全义上奏章申述道理加以制止，人们都称赞他。刘皇后曾随庄宗到他家里，对庄宗说："我幼年时遭遇战乱，失去父母，想拜张全义为义父。"庄宗同意了。张全义跪下叩头说："皇后母仪天下，从古至今没有这种事情，我无地自处。"庄宗再三敦促，最后才接受刘皇后的跪拜。此事既然不是他的愿望，君子们也不非议他。

安彦威

安彦威，字国俊，代州崞县（今属山西）人。年轻时在后唐明宗李嗣源的手下当兵。安彦威擅长射箭，熟悉兵法。李嗣源做天平、宣武、成德节度使时，任用安彦威为牙将（警卫部队的指挥官）。安彦威因为恭谨忠厚而受到信任。

唐明宗即位，皇子李从荣镇守邺都，安彦威出任护圣指挥使。后来明宗任命李从荣统率六军，安彦威升任捧圣指挥使，兼任宁国军节度使。后晋高祖石敬瑭登位后，拜授安彦威为北京留守，改任归德（治所在今河南商丘）节度使。当时滑州（今河南滑县）河水决堤，皇上命令安彦威抢修河堤，他积极组织救灾，甚至拿出自己的钱招募百姓修堤。

安彦威后来升任西京留守。碰上大灾饥荒之年，他尽力救济安抚灾民，即使是犯法的百姓也受到宽大处理，百姓都很爱戴他，不愿流亡逃离。母亲去世后，他服丧戴孝，悲戚哀痛超过礼制的要求。后晋出帝石重贵与契丹撕毁了协议，拜授安彦威为北面行营副都统，安彦威拿出全部家财来筹集军需物资，以备作战。后来，安彦威在京城病逝。

安彦威和晋出帝的母亲安太妃是同一宗族，晋出帝把他当国舅看待，安彦威却从来不以此炫耀。他去世的时候，安太妃到葬礼上哭悼，大家才知道他们同宗，更加称赞他的谨慎持重。

王周

王周，魏州（今属河北大名东北）人。年轻时勇敢善战，跟随后唐庄宗、明宗四处转战，屡立战功，由基层军官逐步晋升，多次担任地方郡守。后晋天福[①]初年，范延光在魏州反叛，王周跟从杨光远讨伐并平定了叛乱。安重荣在镇州（今河北正定）反叛，王周又跟随杜重威攻讨平定。两次出征都立下战功，被授予贝州（今河北邢台）节度使。一年以后，转而镇守泾州（今甘肃平凉）。前任统帅张彦泽施政苛刻，非常暴虐，逃亡的百姓有五千多户。王周上任伊始，就革除了前任的二十多种弊政，使逃亡的百姓又回归乡里，后晋高祖赐诏予以褒扬赞美。后来又历任邓州、陕州等地节度使。阳城战役时，王周担任定州节度使，后晋大军来往经过，王周负责供应粮草，没有中断缺失，不久调任镇州节度使。王周禀性宽厚仁惠，民众百姓从中受益很多。后晋出帝开运末年，杜重威投降契丹，带着契丹国主到镇州城下逼他投降。王周痛哭着说："我受晋朝的大恩大德，如果不能拼死一战，反而领兵投降，还有什么脸面再去南方见皇上与士大夫呀？！"痛饮一番后想自杀，后因家人劝阻，被迫去拜见契丹国主，授任邓州节度使、检校太师。后汉高祖刘知远平定天下后，王周前往归附，镇守徐州，加封同平章事。高祖乾祐元年（948年）二月，于任上病逝，高祖停止朝政两天，追赠王周为中书令。王周性情宽宏，做事从不违背事物的本质规律。当初任都州刺史时，城西边的桥梁断毁，老百姓交送租粮的车子翻到河里。王周说："桥梁不加修固，是刺史的过失呀。"于是赔偿了百姓的粮食，自己出钱来修复桥梁，百姓都非常高兴。

① 天福：后晋高祖石敬瑭的年号，936年—944年。

宋

宋

陈靖、张纶、鲁有开、张逸、程师孟、仇悆、陈希亮、包拯、刘清之、程迥、张洽、杨简、真德秀、尤袤、黄震等十五人，选自《宋史》。

《宋史》，元朝丞相脱脱和阿鲁图先后主持修撰，记载自北宋太祖赵匡胤至南宋末帝赵昺（960年—1279年）319年的历史。全书共计496卷，约500万字，是二十四史中篇幅最庞大的一部官修史书。北宋开国以后，采取措施整顿吏治，注重对官吏权力的限制与牵制，加强对官吏的监察，“宋法有可以得循吏者三：太祖之世，牧守令录，躬自召见，问以政事，然后遣行，简择之道精矣；监司察郡守，郡守察县令，各以时上其殿最，又命朝臣专督治之，考课之方密矣；吏犯赃遇赦不原，防闲之令严矣。”（《宋史·循吏列传》）同时宋代文官往往有澄清天下之志，立身谨严，自我砥砺，因此兢兢业业、廉洁公正的循吏不断涌现。《宋史》虽是记录北宋、南宋历史的史书，但《循吏列传》比较简单，只是记载了北宋陈靖、张纶、邵晔、崔立、鲁有开、张逸、吴遵路、赵尚宽、高赋、程师孟、叶康直等十二位北宋地方官员，本书从中选了五人，又从《宋史》中选录了仇悆、陈希亮、包拯、刘清之、程迥、张洽、杨简、真德秀、尤袤、黄震等十人的事迹，基本能够反映出有宋一代清官循吏的面貌。

人物点评

陈靖　好学通古今之变，任职罢赋敛之事。

程师孟　以文学登科，以政绩升迁，以言语服敌，以恬退告老。

陈希亮　平生不假人以色，自王公贵人，皆严惮之。见义勇发，不计祸福，必极其志而后已。

包拯　严正清廉，性格刚直，断狱英明，爱民如子。

陈靖

陈靖，字道卿，兴化军莆田县（今属福建）人。他从小勤奋好学，通晓古今。父亲陈仁壁，曾担任泉州刺史的辅佐官员。宋太宗太平兴国三年（978年），割据漳州、泉州的陈洪进归附宋朝，当地有强横狡诈不守法纪的人发动叛乱，陈靖徒步前往拜见朝廷官员，献上讨伐贼寇的策略。陈靖后来被朝廷召还，授予阳翟县（今河南禹州）主簿。契丹进犯边境，北宋军队多次处于不利境地，陈靖上书朝廷，提出自己对付契丹的五条策略：明确赏罚的命令；安抚百姓民众；稳固自己，向对方示弱，等待机会进攻；允许统兵的帅府聘请谋士幕僚；使将帅在御敌时能够有自主权。宋太宗对他献上的谋略大为惊异，任命他为掌管宫室建筑的将作监丞。不久，陈靖担任掌管审讯重大刑狱案件的御史台推勘官。

当时朝廷在殿试选拔进士时，往往将先写完文章的人排在上等，形成读书人崇尚为文快捷的风气。陈靖奏请朝廷把考生的文章交给考官来评定甲、乙等级，等到宣布成绩时，果然大多是知名文人列在上等。淳化四年（993年），陈靖出使高丽回来，担任提举、检点在京百司，后升任掌管祭祀礼仪的太常博士。

宋太宗提倡发展农业生产，下诏令相关部门讨论实行均田法。陈靖上奏议说："法令难以仓促推行。应该先命大臣或三司使[①]担任主管赋税的租庸使，或兼任屯田制置使[②]，诏令三司判官选用两位通晓农业事

① 三司使：北宋前期最高财政长官，又称为"计相"，总管国家财政。分盐铁、户部、度支三司，长官分别为盐铁使、户部使、度支使。但这一机构在北宋前期变化很大，频繁合并或分设。

② 制置使：宋代地方军事官职。北宋时不常置，掌管筹划沿边军事。南宋设置渐多，掌本路诸州军事，多以安抚使兼任，有四川、江淮、京湖等制置使。官高者称为制置大使。此外，还设沿江制置使、沿海制置使等。

务的副官。各州县检查统计荒芜的土地及逃亡百姓的田产，作为官府所有，招募百姓来耕种，给他们房屋、耕牛、农具、粮食种子，如果不够就用官府的钱来补贴。责令州县地方官鼓励督促百姓耕种，并在印纸上写下保证书。将地方应该征收的赋税分为十分，划分为三个等级：凡是县里管理开垦的土地，一年得到赋税三分，二年六分，三年九分的，为下等；一年四分，二年七分，三年达到十分的，为中等；一年五分，不到三年达到十分的，为上等。并按评定的等级高低进行赏罚。过几年以后，全部罢除官府屯田，分给民众来收取田赋，按照人口分配给百姓土地，平均赋税，大致按照井田制度实行，并颁行全国，这样就容易实施了。”宋太宗对宰相吕端说：“我原本想恢复古代的井田制，只是担心现在行不通，陈靖的奏策正合乎我的心意。”于是召见陈靖，并诏令盐铁使陈恕等选拔两位判官与陈靖讨论方案，任命陈靖担任京西路劝田使，大理寺丞[①]皇甫选、光禄寺丞何亮为副官。陈靖想先借二万缗钱[②]来试行，陈恕等人说：“钱一旦拿出来，以后不能偿还，百姓反而会受害。”宋太宗因为大家意见始终不能统一，于是停止实施陈靖的方案。

宋真宗即位以后，陈靖又上奏此前所讨论的发展农业的事情，说：“国家在西北防御契丹进犯，依赖东南地区的粮食供给，供给不足，就会耽误国家大事。请圣上在京东、京西及河北等地大力推行鼓励农业生产的办法，以此来评定州县官吏的考核等级，每年可以节省江浙、两淮运输的粮食一百多万石。”陈靖还奏请朝廷要求刺史参加每年春耕的仪式，要求县令劝勉百姓耕种，给那些讲求孝悌之道、努力耕作的人赏赐爵禄，在地方上设置五保[③]来检举、纠察盗贼，登记组织那些游荡懒惰的百姓参加劳役、耕种。宋真宗下令让三司讨论，最终并没有具体

---

① 大理寺丞：大理寺的官员，主管中央与地方的刑狱案件，北宋初只是表示品级的寄禄官，并不真正去大理寺任职。

② 缗钱：指一千文一串的铜钱。

③ 五保：北宋王安石变法，在农村实行保甲制，十家相保，一人为长，相互检察；五保为一大保。

实施。

陈靖先后担任度支判官、京畿均田使，出任淮南转运副使兼发运司官员，迁升江南转运使。他特地向朝廷上奏，罢除了南唐李氏统治时干扰百姓、蛮横征收赋税的十七种制度。后来迁任泉州知州，拜为左谏议大夫[①]。起初，陈靖与丁谓关系很好，丁谓被贬官后，他的追随者都被驱逐，有人上奏说陈靖年老多病，不适合长期担任地方官吏，于是陈靖以秘书监[②]的职位退休。

陈靖一生对朝廷有许多奏章建议，对于农事尤其有详尽细致的谋划，曾经选取太宗淳化、真宗咸平年间以来上奏的文章，编辑为《劝农奏议》，献给朝廷，然而其中有些观点并不符合当时的形势，大多没有施行。

① 宋代的官制比较复杂。宋初，官名与职务分离，比如尚书、侍郎、员外郎、中书舍人、给事中等官都是只有其名而不去该机构任职，只是体现升迁的品阶与俸禄等级，称为寄禄官；除非有皇帝特别任命，并不管本部门事务，另外以差遣如判吏部尚书、知制诰等负责具体事务，称为职事官。宋神宗元丰改制，以原来的寄禄官为职事官，以散官如金紫光禄大夫、正议大夫、朝请郎等为寄禄官；职事官以寄禄官的高下分行、守、试三等，寄禄官高于职事官一品称行，低于职事官一品称守，低二品称试，品阶相同者不用行、守、试。这里的左谏议大夫，就是散官，表示官员等级，没有实际职务。

② 秘书监：宋代掌管国家藏书与编校工作的机构，长官也称为秘书监。

张纶

张纶，字公信，颍州汝阴（今安徽阜阳）人。年轻时风流倜傥，有侠义气概。没考中进士，补了三班[①]的一个缺职，后来又调任右班殿直[②]。他曾跟随雷有终在四川讨伐王均叛乱，有数百名已经投降的贼寇占据险要地势再次反叛。张纶被派去处理，回来报告说："这些人都是走投无路的穷寇，逼得越急他们就越容易铤而走险，不如好好劝导让他们前来归顺。"雷有终采纳了他的建议，那些贼寇果然都放下兵器投降。张纶后来因为功劳升官，到益、彭、简等州郡做巡检使[③]。手下士兵酒后闹事，惊扰抢掠居民，张纶果断将几名主犯斩首，民心才安定下来。他奉命出使西夏回朝，当时辰州（今湖南怀化）溪峒彭氏入侵作乱。张纶被派到辰州主事，修建了蓬山的驿站道路，使贼寇不能通行，只好离开辰州。后来张纶担任辰、澧、鼎等州缘边五溪十峒的巡检安抚使，对土司首领晓以利害，买回蛮民抢掠走的东西，派遣使者与各部落盟誓和好，在边境刻石立碑为证。

过了很长时间，张纶调任江淮制置发运副使[④]。当时盐业衰退，张纶上书朝廷免除通、泰、楚三州盐户长久以来的沉重负担，政府介入，支持盐业发展，当年就增加税收数十万石。又在杭、秀、海三州建立盐场，每年增加税收一百五十万石。两年后，进贡的稻米增加了八十万

① 三班：指衙门中的皂、壮、快三班衙役。

② 殿直：宋朝时的武散官名，分左班、右班。

③ 巡检使：宋时巡检司的长官，先是在京师东西两路各置都同巡检二人，京城四门巡检各一人。后来又在沿边、沿江、沿海设置。掌训练甲兵，巡逻州邑。

④ 宋初设江淮、两浙等发运使，既掌水路运输，又兼制置茶盐之事，所以称制置发运使。副长官称副使。

石。他组织百姓疏通了五条沟渠，将太湖水引入大海，又增加了六十万石田租。开凿了长芦西河，避免船只倾覆的危险；又在高邮北部建造了漕河长堤，累积巨石防止洪水泛滥。泰州原来有防止海潮的长堤，绵延一百五十里，但是荒废已久无人治理，每年都会发生洪涝灾害。张纶提议修复长堤，有人坚决反对，认为虽然会平息海水灌田的祸患，但会造成积水成涝的麻烦。张纶说："如果说海潮的祸害是十分之九的话，积水的祸害只有十分之一，收获多而损失少，为什么不去做呢？"于是多次上表，请求布置和监督施行。朝廷就任命他兼管泰州事务。长堤修复后，拯救流亡百姓二千六百多人，泰州百姓感恩戴德，建立祠堂来纪念他。张纶在淮南任职六年后，调到昭州任刺史。契丹国主耶律隆绪去世的时候，张纶被任命为吊慰副使前去吊唁。后来又先在泰、瀛、乾等州任职，最后在颍州任上去世。

张纶很有才能和谋略，无论到何处任职都会为百姓兴利除害。他为人宽厚，喜欢帮助别人。在江淮的时候，看到在漕运服役的很多百姓冻死饿死，他感慨地说："这都是地方官吏的过错，没有体现出皇帝的仁爱之心啊。"就拿自己的俸禄买了一千套棉衣，给那些靠自己能力无法生存的贫苦百姓穿。

鲁有开

鲁有开，字元翰，安徽亳州人，是参知政事[①]鲁宗道的侄子。他喜好《礼》学，通晓《左氏春秋》，因为鲁宗道的恩荫关系进入仕途，任韦城（今河南滑县）知县。曹、濮一带大盗横行于附近各县，听说鲁有开做韦城知县后，退避三舍而不敢入境。后来鲁有开任确山知县，县里政事原本由地方大族所把持。鲁有开惩治处理了其中最有权势的一家，从此政事不再受到大族干扰。他组织百姓大力修整废弃的水渠，灌溉田地数千顷。当时富弼任蔡州太守，向朝廷推荐他，认为他有古代循吏的风采。后来他出任金州知州，州里发生了因巫蛊诅咒而造成的案件，被判死刑的有数十人。鲁有开认为其中必有冤情，他说："如果想要杀人，私下谋划就行了，怎么会这么多人参与呢？"经仔细审问后发现这些人确实是受诬陷，于是案情大白。宋神宗熙宁[②]年间，宰相王安石实行新法，问江南情况如何，鲁有开说："新法刚刚实行，还没有看到有什么祸患，以后可能会慢慢体现出来。"因为应答时没有刻意逢迎，被调任杭州通判。后来任卫州（今属河南）知州，当地发生水灾，百姓遭遇饥荒，鲁有开下令将常平仓的钱粮借给百姓，并且上奏朝廷请求减免利息。转任冀州知州后，要求征发劳役加固本地的堤防。有人说："现在没有发生水灾，为什么要劳民伤财？"鲁有开说："未雨绸缪，防患于未然，是自古以来的好经验。"最终督促完成。第二年河道决口，洪水果然涌入冀州，但最终也不能漫过堤防，没有造成灾难。朝廷派使者巡视河北，老百姓拦住使者颂扬鲁有开的功绩，鲁有开因此被征召为膳部郎中[③]。宋哲宗元祐[④]年间，鲁有开先后知信阳军、洺州、滑州、冀州，官至中大夫。

---

① 参知政事：宋代的参知政事相当于副宰相。

② 熙宁：宋神宗赵顼年号，1068年—1077年。

③ 膳部郎中：礼部掌朝会、宴享所需酒食、果实等事务的官员。

④ 元祐：宋哲宗赵煦的第一个年号，1086年—1094年。

张逸

张逸，字大隐，郑州荥阳（今属河南）人。进士及第后，试任秘书省校书郎。后来出任襄州邓城知县，有为官贤能的好名声。谢泌赏识他的才能，要向朝廷推荐张逸。他摆好几案，把奏章放在上面，向着都城的方向拜了两拜说："老臣我为朝廷挑选到一个好官吏。"后来张逸被召入宫，宋真宗问他想要做什么官职，张逸回答说："母亲年老在家，希望能得到家乡附近州县长官下属官吏的职务，能够方便奉养母亲就很满足了。"朝廷就任命他做澶州观察使的属官。不久因母亲去世而免去官职。服丧期满后，又被召入宫回答皇帝的问询。真宗又问他想做什么官，张逸回答说："希望能得到京城的官职。"朝廷于是特地改任他为大理寺丞。真宗皇帝一向认可谢泌的贤良品德，两次召见询问张逸，都是因为谢泌推荐的缘故。

后来张逸为长水（今属河南洛宁）知县，当时王嗣宗任西京洛阳留守[①]，很器重他。张逸又调任青神（今属四川）知县，因贫穷而无力前往，王嗣宗就借给他半年俸禄来准备行装。到青神以后，张逸大力兴办学校，教导学生。县里有陈希亮、杨异等相继考中进士。张逸将他们居住的地方改名为"桂枝里"，以表彰他们。青神县东南有松柏滩，每到夏秋时节，水位暴涨，经常倾覆往来船只。张逸向江神祈祷，不过一个月的时间，险滩就迁移到五里以外，老百姓对此都感到非常惊异。张逸后来升任太常博士、尉氏知县，又被提升为监察御史，掌管益州路刑狱诉讼。此后奉命出使契丹，又出任两浙转运使。张逸累积功劳晋升为尚书兵部郎中，知开封府。有个僧人请求免除寺庙土地的赋税，张逸坚

① 留守：北宋时，洛阳作为陪都，设置有留守一职，常由地方行政长官兼任，或由重臣担任。

持自己的见解不同意。宋仁宗说："主管官员都能秉公守法，我还忧虑什么呢？"

张逸以枢密直学士[①]的身份知益州。他一共四次到过蜀地，非常熟悉当地的民风。华阳县管理车马的官吏杀了人，却诬告路边的行人是凶手，县里官吏收受贿赂，照此审理定案。张逸为了审明此案，就让那个杀人的官吏看守囚犯，说："囚犯看上去好像满怀冤屈的样子，看守人却显得神魂不定，难道是看守者杀了人吗？"囚犯这时才敢开口喊冤，那个杀人的官吏只好认罪，被就地正法，蜀地老百姓都对张逸判案啧啧称奇。恰逢这一年大旱，张逸组织百姓修筑堤防，灌溉农田，拿出官府积蓄的粮食降价卖给老百姓。起初，百姓遇到灾害饥荒经常违反法令宰杀耕牛吃肉充饥，违法的百姓都被流放到关中。张逸上奏章说："百姓宰杀耕牛，是为了救活将要饿死的人，跟偷盗杀牛不同，可是如果不禁止百姓宰杀耕牛，又会影响到耕种荒废的土地。今年庄稼稍有丰收，请朝廷释放他们回来，重新从事农业生产。"朝廷答复批准。不久，张逸在官任上去世。

① 枢密直学士：侍从皇帝左右，以备顾问应对，地位次于翰林学士。

程师孟

程师孟，字公辟，吴地（今属江苏）人。宋仁宗景祐[①]年间考中进士甲科。历任知南康军、知楚州、提点夔州路刑狱。西南泸州地区的少数民族多次侵犯渝州边界，提点刑狱司的办公机构在万州，跟渝州相距遥远，每次边境有警报，往往过一整天才能传到。程师孟奏请朝廷把治所迁到渝州。夔州此前没有常平仓储备粮米，程师孟建议设置常平仓，存储粮食以备荒年。正赶上灾荒之年，赈济灾民的仓粮不够，程师孟立即开放其他的储存粮食，而没有按照规定事先上报。主管的官吏很害怕，告诉他不能这样做。程师孟说："如果一定要等到上报后才能开仓放粮，灾民们早饿死了！"最终还是将这些粮食分发给灾民。后来改任河东路长官。山西地区的土山很多，旁边连接山谷中的河流，春夏之际下大雨，水流得像黄河一样混浊，俗称"天河"，可以用来灌溉。程师孟劝说当地百姓出钱开渠筑堤，用河水中的淤泥改造出一万八千顷良田，并把这些做法汇集起来写了《水利图经》，向各州县颁发。

后来程师孟出任度支判官、洪州知州，组织百姓修筑江堤，疏通沟渠，打开北闸来控制水位的升降，此后再没有发生过水灾。他在三司都磨勘司[②]任职的时候，负责迎接和陪同契丹使节。契丹使节萧惟辅说："白沟地区应由两国共管，现在宋朝在那里种植柳树，长达数里，却认为我们契丹人在界河捕鱼有罪，哪有这样的道理？"程师孟说："两国都应当信守誓约，现在涿郡还保存有档案可供查考。您置两国的誓约于不顾，信口乱说，难道是想滋生事端吗？"萧惟辅表示惭愧道歉。程师孟又出任江西转运使。袁州盗贼作乱，州中官吏充当内应，因

① 景祐：宋仁宗赵祯的年号，1034年—1038年。

② 都磨勘司：审核三司所属盐铁、度支、户部账籍，检查出入数目。

此官府很长时间抓不到盗贼。程师孟把几名奸吏捆绑起来送进监狱，盗贼马上就被抓获了。之后程师孟出任福州知州，修筑内城城墙，兴建学校教化百姓，政绩在东南地区堪称第一。移任广州，当时城池被侬智高带领的贼寇毁坏，一旦有警报，百姓们就惊恐逃窜，风水先生都说这里土质疏松恶劣，无法修筑城墙。程师孟在广州六年，想办法建造了西城。等到交趾军队攻陷邕管（今广西、广东部分地区）地区的时候，听说广州守备坚固，不敢再向东进犯。当时程师孟已经被召回，朝廷念及他以前的功劳，任命他为给事中、集贤殿修撰，主持都水监[①]事务。程师孟奉命前去祝贺契丹皇帝的生日，到了涿州，契丹设宴招待，迎接的官员面向正南就坐，涿州州官面向西，宋朝使节面向东。程师孟认为是藐视宋朝，坚决不肯就坐，从中午据理力争直到傍晚，随从们都非常惊恐害怕，但程师孟不为所动，说话的口气更加严厉。契丹负责迎接的官员只好更改方向，与程师孟东西相向而坐。第二天，涿州官员在城郊为他饯行，程师孟毫不理睬，骑马疾驰而过，涿州官员深感羞愧，传递文书到雄州，程师孟因此被罢免了官职。后来又出任越州、青州知州。以光禄大夫的头衔退休，终年七十八岁。

程师孟多次主管情况复杂的重镇要地，治理政务简明严厉，有时候处理那些够不上判死罪的犯人都不用通过属下的狱吏，自己能够迅速判决。揭露奸邪之徒的阴谋有如神明一般，抓到首恶之徒一定会痛加惩治，直到剿灭干净方才罢休，所管辖地区的吏民百姓都能肃然听命。洪、福、广、越四州都设立祠堂来祭祀纪念他。

① 都水监：宋代主管水利工程、治理河道的机构。

仇悆

仇悆，字泰然，益都（今山东青州）人。宋徽宗大观三年（1109年）考中进士，被任命为邠州司法。他审理案件谨慎而宽恕，使很多人得以活命。

仇悆调任为高密（今属山东）县丞，当地诉讼成风，仇悆负责处理案件，分析判决快捷，从不拖延，老百姓甚至怀里揣着饼来等他的判决结果。有个叫杨盖的县吏为人奸猾，经常胁持县令与他一起做奸邪之事，仇悆揭露了杨盖的罪行，对他处以黥刑①，大家都心悦诚服。州官命仇悆去州里担任空缺的司录一职，他刚要动身，县里有一万多百姓前来挽留，甚至把他挟持回县衙。当时天气很冷，百姓点着火把守住县衙，前后左右都是人，仇悆抄小路才跑出来。有百姓追上他，在他的马前行礼说："现在您丢下我们离开，我们一定要让您再回来。"有一天，仇悆正在州衙中汇报事情，忽然有数千人闯进来直接把他抢夺回高密，州里的卒吏也难以阻止。当时在莱州、密州一带有盗寇起事作乱，早就听说过仇悆善待百姓的事迹，就告诫手下不要进犯高密县境，高密县的老百姓因此得以躲过一劫。密州的士兵发生叛乱并大肆掳掠，所有官吏几乎都被杀害，唯独仇悆得以保全性命。

朝廷迁到南方以后，仇悆的母亲去世。守丧期满后，仇悆知建昌军（治所在今江西南城），入朝为考功员外郎，负责官吏的考核。当时各级官员从北方辗转逃难而来，乱军之中，十分之七八的告牒文书都遗失了，主管考核官吏的部门也没有留下档案记录，许多人诉说自己的情况请求回来任职，真假混杂，难以分辨。仇悆仔细考核询证，有所依据的都为他们做担保，并上奏朝廷授以官职。

① 黥刑：古代在脸上刺字涂墨的刑罚。

仇悆以淮西宣抚使的身份任庐州知州。金兵大举入侵，老百姓非常害怕，宣抚司[1]统制张琦打算趁机发动叛乱，驱赶百姓过江往南逃亡。张琦想先胁迫仇悆投降，于是率领数千士兵突然闯入公堂，拿着兵器威胁恫吓，仇悆的部下卒吏都吓得四散奔逃。张琦强迫仇悆上马，仇悆镇定地对他说："你们这些人没有尽守卫疆土的责任，我却理应以死来报效国家。如果敌寇还没到就逃走，老百姓还能依靠谁呢？"他神色坚定，毫不动摇。张琦等人非常惊愕，只好解散了随从徒众，于是人心逐渐稳定下来。

当时金兵已逼近庐州，仇悆向宣抚司求援，没有得到答复。他又派自己的儿子从小道赶赴朝廷告急，虽然朝廷授予他儿子官职以示表彰，但始终没有派援兵前来。皇上下诏要到前线指挥，但诏书还没有传示到淮南地区，民众纷纷传言说国家要放弃两淮以确保长江。仇悆抄录诏书张贴到各郡县，百姓得知后非常感动，甚至流下眼泪，群情激昂。有别处的部队来归附仇悆，当时庐州的府库钱财匮乏，没有什么可作为奖赏的，仇悆把他们都领到府衙中就座，用酒饭犒劳他们，大家都很受感动。仇悆召募庐州、寿州两地的士兵数百人，又增加了二千名乡兵，派兵直接抵达寿春城下，三次击败敌军，敌军只好渡过淮河退走。仇悆收复寿春城，俘获斩首了很多敌人，缴获战旗、武器数千件，烧毁一百多艘粮船，收降了渤海的两个首领。

当初，金军包围濠州，十多天也没攻下来，正赶上天气异常寒冷，很多战马被冻死，只好撤退聚集到淮东一带。枢密使张浚正在金陵检阅军队，仇悆向张浚献计说："金国的主力大军正在淮东，军队疲劳、粮食匮乏，如果我们用二万精兵，一部分从寿阳，一部分从汉上，直奔旧京城，金军应该不敢接战会马上退兵，我们的大军随后追击，一定能大获全胜。前人说'一日纵容敌人，会留下数世祸患'。希望将来

① 宣抚司：官署名。南宋高宗建炎四年(1130年)，始于秦州置川陕京西湖北路宣抚处置使司，简称宣抚司，以张浚为宣抚处置使，许以便宜行事，寻访民间疾苦。明朝沿置于西南少数民族地区，为地方官署，掌军政。

不要因为今天丧失时机而悔恨。”可惜张浚并没有采纳他的建议。

这时敌将刘麟又率领数千名步兵和骑兵到达合肥，金国大将兀术为他压阵，人心惊惧，不知怎么办才好。恰好京西制置使派牛皋率援兵赶到，仇悆对身边的人说：“快请牛将军来攻打敌人。”牛皋率军到达以后，仇悆用忠义之道来感染激励他。牛皋一向作战勇敢，这时率领二千多名骑兵出城，与敌人短兵相接，激烈拼杀。在战斗中，牛皋的副将徐庆突然跌落马下，敌兵争相奔来，牛皋把他挟到马上，亲手砍死数名金兵，摘掉头盔大声吼道：“我是牛皋，曾经四次打败兀术，你们可以来和我决一死战！”金兵非常害怕，溃败而去。仇悆因为有收复失地和防守城池的功劳，被加官为徽猷阁待制。

第二年，宣抚司才派大将王德前来增援，这时敌军已经退走。当初，宣抚司不派一兵一卒去救援各地，却下令让各地弃城退走，并请张浚来督促执行。张浚将撤退文书传达给仇悆，让他根据战事情况自己决定。仇悆说：“城池残破，军队粮食供给不足，确实不能抵挡住敌人。但是大帅您负责抗敌之事，应该誓死守卫城池。现在如果放弃抵抗，使金人占据淮西，在巢湖建造兵船，一定会给朝廷带来祸患。”仇悆极力劝说，张浚接受了他的建议，最终使数州百姓得以保全。不久，皇上下诏让他回到朝廷，军民都号哭着送别他。

仇悆改任浙东宣抚使、明州知州。他以压制豪强、鼓励良善作为施政原则，对官吏收受贿赂绝不宽恕，使得奸邪之徒不敢再做坏事。明州遭受兵祸，城池被烧毁，仇悆拿出自己吃饭的钱帮助修复城墙，举行乡饮酒礼。正赶上荒年，仇悆拿出官府储备的粮食低价卖给灾民，百姓没有饿死或逃亡到别处的。

后来朝廷召回他，加官为宝文阁学士、陕西都转运使。这时金国不知出于何种目的要把他们占领的土地归还给南宋，朝廷难以预料他们的诡计，仇悆极力陈说这不是好事，其中必定有诈，并坚决推辞自己新任的官职，没有到陕西去。当时秦桧正主张议和，把仇悆看成异己分子，罢去了他的官职。仇悆以左朝奉郎、少府少监[1]的身份分管西京，在全州居住。后来仇悆被起用为河南府知府，还没动身，金人果然又攻陷了他们所归还的郡县，一切正如仇悆所料。仇悆再任明州知州，改为平江府（今江苏苏州）知府。他向皇帝告辞说："我军已经熟习战斗，不再像以前那样孱弱，所以刘锜能以少胜多，大败敌人。现在形势已经得到振奋，如果乘机一鼓作气，中原很容易就可以收复平定。"皇上褒扬嘉奖了他。

仇悆为人正直刚毅，从最初做官一直到地位显赫，从不攀附权贵。他任邓城县令时，范宗尹拿着文章去拜见他，仇悆很赏识他，有一天对他父亲说："宗尹是能做三公、宰相的人才啊！"范宗尹后来当了宰相，但仇悆却从来没有以私人情分与他交往。仇悆在明州时，曾经想推荐一个幕僚，就问他："你一天花销多少？"那个幕僚回答说："小人十口之家，一天花费二千缗。"仇悆吃惊地说："我身为郡守日常花费也远远不到二千缗，下属的花费是我的数倍，他怎么可能不贪污呢？"于是就没有推荐这个幕僚。

① 少府监：宋代的少府监掌管制造门戟、神衣、旌节、祭玉、法物、牌印、朱记、百官拜表法物等事。

陈希亮

陈希亮[①]，字公弼，祖籍京兆（今陕西西安）。唐僖宗广明[②]年间，先人避难迁居到四川眉州青神县的东山。陈希亮幼年丧父，从小就非常好学。十六岁时要外出拜师求学，他哥哥为难阻止他，自己占有了田产，却让他去收回家里放出的三十多万利息钱。陈希亮把借钱的人都召集到一起，烧毁借据后就带着行囊离家外出了。学业有成之后，陈希亮不计前嫌，把哥哥的两个儿子陈庸、陈渝都召去读书。宋仁宗天圣八年（1030年），他们同时考中进士，乡里在他们家门口题写匾额来表彰他们，称为"三俊"。

陈希亮最初任大理评事、长沙知县。当地有个叫海印国师的和尚，跟真宗章献皇后家关系密切，结交权贵，仗势侵占百姓土地，老百姓敢怒不敢言，陈希亮把他逮捕依法治罪，全县震惊。郴州的竹场有人伪造证件，给输粮户送到官府充当税粮。事情败露后，输粮户要被处死。陈希亮认为输粮户是无辜的，最后果真找到了伪造证件的人，将输粮户无罪释放。陈希亮升任殿中丞，调任鄂县（今湖北鄂州）知县。县里有个老吏曹腆一贯不遵守法令，认为陈希亮年轻，就对他轻慢无礼。陈希亮上任后，搜集他的罪证加以惩治。曹腆叩头出血，表示要痛改前

① 陈希亮(1014年—1077年)，北宋著名的清官良吏。三十多年的仕宦经历中，先后担任过知县、知州、知府、转运使等地方官，也曾在开封府及朝廷任职。不论是在地方还是京城为官，陈希亮都忠于职守，一心为民，疾恶如仇，公正清廉，严惩贪官污吏，打击地痞盗贼，从不考虑个人利益得失，为平民百姓称颂，每次任满离境时，当地百姓都洒泪相送。后因辛劳过度而去世。著名文人苏轼，平生不为人作行状墓碑，但他非常敬佩陈希亮的为人，破例写下《陈公弼传》。

② 广明：唐僖宗李儇的年号，880年—881年。

非，陈希亮严加警告以后将他释放，给他一个改过自新的机会。曹腆最终成了一个好官吏。当地巫师每年举行春斋仪式，勒索百姓财物来祭祀鬼神，欺骗百姓说不这样做就会有红衣老人来放火。陈希亮明令禁止这些行为，百姓不敢违犯，而火灾也没有发生。后来又毁掉各种民间祠庙数百座，勒令七十多位巫师回家务农。

陈希亮后任开封府司录司事。福胜塔被火烧毁后，官府计划重建，估计费用要三万钱。陈希亮说："军队正在陕西与西夏作战，希望把这笔钱用作军费。"朝廷因此下令不再重建。青州有平民赵禹上书，说西夏的赵元昊一定会反叛。宰相认为赵禹胡言乱语，淆乱视听，就将他流放到建州。后来赵元昊果然发动叛乱，赵禹向当地官府上诉，没人受理，于是跑到京城要当面与宰相理论。宰相大怒，将他关入开封府的监狱。陈希亮上书说赵禹应该重赏而不该治罪，双方争执不下。最后皇上释放了赵禹，嘉奖他做徐州推官。

京西强盗作乱，陈希亮出任房州知州。房州向来没有军队守备，老百姓惊恐万分，都做好了逃亡的打算。陈希亮组织守城的士兵以及其他民众，一共有数百人，日夜部署守卫，震慑强盗，百姓由此而得安宁。殿侍雷甲带领一百多士兵追捕强盗到竹山一带，但雷甲不能约束部队，所到之处，士兵频频侵扰百姓。人们怀疑他们是强盗，就向陈希亮报告说强盗已进入县境，快到城门了。陈希亮立即集合士兵在河边抵御，命令士兵拉满弓但不要发射，士兵们都像木偶一样站直挺立着。雷甲命部下用箭射他们，士兵们一动也不动。雷甲于是下马跪拜求死，说："当初并不知道你们是官军。"将士们都要求将雷甲斩首示众，陈希亮只是惩治了那些侵扰百姓的士兵，而让雷甲继续搜捕强盗来戴罪立功。

当时大盗贼首领党军子聚众作乱，气焰嚣张，转运使派供奉官崔德赟去捕杀他。崔德赟没抓到党军子，便将盗贼曾落脚过的一家竹山平民向氏包围，杀了向家父子三人，将头砍下挂在南阳示众，冒充党军子。陈希亮察觉向氏是被冤枉的，便将崔德赟关入监狱，崔不服。后来党军子在商州被抓获，皇帝下诏赐给向家绢帛，免除向家的徭役，又将崔德赟流放到通州。有人报告说华阴人张元逃到夏州，做了赵元昊的谋臣。

皇帝下诏将张元全宗族一百多人迁到房州，监视他们的一举一动。张家人饥寒交迫，濒临死亡。陈希亮说："张元通敌的事真假不明，即使真有此事，这种人最终也不会顾及家庭，现在这样做只会坚定他为敌国卖命的决心。况且这些人都是他的远亲，本身都是无罪的。"于是秘密上奏为他们辩解，最终皇上下诏将他们全部释放。张氏一家老小在陈希亮的庭院中感激哭泣说："我们可以回故乡去了，可是要离开您这位再生父母，怎么办呢？"于是画了陈希亮的肖像带回家立祠祭祀。

陈希亮任职期满回朝，朝廷想要他出任大理少卿，陈希亮说："做法官处理文书，不是我的理想，希望管理一个州郡来为皇上效力。"于是任命他为宿州知州。此前宿州在汴河上面造桥，河水上涨后接近桥面，过往船只经常受损。陈希亮首创飞桥的建造方法，不用桥墩架设桥梁，这样就能方便船只往来。皇上下诏赏赐细绢来褒奖他，并且推广他的方法，从京城到泗州，各地纷纷修建飞桥。

提举河北便籴期间，陈希亮被都转运使魏瓘弹劾擅自增减物价。陈希亮请求上朝为自己辩白。宋仁宗认为陈希亮说的有理，将魏瓘降职为越州知州，并且要重用陈希亮。陈希亮说："为臣与转运使不和，不能说为臣没有过错。"坚决请求调任滑州知府。正遇上黄河涨水，快要冲垮河堤，陈希亮召集全部河上使者，派出守卫士兵来抗击洪灾。他住在河道缺口下的房子里，非常危险，官吏百姓都哭泣着多次劝他离开，陈希亮坚决不动。最终洪水退去，人们都把他比作西汉名臣王尊[①]。这一年，宛句地区盗贼兴起，洗劫了张郭镇，抓走了濮州通判井渊。宋仁宗任命陈希亮为曹州知州。不出一个月，陈希亮将盗贼全部抓获清剿。淮南发生饥荒，朝廷令陈希亮乘驿站专车去寿春上任。转运使调进里胥[②]的

① 王尊：西汉名臣，在任东郡太守时，黄河泛滥，冲击瓠子金堤，老百姓纷纷奔走躲避水灾。王尊率领吏民百姓抗灾，住在金堤之上。大水冲毁金堤时，吏民数千人要求他撤离，王尊不为所动，坚持不走，很快水位下降，洪灾消除，人们敬若神明。

② 里胥：古代管理乡里事务的公差。

粮米而免除他们的徭役，共征收十三万石折算劳役的粮米。米价飞涨，百姓更加困苦。陈希亮到任后，废除了这一做法，并且将此事上奏朝廷，邻郡也都陆续停止了这一做法。

后来，陈希亮调任庐州知州。驻守寿春的虎翼军士兵因谋反而被诛杀，其余没谋反的数百人被调遣到庐州，人人惶恐不安。一天，有一个士兵偷偷进入官府要有所行动。陈希亮笑着说："这一定是个醉汉。"减轻罪责将他流放，又将其余士兵全部交给左右使令，派他们看守仓库。有人担心会发生不测，陈希亮却对士兵非常信任，士兵们都感激他的恩德，指心发誓要为陈希亮而死。后来陈希亮改任江东提点刑狱，升为度支郎中，调任河北提点刑狱。

嘉祐二年（1057年），陈希亮进京任开封府判官，改任判三司户部勾院[①]。因为三司的事情繁多，公文往往滞留耽搁，不能迅速传达，于是朝廷命陈希亮兼官开拆司[②]。三司的公文被滞留已久，累积很多，陈希亮日夜督促官吏办理，只用九个月就处理了其中的三分之二。度支司的官员有时候不来办公，陈希亮便杖责处罚他们。由于三司副使反对陈希亮擅自使用刑罚，三司的办事效率因此又停滞下来。荣州地区共有十八口盐井，时间久远产盐资源日渐枯竭，官府仍像当初一样催收赋税，盐民破产被剥夺户籍的有三百多家。陈希亮请求朝廷恢复他们被没收的财产，每年减免三十余万斤盐的赋税。

陈希亮奉旨迎接陪伴契丹使节，回朝后，请求到外地任职，朝廷于是让他做京西转运使，赏赐三品官服。在石塘河服役的士兵发动叛乱，首领周元自称周大王，震动了汝、洛一带。陈希亮闻讯后，当天就独自骑马前往巡察，部属官吏请求他带卫兵一同前去，陈希亮坚决不许。有二十四个叛贼在路上遇到陈希亮，看他面色悠闲平和，于是

① 三司户部勾院：三司所属机构，掌审核各地上报三司的钱粮百物出纳账籍。

② 开拆司：宋代官署名，隶属三司。掌接受皇帝旨命及诸州申报奏章，分发盐铁、度支、户部，兼掌三司其他事务。

纷纷围在旁边诉说困苦。陈希亮让一个老兵把他们押送到叶县，下令说："你们因为主动自首，都不会被判罪，但一定要惩治那些带头反叛的。"众人不敢隐瞒，一一招认。于是将周元斩首示众，将一个军校流放外地，其余的人都被派遣服役。

陈希亮多次上书请求退休，朝廷不同意，调他做凤翔知府。凤翔粮仓的储备粮可以支持十二年，主管者担心会腐败变质，到闹饥荒的年份，陈希亮就将十二万石粮食借贷给百姓。主管官员害怕担负擅自发放的罪名，陈希亮便一个人承担责任。到了秋天庄稼丰收，老百姓用新粮还陈谷，官府百姓双方都感到非常方便。于阗使者入朝，经过秦州，经略使以待客礼仪来招待他。使者非常傲慢，暂住了一个多月，损坏了驿站中的许多器物，放纵随从到市场上抢夺食物，居民白天都被迫紧闭门户。陈希亮说："我曾负责接待契丹使节，了解这种事情。使者起初不敢横暴无礼，都是那些翻译教唆的，我狠狠地绳之以法，翻译恐惧害怕，使者也就不敢乱动了。何况是于阗这样小国家的使者呢？"于是派教练使拿着令符告诉翻译说："进入我国国境之内，如有任何不合法行为，就会将你们斩首。"教练使取得他们立下的军令状回来。使者来到府衙，在庭下列坐叩拜，陈希亮命他们坐在两边回廊上，供给他们饮食，再护送出境，没有一个人再敢喧哗闹事。

宋英宗即位，陈希亮升任太常少卿。当时监狱中关押着一个强盗，陈希亮认为按照法令应当处死，同僚官员则认为不应该判死刑。后来，强盗杀死守卫的吏卒逃跑了。陈希亮将从前的议论交给朝廷审判裁定，朝廷认为陈希亮的意见是正确的。同僚官员很害怕，要借其他事由来中伤陈希亮，陈希亮自认为没有问题。当初，州郡官员互相赠酒表示友好，习惯上都由私人留下这些酒，而按照法律是不被许可的。陈希亮把酒赠送给贫寒的士人，随后又说："这也是私用公物。"于是拿自家财产来赔偿酒钱。最终陈希亮借此事上书弹劾自己，坚决请求辞职，因此出任西京分司，然后退休。不久去世，终年六十四岁。被追赠为工部侍郎。

包拯

包拯[①]，字希仁，庐州合肥县（今属安徽）人。考中进士后，授官为大理评事，出任建昌（今江西南城）知县。因为父母年事已高，他推辞没有去赴任。又调任和州（今属安徽马鞍山）监税，父母也不愿意随行，包拯就辞官回家奉养双亲。过了几年，父母相继去世，包拯在墓旁的茅屋里居住守丧，期满后仍然不愿离去，邻里的父老乡亲多次劝他结束守丧去任职。很久以后，包拯才去吏部接受官职安排，任天长（今属安徽）知县。县里有盗贼把一户人家的牛舌头割掉了，主人来县衙告状，包拯说："你只管回去把牛杀了卖掉就是，不必多说。"不久有人来报告说，乡里有人私自宰杀耕牛，请求官府处理。包拯呵斥他说："你为什么割了人家的牛舌头还要反过来告他的状？"那人听后非常惊讶，马上认罪。此后包拯调任端州知州，升为殿中丞。端州出产上好的砚台，称为"端砚"。前任州官往往借向朝廷进贡的名义，从当地工匠那里索取几十倍于进贡的砚台赠送给朝中权贵，为自己牟取私利。包拯为了杜绝这种弊端，规定工匠只要制作足够进贡的砚台数量即可。他在端州做了一年官，连一块端砚也没有带走。

此后，包拯被授予监察御史里行[②]，改任监察御史。当时，张尧佐任节度使、宣徽使[③]，右司谏张择行、唐介和包拯共同弹劾他通过不当方式升职，言辞十分激切。又上书建议皇帝说："国家每年给契丹交纳大量岁币来跟对方求和，这不是抵御敌人的根本办法，应当训练一支强

① 包拯（999年—1062年）：北宋著名大臣，做官以严正清廉、性格刚直、断狱英明、爱民如子而著称于世。后世把他当作清官的化身。

② 监察御史里行：官名，掌监察之职，不是正官，也没有规定员额。

③ 宣徽使：掌总领内诸司及三班内侍之籍，郊祀、朝会、宴享供帐之仪，一切内外供奉、都检视其名物。

大的军队，选任有谋略的将领，竭力加强边境防务。”并请求重视门下封驳[①]的规定，罢免、禁锢贪官污吏，选择德才兼备的人担任州县长官，对补荫[②]子弟实行考试录取的办法。当时，各道的转运使兼任按察使[③]，他们往往通过无关原则的细小过错来弹劾官吏，专门用这种烦琐苛刻的行为来抬高自己，使各级官吏心中不安，唯恐犯错。包拯上书请求朝廷废止了按察使的设置。

有一次，包拯奉命出使契丹。契丹国主授意接待官员质问包拯：“你们在雄州城新近开辟了便门，这是打算引诱叛徒，刺探我们的边防情报吗？”包拯回答说：“你们在涿州不是也开了便门吗？刺探军情为什么一定要用开便门的办法呢？”契丹官员无言以对。

包拯历任三司户部判官，出任京都转运使，后来又出任陕西、河北两地的地方官，入朝任三司户部副使。秦陇斜谷官府造船场的造船木材大都向百姓征收，秦、成等七州交纳建造河桥所用的竹索一年经常在数十万以上，包拯上奏朝廷，把地方的这些负担都减免罢除。契丹在边境关隘附近聚集军队，边境各州郡多次发来战争警报，朝廷命令包拯到河北征调军粮。包拯上书说：“漳河一带土地肥沃，然而老百姓却不能耕种，邢州、洺州（今河北永年）、赵州有民田一万五千顷，大多被用来放牧马匹，请把这些土地全部交还百姓，让他们耕种。”朝廷听从了他的建议。解州（今山西运城）池盐的专卖法令使盐户困顿不堪，包拯建议朝廷听凭当地商贩自由买卖。

包拯任天章阁[④]待制、知谏院期间，多次在朝堂上指斥皇帝宠信的权贵大臣，请求废止一切宫廷内部的封官和恩典；又呈奏唐代魏征给唐

---

① 门下封驳：宋太宗淳化四年（993年）设门下封驳司，掌管封还皇帝不适宜的诏令，驳正臣下奏章违误。

② 补荫：古代官员按照品级可以使子弟入仕做官的制度。又称恩荫。

③ 按察使：官名。宋仿唐初刺史制设立，主要任务是赴各道巡察，考核吏治，主管一个省范围的刑法之事，由宋代提点刑狱演变而来。

④ 天章阁：北宋真宗时营建的馆阁，后来设置天章阁待制、直学士、学士。

太宗的三篇奏疏，希望皇帝放在座位旁边作为鉴戒；并向宋仁宗进言，应当明智地听取和接受合理意见，明辨官员结党问题，爱惜人才，不要先入为主偏听偏信，请求免去冷酷寡恩之人，抑制投机取巧的行为，端正刑法严明禁令，不要大兴土木，禁止邪说妄言。朝廷对于包拯的这些建议大多接受并施行。

包拯曾经建议在边境无战事时将军队调往内地，没有得到答复。当他任龙图阁直学士、河北都转运使时，又上书请求停止在河北地区屯驻军队，分散到黄河以南的兖、郓、齐、濮、曹、济各州郡，“如果战事发生，也不会有后顾之忧。假如军队不能一下子大量削减，可以先训练地方义勇，这样每年所需还不到屯兵一个月所需费用，用州里所收赋税支付后还有剩余。”也没有得到朝廷答复。后迁任瀛州知州，当时各州都用官府钱财进行贸易，多年累积已亏损十余万贯，包拯上奏请求全部予以免除。因为儿子去世，包拯请求到政务清简的州郡任职，于是改任扬州知州，迁庐州知州，又升为刑部郎中。因推荐人才失误，包拯受到处分，被降职为兵部员外郎、池州知州。

后来包拯恢复官职，调任江宁府知府，又被召回暂任开封知府，升任右司郎中。包拯处理事务刚毅坚定、刚正不阿，贵戚、宦官一听到他的名字都十分害怕，不法行为有所收敛。人们把包拯的笑脸比作像黄河变清一样难得见到，连妇女儿童也都知道他，称他为“包待制”。京城的人流传一句话说：“关节不到，有阎罗包老。”按照过去的规定，凡是来衙门打官司的人，进门后不能一直走到大堂台阶下面。包拯改变陈规旧律，打开正门，让老百姓能够直接到堂前陈述是非，胥吏衙役也不敢欺负他们。宦官和豪门贵族为修建园林，侵占了惠民河边的土地，使河道阻塞不通，遇京城发大水，酿成水灾。包拯趁机下令将那些楼台亭阁全部拆除。有人拿着地契去找包拯，说地契上就是这样写的。包拯审核地契后，发现内容已被涂改，私自增加了面积步数。于是将此事上报仁宗皇帝，使那些奸佞小人受到了惩处。

张方平做三司使时，因为购买地方豪强的家产，被包拯上奏章弹劾罢官；宋祁接替了张方平，包拯又弹劾罢免了他。然后包拯将要以枢密直学士暂时代理三司使一职。欧阳修说：“这就是所谓的因为牵着牛踩踏田地而夺走了人家的牛，处罚已经很重了，可他又贪图肥缺来担任那个官职，不也是很过分吗？”包拯为避免非议，就留在家里，以躲避代理三司使的任命，过了很久才出来任职。此前凡是供皇帝使用的物品，都从各地摊派进纳，造成百姓困苦不堪。包拯主持三司期间，改变了过去的一些做法，特地设立市场，无论公私都实行公平买卖，使百姓不再受到侵扰。此前三司的官吏拖欠钱财绢布，大多受到监禁处罚，有些人逃走后，妻子儿女被连带拘禁，包拯都释放了他们。后来包拯升迁为给事中，任三司使。几天以后，又拜授枢密副使。调任礼部侍郎，他推辞没有接受。不久因患病去世，终年六十四岁。被追赠为礼部尚书，谥号“孝肃”。

包拯性格严肃正直，为人敦厚，虽然厌恶官吏做事苛刻，十分痛恨奸邪之徒，但一贯以忠恕宽厚待人；不轻易跟别人相交，不会用甜言蜜语来讨别人喜欢，平时没有私人请托的书信，旧友、亲戚、同乡都很少来往。包拯虽然地位显贵，但是衣服、器物、饮食都跟平民一样。他经常嘱咐子孙们说：“我的后代子孙做了官，如果有犯贪污罪的，就不准回老家，死了也不准葬在祖坟。不顺从我的心意，不听从我的教诲，就不是我的子孙。”

刘清之

刘清之，字子澄，樟树临江镇（今属江西）人。他甘于清贫，勤奋学习，博览群书，知识渊博。宋高宗绍兴二十七年（1157年）考中进士，担任袁州宜春县主簿，还没有去上任，就因父亲去世而回家服丧。服丧期满后改任建德县主簿。刘清之向州里申请，让老百姓自觉申报人口数，从此以后赋役问题得到解决，不再有纷争诉讼。后来调任万安县丞。当时江西发生旱灾，州郡下发文书要求官员下乡视察旱情。刘清之来到田间地头与老百姓交谈，凡是应该免除赋役的，都了解到实际情况。州郡长官讨论降低常平仓米价的问题，刘清之说："这样做只不过是惠及三十里以内的人罢了，按这种做法，外乡百姓难免会有饿死的。现在有粮食的人家不肯出售，实际是在暗中观望；如果降低官仓米价，等待机会抢夺粮食的人就会很多。如果方法得当，让大户人家能得到钱，普通百姓能得到粮食，对于双方都非常合适。"于是请求将管辖的地域一分为八，让有粮食的人家各自赈济本乡灾民，官府具体组织管理，根据施舍的情况给予补贴。刘清之仔细谋划，防止出现意外，老百姓都很倚靠他。

程迥

程迥，字可久，应天府宁陵（今河南商丘）人。原籍沙随（今河南宁陵东北），靖康之难后，举家迁到绍兴余姚。十五岁的时候，父母去世，一个人孤苦伶仃，无所依靠。二十多岁才开始专心读书，当时战乱刚刚平息，来自北方的士大夫文人大多居住在钱塘一带，程迥有机会向他们求学问道、修养德行。

宋孝宗隆兴元年（1163年），程迥考中进士，任扬州泰兴县尉。县里的训武郎①杨大烈有十顷田产，去世后他的妻子女儿继承下来。不久有人向官府告状说他的妻子不是正室，官府就出面没收了家产，并且追回了十年的田租。掌管督察的部使者怕纠缠不清，就推诿给程迥来判理。程迥认为道理很清楚，说："杨大烈去世，家产应该归女儿所有；女儿去世，应该归其生母所有。"

程迥调任饶州德兴（今属江西）县丞。有盗贼潜入县里百姓齐匊家作案，平常跟他关系不好的都被牵连抓入监狱。州里让程迥来判决，他辨明案情，把蒙受冤屈的百姓都释放出狱。齐匊不甘心，继续上告。恰巧巡捕在宁国县把盗贼抓住了，齐匊仍然上诉要把释放的人抓回来。程迥说："盗贼既然已经抓获，为什么还要再追捕别人？如果这些人不幸死于道路，他们的子女骨肉将去依靠谁？这怎么能是官府审理冤案的道理呢？！"相传在唐肃宗的时候，县里有程氏之女，父亲兄长都被盗贼所杀，女子也被掳掠而去，程氏女隐忍苟活十几年，最终亲手杀死盗贼来祭奠父亲兄长。程迥认为这正符合《春秋》中所讲的复仇大义，就表彰她为"英孝程烈女"，来劝导教化百姓。

程迥改任隆兴府进贤（今属江西南昌市）知县。当时百姓遭受饥

① 训武郎:宋代武臣的官阶名，总共五十三阶，第四十三阶为训武郎。

荒，府里下发文书禁止买入粮食以及将粮食卖给商贾，程迥立刻上书辩论说：“努力耕田的百姓，细米每斗才九十五文，迫于缴纳赋税，因此才卖给商贾，并不是富裕的人家。本县境内没有特殊的财货，如果不跟外人交易，给官府的钱从何而来呢？现在豪强之人聚集起来，挟持夺取钱财，打伤很多平民，百姓不敢进入集市，这才导致粮食缺乏。”程迥再三申明自己的看法，直到被接受才罢休。县里发大水，稻麦歉收，府里只减免很少的租税，程迥对知府说：“这是驱赶百姓到处逃亡啊！最终也不可能收取赋税，只不过存留拖欠的账簿罢了，最终也没什么用。”于是府里决定全部减免。还有同僚反对说：“自从南渡以后，从来不曾全部减免，恐怕户部不允许。”程迥极力争论说：“唐朝的时候庄稼损失七成，租庸调[①]就会全部减免。现在百姓的庄稼已经全部损失，夏税、役钱仍然没有免除，这算不上有多宽厚。”议论才平息下来。县里有女子为别人纺线舂米来奉养婆婆，婆婆感动于媳妇的孝心，每次吃饭时都把手放在额头向上天祈求。女子的儿子也替别人放牛，来奉养祖母。程迥得知以后，向府里汇报了这一情形，府里拨给她们钱财和粮食加以表彰。

程迥调任信州上饶知县。当地百姓每年要缴纳租税数万石，过去甚至更要加倍，程迥坚决制止这种做法，曾经说：“县令与各级官吏的衣食来源都是民脂民膏，如果不能感念这一点，反而横征暴敛虐待百姓，鬼神难道一无所知吗？”州郡督察索取经总钱[②]非常急迫，程迥说：“这些钱在古代都归在杂税一项，现在征收的数目却是正税的三倍，百姓怎么能够承受呢？”反复向执政者申述请求罢除。

程迥做官庄重严肃，但是治理政事时宽和严明，政令简洁有信，稳定豪强安抚弱小，用恩德道义来教化百姓。地方上积累多年的诉讼案件，有时几句话就可以判明。无论是奸猾的官吏还是普通的百姓，往往

① 租庸调：唐代时实行的赋税制度。每一男丁每年所缴纳的粟米为租，所缴纳的绢绵为调，所服的劳役为庸。

② 经总钱：经制钱和总制钱的并称，是宋代的附加杂税。

都被他感化，后悔自己的所作所为，从此不再做欺诈之事。程迥闲暇的时候，以宾客之礼来对待贤能之士，彼此关系融洽，推荐县里优秀的子弟求学，给他们讲说《诗》《书》等经典。有前来质疑问难的人，一定热诚接待，不论时间早晚。对于权高位重的人从不私自结交，对于祠堂神庙一定要有典礼祭祀才去拜谒。对于那些隐居山林的高洁之士，不管他们是否为人所知，都会加以表彰，来提振当地习俗风气。对于那些生活清贫的，经常周济帮助他们以保全其品行节操。审理诉讼案件，一定要做到公正得当。凡是上司不了解情况的，一定会再三坚持申诉，不会随便放弃。

程迥学问广博，曾经传授经学，教导学生，著作有《古易考》《古易章句》《论语传》《孟子章句》等。后来在官任上去世。

朱熹非常推崇程迥的为人，曾经写信给程迥的儿子程绚说："你的父亲恭敬尊奉先儒的德行，学识渊博品行高尚，能够无愧于古代先贤，解释儒家经典修订史书，启发引导后来的学者，又特别通晓当世的实际事务，不只是解释字句的经师而已。虽然没有得到好的机会在盛年时施展抱负，这是有识之士所特别感叹惋惜的。然而他著作等身，文章流传后世，这也足以不朽了。"

张洽

张洽（1160年—1237年），字元德，临江清江（今属江西）人。张洽年少时非常聪明，跟着朱熹读书，对于儒家《六经》以及后代的传注解释，都能领会其主旨思想，至于诸子百家、山经地志、老子佛教之类的书，也无所不读。曾引用管子所说的“思之思之，又重思之，思之不通，鬼神将通之”的话，作为自己追求学问真理的座右铭。朱熹夸赞他志向坚定，曾经对黄榦说：“要将儒道永久传承下去，就期待你们几位了。”

当时实行社仓法[①]，张洽通过县里官府借贷平价粟米三百石，在乡里建立粮仓，六年后再将本钱还给县里，乡民得到实际利益。宋宁宗嘉定元年（1208年），张洽考中进士，被任命为松滋（今属湖北荆州）县尉。当时洞庭湖西一带土地分界不清，弊端越来越严重，张洽向上级申请实行推排法[②]来解决这一问题。具体做法是，要求民众自己填写好土地边界、自家产业等情况投放在柜子里，然后再按这些数据逐一核实，如有不符则追究惩罚，使贪官奸民没有地方躲藏。过了十多年，民间老百姓打官司还经常援引它作为证据。

后改任袁州司理参军。当地有一名重罪囚犯，每次官府审讯时他就认罪伏法，但很快就会变卦，并且能够扰动官吏的判断，造成案件多年不能判决，因为此案而逮捕关押的人很多。张洽到任后，迅速将此案审理清楚，上报提点刑狱司，将罪犯斩首。

有兄弟二人为争夺财产来打官司，张洽言辞语气恳切地对他们

① 社仓法：南宋孝宗乾道七年（1171年），朱熹在乡里建立社仓，为百姓提供粟米借贷，来赈济救灾。后来在各地推广实施。

② 推排法：宋朝时三年一度核实厘正赋役的制度。

说："对于官府来说，诉讼往往是基层小吏舞文弄墨的地方，冒着触犯法律的风险来谋求赢得官司，哪里比得上各守本分以保全兄弟手足之情呢？"兄弟俩听后顿时醒悟。

郡守发现官府仓库空虚，下令严加核查，牵连管理仓库的人员二十多家，上级让张洽着手调查。查明是主管的都吏偷偷运出卖掉的。都吏是这个州的大蛀虫，在这个仓库没得到好处，因此用这种办法害人。张洽考虑到郡守严查的决心，决定先暂时关押都吏，暗中命令统计仓库的收入上报郡守说："您关押涉案的二十多家，都是小吏。比较几年来仓库的收入，现在比以前还多，由此来看，那些小吏是被冤枉了。你肯定不忍心看到他们被冤枉，进而关押无罪的家人。如果怪罪小吏，只是一点小过错可以免于处罚。"郡守醒悟过来，惩罚罢免了都吏，释放了那些小吏的家人。

张洽出任永新知县。一天，有人禀告说，听到监狱里有拷打犯人的声音。原来是狱吏接受贿赂，借机拷打囚犯让他被迫服罪。张洽大怒，马上将狱吏关押起来，第二天上报给郡守，严加惩罚。湖南酃县（今湖南炎陵县）贼寇作乱，因与永新县接壤，百姓都非常惊慌。张洽打算只身前往巡察，下属及乡人都劝阻他，张洽不听。到了那里发现并没有贼寇来过，就约见当地官吏，询问受害情况并安抚他们。张洽此行不但了解了边境情况，还结交了当地的重要人物，可以说是未雨绸缪。不久，南安的贼寇准备侵犯永新，知道当地已做好防备，就离开了。

张洽以江东提举常平的官职兼任池州通判。有一个叫张德修的人，因为误踢别人导致死亡，狱吏冤枉他故意杀人，张洽询问后有所怀疑，要求再次审问，太守不同意。正好主管刑狱的袁甫来这里巡察，正赶上大旱，大家祈祷下雨没有效果，张洽对袁甫说："汉晋以来，滥用刑罚造成旱灾，申冤昭雪天就下雨，有史书上的记载可以作证。现在大旱，怎么知道不是因为张德修一事引起的呢？"袁甫为此重新审阅供状，最终判定张德修按照法律受到惩处。郡里又减免征税额度，放宽交纳租税的期限。三天后果然下起大雨，老百姓都很高兴。

当时袁甫为江东提点刑狱官，因白鹿书院管理不善，请张洽来担任山长[①]。张洽说："白鹿书院是先师传道的地方，这个山长将来是容易辞掉的。"因此答应赴任。到书院后，他选拔热爱学习的学生每天给他们讲说经典，淘汰那些不称职的学生，并把被土豪霸占的供养读书人的田地都收回来。书院发展兴旺后，张洽称病离去。

张洽从少年时就致力于对恭敬德行的修习，命名自己的书斋为"主一斋"。平时跟普通人没有区别，但是到了按照道义应该有所作为的时候，他的勇气不可阻挡。平时不喜欢空谈国家大事，遇到国家发生灾难变故就会郁闷不乐，听说正人君子被提拔重用、士大夫敢于直言进谏就会喜形于色。跟他交往的都是当时的名士，比如吕祖俭、黄榦、赵崇宪、真德秀、魏了翁等，他们都非常敬慕他。张洽去世后，皇上下诏授予他直宝章阁的职位。他的著作很多，有《春秋集注》《春秋集传》《左氏蒙求》《续通鉴长编事略》《历代郡县地理沿革表》以及个人文集等流传后世。

① 山长：古代书院的院长称为山长。

杨简

杨简[1]，字敬仲，浙江慈溪人。宋孝宗乾道五年（1169年）被推举参加进士考试，任富阳县主簿。恰好陆九渊路过富阳，杨简跟他谈论学问非常投合，于是拜陆九渊为师。富阳百姓大多从事经商而不喜欢读书，杨简兴办学校鼓励求学，当地文风得到振兴。

杨简任绍兴府的刑狱官时，到监狱里仔细倾听犯人的陈述，来判决案件。当时越州是南宋的陪都，官府众多，杨简始终保持中立，只倾向有理的一方。有个府吏无意中得罪了统帅，统帅下令审讯他，杨简审讯后汇报说府吏没有过错，统帅又下令审查他平时的表现，杨简说："如果小吏有罪当然不能赦免，但是现在他确实无罪，一定要挑他过去的错误处罚他，我不敢从命。"统帅大怒，杨简据理力争，请求向上级汇报这件事。常平使朱熹、丞相史浩都推荐他，因此被差遣为浙西安抚司的官员。杨简向长官建议应该趁荒年练兵以防备不测，长官就命令杨简统领兵卒训练。杨简对士兵施以恩信，用诸葛亮的兵法训练他们，军政事务整饬完备，大家都十分高兴和睦。

任乐平（今属江西）知县时，他兴办学校，教导学生，学生听他训导教化甚至感动得流泪。当地有杨、石两个少年联手作恶，为害乡里，杨简把他们投入监狱，讲明利害，两人最后幡然醒悟，愿意改过赎罪。从此乐平县的人都以诉讼告状为耻，不再有偷盗现象，路不拾遗。宋光宗绍熙五年（1194年），杨简被召为国子博士。杨、石二人率领

① 杨简（1141年—1226年）：南宋著名理学家，在郡县各级地方官任上也有丰富的任职经历，尤其在任温州知州时，以廉洁俭朴自持，并首创废除妓籍，为百姓所爱戴。他对于治国之策与地方政务有深入思考，并提出了具体思路，在当时很有针对性，也能够给后人以启发。

县里百姓送他直到县境以外，尊称他为“杨父”。恰好朝廷贬斥丞相赵汝愚，祭酒李祥反对并申辩，杨简上书说：“此前形势危急，军民将溃乱，社稷将倾覆，这是陛下亲眼所见。赵汝愚冒死使国家转危为安，人心安定，他的忠心，陛下是知道的，不需要再深入辨明。我是祭酒的同僚部属，每天都用道义训导学生，如果见利忘义，胆小怕事，我认为这很可耻。”不久，杨简也被贬斥，主管崇道观。后来再被任用，转为朝奉郎。宁宗嘉泰四年（1204年），赏给他绯衣银鱼，任朝散郎，暂且派到全州任职，因上书言事被免职，主管仙都观。

嘉定元年（1208年），宁宗改弦更张，杨简被任命为秘书郎，升为秘书省著作佐郎兼权兵部郎官。百官轮流向皇上进奏的时候，杨简极力阐述治国的关键、消除灾祸的方法，恳切真诚，被全国上下传诵，老百姓都为之流泪。因发生旱灾、蝗灾，皇上下诏请百官直言进谏，杨简上奏认为旱灾、蝗灾的本源在于人心。后来兼任考功郎官、礼部郎官，被任命为著作郎、将作少监。他入朝奏对，同皇上一问一答，漏壶过了八刻才离开，皇上目送他离去，伫立良久。

杨简兼任国史院编修官兼实录院检讨官①，因在当面奏对时的建议没有实行，请求到地方任职，被任命为温州知州。到温州后，他发布文告，首先下令除去妓女的名籍，尊敬贤能的人才。当时有五百名私盐贩子成群结队路过辖境，分司长官下发文书让永嘉县尉和水寨兵逮捕他们。负责巡捕盗贼的县尉没有向郡守汇报，杨简惊讶地说：“这件事能轻漫拖拉吗？万一招致变乱，就会给朝廷带来忧患。兵权在郡将手中，县尉违犯节制就是不严格执行天子的命令，应该斩首！”他在庭下树立令旗，令刽子手站在两旁，州里的属官穿戴整齐站在西边。杨简一一列举县尉的罪状，下令斩首，属官们纷纷替县尉表达悔罪的意愿，最后才

① 检讨官：史官名。非侍从官而兼国史院、实录院或编类圣政所修史职事者。国史院检讨官罕置，南宋绍兴十三年（1143年）、十四年只除授过三人，后不复置。实录院检讨官常置，位次于修撰、编修。或有侍从官当兼实录院修撰，但因修撰员额已满，权以检讨官系衔者，属权宜之设。

释放了县尉。杨简又上奏请求罢去分司，他约束部下的纪律一向如此严明。寓居地方的官僚收买百姓土地，拖欠费用不给，杨简得知后责令马上偿还。有权势的大户人家的宅第阻碍官府的河道，杨简当天就派人把宅第拆除，城中百姓十分高兴，把官河称作“杨公河”。

杨简在温州任职时廉洁、勤俭，自我约束非常严格，日常生活用品都很简单。他常说：“我怎敢用老百姓的膏血来养肥自己？”受到他的教化，城里百姓都非常和睦从不争斗，百姓爱戴他如同父母一样，家家户户画他的像供奉他。后来升为驾部员外郎，当地父老相互搀扶哭着送他离开。他入朝回答皇上的问询，说：“如果把喜欢奉承、厌恶异己的私情全部摒弃，好的政令都顺利施行，坏的政令都废除不用，老百姓自然不会有怨恨，天下也就不会发生祸乱。”又改任工部员外郎，百官轮流进奏的时候，他又建议皇上应选择贤良人才，让他们长久担任官职。

当时金朝遭遇饥荒，来归顺宋朝的人每天数以千万计，边境守军在淮河边射杀这些灾民。杨简悲伤地说：“得土地易，得人心难。国境内外，都是皇上的臣民，中原地区沦陷的百姓，本来希望逃出受涂炭的惨境，投奔慈爱父母的怀抱，我们却因吝惜粮食而阻止、杀害他们，他们祈求逃脱死亡却轻易死去，这样做难道符合上天安抚四方的仁心吗？”他当天就哀痛地上奏，朝廷没有答复。正巧他生病，于是极力请求辞职，以直宝谟阁的身份主管玉局观。

杨简著有《甲稿》《乙稿》《冠记》《昏记》《丧礼家记》《家祭记》等书。他论述治国之策，最重要的有五条：一是谨慎地选择左右大臣、近臣、小臣；二是选择贤能的人让他们长期在朝内外任职；三是罢去科举而实行乡举里选的方法来选拔人才；四是罢去法术、道士和女色；五是整顿军队，用诸葛亮的兵法训练士兵，以备不测。其次有八条：一是招募士兵屯田，以节省养兵的费用；二是限制百姓私田，以便逐渐恢复井田制度；三是除去妓女名籍，以使她们从良；四是逐渐罢去各种杂税，实行榷酤[1]，禁止人们聚众饮酒；五是选拔贤人讲授学问，

① 榷酤：官方专利卖酒的政策。

学成后让他们分别负责各州的学校，再让他们分别选出县里、乡里的贤人集中教授，学成后再让他们分别负责自己县、乡的学校；六是选取《周礼》和其他经书，讨论领会其中的思想大旨，具体可行的马上实行；七是禁止淫靡的舞乐；八是提倡著书立说，以摒除邪说歪道。这些都是杨简治理国家、经纶天下的志向，可惜未能一一实行。后来在咸淳[①]年间，制置使刘黻在他过去的住处建成慈湖书院，以弘扬他的道德思想。

① 咸淳：宋度宗赵禥（qí）的年号，1265年—1274年。

真德秀

真德秀[①]，福建建州浦城人。他四岁开始读书，过目成诵。十五岁时父亲去世，母亲吴氏独力抚养他长大。同郡的杨圭认为真德秀才能卓异，就让他跟自己的儿子一起学习，并将女儿许配给他。

宁宗庆元五年（1199年），真德秀考中进士，被授予南剑州（今福建南平一带）判官。不久又考中博学宏词科，进入福建东路安抚使的幕府，并被朝廷召为太学的官员。嘉定二年（1209年），升为校书郎。嘉定三年（1210年），升秘书郎。他向皇帝建议要敞开大道、堵塞旁门邪道，来抑制那些小人渐渐萌生的邪念；选拔良将，激励兵士，来遏制盗贼刚刚兴起的形势。嘉定四年（1211年），真德秀升为著作佐郎，遭到同僚的攻击和诽谤，他泰然处之，毫不计较。他在兼任礼部郎官时曾上疏说："金朝有必定灭亡的趋势，这虽是好事，但也可能变为大宋的隐忧。因为金国灭亡后，朝廷上下就会丧失斗志，享乐嬉戏。因此真正的忧患不在敌方而在我方，国家多事的萌芽恐怕要从此开始。"

嘉定五年（1212年），真德秀转任军器少监。嘉定六年（1213年），升任中书舍人。他上奏说："韩侂胄等奸臣专权十四年，朱熹、彭龟年等忠良之士都被贬官驱逐，吕祖俭、周端朝等因发表不同意见而被斥责，即使如此，那时仍有大臣不畏权势，据理力争。然而，自从吕祖泰被贬官后，不但大臣们不敢再多言，台谏之官甚至出力排挤，所以说嘉泰[②]年间出现的问题较之庆元[③]年间更加严重。更化之初，群臣都能

① 真德秀（1178年—1235年）：字景元，后来改字希元，南宋后期著名理学家，学者称为西山先生。学问以朱熹为宗师，对理学的传承贡献颇大。为官正直，对于时政多所建言，政绩卓著。

② 嘉泰：宋宁宗赵扩的第二个年号，1201年—1204年。

③ 庆元：宋宁宗赵扩的第一个年号，1195年—1200年。

奋发努力，不久傅伯成以谏官身份发议论而被罢官，蔡幼学以词臣身份发议论而被罢官，邹应龙、许奕接着又封驳奏事而被罢官，这几个人的议论都是特别过分，不能为朝廷所容忍，所以群臣开始明哲保身、缄口不言。如果国家遇到大的安危利害，群臣也如此漠然，那就太危险了。现在我对陛下的建议不过是多闻善问、广开言路、明确赏罚三点而已！”

真德秀兼任太常少卿时，又上书说金国必定灭亡，君臣上下应当祈敬上天永保大宋。

当时史弥远想用高官厚禄拉拢天下士人，真德秀感慨地对刘爚说：“我们应该马上离职，让朝廷知道世间也有不肯为官禄钻营之人。”于是坚决请求离开朝廷，出任秘阁修撰、江南东路[①]转运副使。

江东发生旱灾和蝗灾，尤以广德、太平两地（今属安徽）最为严重。真德秀到任后，与当地官员分别负责所管辖九郡的救荒工作，自己专门负责广德、太平两郡的救灾。他到广德后，与太守魏岘商议，决定开仓济民，并让官学教授林庠具体组织赈灾救济，安排妥当之后才离开。临行时，当地百姓数千人一直将他送到郊外，有人指着道旁林立的坟冢哭泣说：“这里埋葬的都是以前饿死的人，如果没有您，我们已经跟随他们入九泉之下了。”真德秀还毁掉了太平州私自设立的盘剥老百姓的大量器。

新任徽州太守林琰贪赃枉法，宁国太守张忠恕私藏赈灾粮食，都被真德秀弹劾，由李道传替代林琰暂时管理徽州。起初，都司胡榘、薛拯经常讥讽真德秀迂腐，认为真让他处理政事一定会碰壁，等到真德秀政绩、声誉日渐卓著，胡、薛却宣扬旱情本来不严重，一切都是因为监司官员邀功好名，致使赈济过度。他们唆使太守魏岘弹劾林庠，借以攻击真德秀。真德秀上奏章说明事实真相，得到朝廷理解，魏岘受到处罚，林庠被授予掌管货物运输的干官，李道传不久也奉诏回朝廷工作。

真德秀以右文殿修撰知泉州，当时许多外国船只因害怕征收苛刻的

① 江南东路：南宋十六个路之一，辖宁国、建康两府，徽、池、信、饶、太平等五州，南康、广德两军。

关税，不愿到泉州从事贸易活动，每年到港船只仅有三四艘而已。真德秀到任后，放宽关税政策，使外来船只一下子增至三十六艘。交纳租米让百姓自己称重，处理诉讼只揭示涉案人姓名，因而迅速赢得人心。泉州有许多豪强之家仗势欺人，成为当地的祸害，真德秀毫不客气地绳之以法。此前有人争夺田产，听说真德秀的做法后把地契焚烧不敢再有纷争。海盗在泉州沿海作乱，将要逼近泉州城，官军打了败仗。真德秀临危不惧，一方面祭悼阵亡将士，一方面拟定作战方略，终于将海盗擒获。他还赴沿海各地巡察、审视地形，增强要塞地段的戒备，以防不测。

嘉定十二年（1219年），真德秀以集英殿修撰知隆兴府（今江西南昌）。在营造宽松的氛围之外，又稍微树立法纪的威严，并特别留意军事事务，人们因此而更加佩服真德秀有先见之明。

嘉定十五年（1222年），以宝谟阁待制、湖南安抚使知潭州。他以“廉、仁、公、勤”四字约束和激励属下，以周敦颐、胡安国、朱熹、张栻的学识与风范来勉励他们。他还替百姓罢除榷酤，免除斛面米[①]，申请免除和籴[②]。老百姓生活艰难，真德秀极力赈济他们，并设立了储存五万石粟米的惠民仓，每年青黄不接时平价卖出。他还筹集谷米九万五千石，分十二县设置社仓，遍及各个村落。设立慈幼仓和义田，实施各种惠及百姓的措施。每月组织军队训练射箭，捐助买卖所得之利及官田所收租税。对军营中生病的、死了未葬的、怀孕的、嫁娶的，也都适当给以优抚和帮助。

宋理宗即位后，真德秀被召为中书舍人，不久，擢升礼部侍郎、直学士院。他上疏说：“朝廷之上，见识敏锐者多于老成之士，傅伯成、杨简因老成持重而受褒奖，柴中行因潜心儒学受到奖掖，赵蕃、刘宰因淡泊名利受到重用，但是像陈宓、徐侨这些忠诚敢言之士却并未被

① 斛面米：古代征收粮食时，通过在斛上做手脚而盘剥的百姓的粮食，称为斛面米。

② 和籴(dí)：原指官府出资向百姓公平购买粮食。后逐渐成为官府以议价交易为名向民间强制购买粮食。

重用。”皇帝询问哪些人可以称得上是廉洁的官吏，真德秀以知袁州赵篋夫应答，皇帝于是提升赵篋夫为直秘阁，任监司。真德秀向皇帝上书表示谢意，并推荐说崔与之治理川蜀、杨长儒统辖福建，都有廉洁的名声，希望皇帝对他们加以重用。

真德秀多次进献耿直之言，皇帝都虚心采纳，权臣史弥远却更加惧怕和嫉妒，总想找机会攻击他，由于害怕舆论谴责，一直不敢轻举妄动。后来给事中王塈、盛章受他指使攻击真德秀对济王事件的建议，接着殿中侍御史莫泽也加以弹劾，真德秀于是以焕章阁待制提举玉隆宫，谏议大夫朱端常再一次弹劾他，致使他被罢免了职务。后来，监察御史梁成大又弹劾真德秀，准备将他置于死地。幸亏皇帝说不要太过分，才制止了这种行为。

宋理宗绍定五年（1232年），真德秀知泉州。他到任的时候，欢迎的人群堵塞了道路，就连偏僻乡村的百岁老人也拄着拐杖赶来，泉州城内欢声雷动。在这之前，泉州下属各城曾预借税收，真德秀到任后，禁止向百姓预借。有些百姓几个月交不起一文钱，州郡的财政状况非常窘迫，有些官吏认为不能对百姓太宽恤，真德秀则认为百姓生活太困苦，宁愿自己去分担他们的困苦。

史弥远死后，宋理宗开始亲理朝政。真德秀以显谟阁待制知福州。他在任期间，训诫下属不得滥用刑法，不得横征暴敛，不得徇私舞弊，不得欺行霸市。他说：“物品相同则价格相同，怎么能有公私之分呢？”当时，闽县的里正因为征收赋税过于严苛被革职，各县因为贵籴而困苦不堪，真德秀于是公平地以常平仓的粮食赈济百姓。福州沿海海盗横行，真德秀一一将他们擒获平定。

真德秀被召入朝任户部尚书，皇帝亲自出来迎接，对他说：“你离开朝廷十年，朕时常牵挂于你。”真德秀向皇帝进呈自己所著的《大学衍义》，并且陈述祈天永命之说，他认为：“恭敬乃是道德的一种凝聚。仪狄①酿造的美酒，南威②这样的女色，郊游射猎的娱乐，禽兽狗马

① 仪狄：传说中夏禹时代掌管酿酒的官员。

② 南威：春秋时晋国的美女。与西施并称为“威施”。

等珍玩，有一样沾染上了，都足以妨害虔敬与仁德。”皇帝欣然接受，真德秀因此改任翰林学士、知制诰。他对时政又有很多议论与建议。过了一年，真德秀主持科举考试，因其多病，皇帝拜他为参知政事，同编修敕令与《经武要略》。真德秀多次乞请辞官，皇帝不得已，进封资政殿学士，提举万寿观兼侍读，真德秀仍然推辞不接受。此时，他的病情越来越严重，但穿戴起坐都表现得精神奕奕、有条不紊，一直到去世都是如此。端平二年五月，病逝。皇帝听到真德秀辞世的消息后，悲痛不已，并停止朝政，以表示哀悼，赠真德秀为银青光禄大夫。

真德秀在朝廷做官不满十年，所上奏疏却不下数十万言，言论大多能切中时弊，因此他正直的名声震动朝廷，四方人士争相传诵他的文章，并希望目睹其风采。真德秀每到一处做官，都能够对百姓实行惠政，实现自己的主张和诺言，因而更加得到朝野的称道。当时都城民众经常听传闻说真德秀到了就奔涌出门，将道路围得水泄不通，不顾一切地来围观真德秀。权臣史弥远特别忌恨真德秀，但是他越是排挤真德秀，真德秀的名声反而越大。史弥远死后，真德秀回朝任职，正赶上史弥远的爪牙郑清之轻率挑起战事，致使士兵百姓死伤无数，国家也因此大伤元气。杜范极力批评郑清之误国，认为他比史弥远更为贪婪狡诈。真德秀却有不同看法，他认为：“追根溯源，还是史弥远擅权造成的恶果，这跟扁鹊在庸医之后治病，一旦失误，就会替代庸医受责是一样的道理。”自从韩侂胄污蔑道学为伪学，并且大肆排挤打击道学家之后，凡是近世大儒的著作都遭到禁绝。真德秀在程朱等儒学大师之后，独力以弘扬儒道作为自己的责任，研究讲习儒道并付诸实行。党禁解除后，道学之所以能够昌明于天下和后世，很大程度上归功于真德秀的努力。

真德秀著有《西山甲乙稿》《对越甲乙集》《经筵讲义》《端平庙议》《翰林词草四六》《献忠集》《江东救荒录》等。去世后，皇帝念及他的功德，赐谥号为“文忠”。

尤袤

尤袤[①]，字延之，常州无锡（今属江苏）人。从小就特别聪慧，进入太学后，因词赋出众而在众多学子中名列前茅，随即在礼部考试高中第一。宋高宗绍兴十八年（1148年）进士及第。任泰兴县令的时候，尤袤到民间询问民生疾苦，老百姓都说："为金朝使臣经过而在邵伯镇设立了准备食宿的场所，但使臣总是很少使用，这样白白给百姓造成损害。另外，转运使司运送稻禾秸秆，一捆的运费甚至到了十金的程度。这两件弊政持续很长时间了也没有除掉。"尤袤就上奏朝廷极力请求废除这些弊政。泰兴县城原来有一道外城，屡被敌寇毁坏，残破得很厉害，尤袤组织百姓修好了它。不久金人背叛盟约，攻下扬州等城池，泰兴因为有坚固的外城才得以保全。后来尤袤因公事回到泰兴，当地的官吏百姓都围着他下拜说："您真是我们的父母官啊！"并为他建立祠堂纪念他。

当时朝廷打算任命尤袤为江阴学官，但尤袤考虑到要继续读书而甘愿再等待七年。侍从官因为他的安静谦逊而继续推荐他，授予他将作监簿一职。正好大宗正有一个司丞的空缺，许多人争相谋求，陈俊卿说："应该授予那些不着意求取的人。"于是授予尤袤这一职位。丞相虞允文因为修史的事情来到三馆[②]，询问谁可以做秘书丞，都推荐尤袤，于是很快就授官给他。张栻说："这是真正合格的秘书丞。"后来尤袤兼国史院编修官、实录院检讨官，升任著作郎兼太子侍读。

① 尤袤（1127年—1202年），南宋著名文人。辗转出任各地地方官，为民请命革除弊政，率领军民整修城廓，减免税收造福百姓，赈灾救荒维护安定，政绩卓著，声名远播。

② 宋代以昭文馆、集贤院、史馆为三馆，掌管典籍的收藏、校勘、编辑以及史书的修撰等。

此前，安庆军节度使张说以阁门官[1]而进入枢密院，群臣议论纷纷，因为上奏疏反对而离职的有数十人，尤袤率领三馆官员上书进谏，并且不去参见枢密使。后来由于张说秘密上奏，梁克家被罢免宰相之职，尤袤与秘书少监陈骙各自出朝担任地方官。尤袤到台州就任，台州下辖五个县，过去规定有人丁无田产的要缴纳两年的人丁税，一共涉及一万三千多家，尤袤全部予以减免。前任太守赵汝愚组织整修城墙，离任时工程才完成了十分之三，嘱托尤袤要继续修完。尤袤检查此前修筑的部分，发现工程质量特别粗疏，于是立即下令重新修筑，将城墙加高加厚，因为组织得力，几个月的时间就完工了。第二年当地发大水，虽然激流汹涌，但台州城因为重修的城墙坚固而没有被淹没。

当时有人上书毁谤尤袤，皇上对他也有所怀疑，就派人到台州秘密察访，发现老百姓对他的德政赞不绝口，密使抄录了他的四首《东湖》诗回来向皇上报告。皇上读后大加赞赏，因为他文章方面的才能而加以重用。尤袤先后出任淮东、江东提举常平。江东大旱，尤袤独自乘车巡视各地，核实江东路常平仓的储备粮数量，调剂互通各仓的有无，用来借贷赈灾。

朱熹知南康军的时候，推行救荒政策，规定下五等户田租在五斗以下的全部免除，尤袤将这一做法推广到江东路各郡，使受灾的百姓得以活命。

尤袤与郑侨两人因为进谏而被迫离朝，在外任地方官已久，政绩突出，得到梁克家的推荐而应召回朝。尤袤在面见皇上回答征询的时候说："目前预防水旱灾害的方法只有常平、义仓[2]，希望能预先告诫各地官府随市场价格来升降粮食价格，禁止定额摊派，老百姓自然乐于缴

---

① 宋代的引进使、四方馆使、知阁门事、东上阁门使、西上阁门使、同知阁门使、阁门通事舍人（宣赞舍人）、门候祗候、阁门舍人等统称为阁职，是武臣清要之选。

② 义仓：从隋开皇五年（585年）创立，以后历朝都有设置，是由国家组织、以赈灾自助为目的的民间储备粮食的做法。

纳，也一定会更容易成事。”在群臣轮流回答皇帝的询问时，尤袤又非常恳切地深入论述了百姓贫困、士兵怨愤等问题。

当年夏天大旱，皇上下诏要求大臣们指出执政的阙失，尤袤上奏章说：“天地之气如果通畅则天下和谐，如果阻塞则万物乖离；人心舒畅则心情愉悦，心里抑郁则会愤懑不平。赋税催缴过度农民就会埋怨，关税征收苛刻商贾就会不满；选拔任命官吏的工作停滞，士大夫就会埋怨吏部的失职；盘剥军队的军费给养，士兵就会埋怨衣食的缺乏；案件的审理意见不及时上报，监狱中的囚犯就会埋怨；蒙受冤屈不被伸张，无端获罪的就会怨恨；行为强横枉杀人命却被免于死罪，被害者就会怨怒；官府买东西不按价付钱，商贩也会埋怨。人心抑郁不平，进而损害天地和谐的，难道只是一两件事而已吗？现在赈灾救荒的措施，首要的是劝导人们有无相通、互相帮助，百姓缴纳很多，朝廷却吝啬于赏赐，这样做是不对的。请皇上下诏让有关部门认真检查实行。”

宋高宗逝世时，尤袤任太常少卿。自从南渡以来，有关哀悯、吊唁的礼仪散失不全，皇上逝世后，仓促之间，朝廷上下不知所措，群臣多次讨论之后，全部交给尤袤处理。他斟酌再三，补充完善，最终确定下来，使礼仪既便于实行又不违背传统。

宋孝宗曾经与大臣谈及当朝人才，尤袤上奏说：“近来圣上选任赵汝愚执政，朝廷内外都非常欣喜，另外像王兰这样的人才也希望圣上能加以任用。”皇上说：“确实如此。”有一次尤袤跟皇上讨论了很长时间政事，皇上说：“像你这样的才学见识，近代以来是少有的。”第二天对宰相们说：“尤袤非常出色，此前为什么没有一人提及他呢？”于是任命尤袤兼权中书舍人，又下诏兼直学士院，尤袤坚决推辞，并且推荐陆游替代自己，皇上不允许。当时孝宗皇帝已经决定禅让帝位，但还没有让大臣们讨论，他对尤袤说：“此事需要撰写很多文书，除了你别人难以胜任，所以让你担当这一重要职务。”尤袤才接受了任命。此后孝宗禅位的文书都是尤袤撰写的，群臣都非常钦佩其文章的典雅中正。

宋光宗绍熙元年（1190年），尤袤知婺州，又改知太平州，授焕章阁待制，召任给事中。尤袤就职后，向皇上直言进谏说：“我老了，没法报答皇上的恩典，只能恪尽职守。凡是贵戚近臣拼命钻营要求授官妨碍法令的，即使皇上特别下旨发布授官文书，我也一定不会听从诏命，最多不过是离职罢了。”没过几天，有四个太监希望得到恩赏赐官，尤袤三次退还奏章，最终阻止了这一任命。

尤袤兼任侍讲，入宫应对，向皇上进言说：“希望皇上谨慎对待上天的告诫，对下要敬畏人情，在内心要端正持一，对外要做到清心寡欲，保养天和，虚心任用贤人，斟酌处理事务。您的圣明并不在于劳顿精神、竭尽思虑、忙忙碌碌地处理琐事，这是最末等的。”

韩侂胄以和州防御使的职务而从武官序列迁升，尤袤退回上奏，说：“按规定，正使可以回授但不可以直转。韩侂胄是功勋世臣的后代，不应该带头破坏国法，打开攀援依附的门路。”奏章递到宫内，皇上下手诏命他发文书，尤袤又上奏说：“韩侂胄四年之间已经升了二十七年该升的官职，现在又想提前授给他四阶官职，等于又升了二十年官，这是朝廷专门满足韩侂胄的贪求，不是考察激励官员的做法啊！”任命最终被阻止。

尤袤年轻时追随喻樗、汪应辰游学，喻樗是北宋大儒程颐的高徒杨时的学生。孝宗乾道、淳熙年间，程氏之学逐渐被推崇，那些妒忌的人称之为道学，诋毁攻击。当时尤袤在朝廷，首先进言说：“道学是尧、舜用来称帝，禹、汤、武用来称王，周公、孔、孟用来教化百姓的学问。近来奸邪小人用这一名称来诋毁士大夫君子，因此不苟且取财的廉洁之士、安贫乐道的恬淡之士、勇于实践的践履之士、崇尚廉耻的名节之士，都被称之为道学。名目一旦树立，贤人君子想在世上有所表现，一举一动都会被苛求而无法避免，这难道是承平盛世应该有的情形吗？希望朝廷考察人才能名实相符、言行一致，这样人才才不会毁于似是而非。”孝宗说：“道学难道不是美誉之名吗？朕正担心小人伪托为奸邪之事，使真伪混乱，将下诏令告诫天下。”尤袤去世以后数年，韩侂胄专权，禁毁道学，贤人君子都遭受祸患，有见识的士人都认为当年尤袤进言很有先见之明。

黄震

黄震（1213年—1280年），字东发，庆元府慈溪县（今属浙江）人。宋理宗宝祐四年（1256年）考中进士，调任吴县县尉。吴县有许多权势豪强之家，勾结官府告私债，使百姓饥饿困苦，甚至死于卒吏之手。黄震到任后，不再受理豪强之家告状。府里发布文书让他暂时代理知县事务。后来暂时任职长洲、华亭，也都有卓著的名声。

黄震入朝任点校赡军激赏酒库[①]所检查官。升为史馆检阅，参与修编宁宗、理宗两朝国史、实录。他在群臣轮流应答皇帝咨询时，指出当时主要的弊端有四点：百姓穷困、军队孱弱、财政匮乏以及士大夫没有廉耻之心。请求罢除发给僧人道士的度牒，僧道去世后就销除名籍，没收寺庙道观的田产收入，来富国强军，宽纾民力。当时，皇帝在宫内兴建道场，黄震这些话是有所指而发，皇上大怒，下诏降职三级，并要黄震马上离朝出京，由于谏官劝阻，才没有执行。

后来，黄震出任广德军（今安徽广德）通判。当初宋孝宗将朱熹首创的社仓法颁布天下执行，而广德军却由官府设立社仓。老百姓被缴纳利息所困，甚至以利息为本金，官府又强征利息，老百姓穷困潦倒以至于有人自杀。许多人认为是朱熹初创的制度，不敢批评非议。但黄震说："这样是不对的。法令制度即使是出于尧、舜、禹三代圣人，还可以变通，哪有先儒制定了法令，就不能改变其中的弊端呢？何况朱熹的制度，社仓是由百姓来组织的，官府不得参与。官府虽然不参与，终究也会有缴纳利息的问题。"黄震特地买了六百亩农田租种出去，用租金来代替社仓利息，约定不是灾荒之年不借贷，而借贷者也不得获取利息。

① 激赏酒库：宋代官署名。掌管边防将士军需物资，后兼管供应朝廷和官吏所需用的物资。

广德军有一处祠山庙，每年有数十万江淮百姓前来祭祀祈祷，祭祀的牺牲都用牛。一些恶少经常携带兵器舞牲迎神，相互争斗违法犯禁。当地有一种奇怪的风俗，就是用桎梏把自己铐起来并用树条抽打自己来求福免灾。有一次黄震见到一个士兵也这么做，就大声斥责让他马上交代罪行，那个士兵说自己无罪，黄震说：“你肯定有很多罪过，不敢跟人说，所以特地来告诉神灵祈求免罪。”于是让人杖责士兵并告示众人。还有一种风俗是在庭院中挖深、宽各五尺的坑，将祭祀的牛和数百件器皿放在里面，用牛皮盖好，封埋一晚上，第二天揭开一看，里面的东西都不见了。黄震认为这是蛊惑百姓的妖术，另外杀牛祭祀也违反法令，于是向上级官府汇报，禁绝了这种鄙陋的习俗。郡太守贾蕃世的侄子行为骄纵不守法令，黄震多次与贾蕃世据理力争，贾蕃世忍受不了黄震，就上奏章诬告他干扰地方政事，黄震因此被解除了官职。

不久，黄震任绍兴府通判，抓捕海盗正法，整顿地方治安。这时抚州发生饥荒，黄震被任命为知州，独自一人乘车前去赴任。到达抚州以前，派人预先确定具体时间，邀请富裕人家和乡里长者在城中聚会，共同商议救荒事宜。大家到齐后，黄震写了八个大字：“闭粜者杀，强籴者斩。”[①]要求大家遵照执行，并让人张贴在集市中。黄震没有到州府衙门办公，而是直接在驿舍（官府招待所）签署文书，处理事务，实施了平抑米价的一系列措施，使粮食价格逐渐降下来。他还煮粥给饥民吃，使百姓人心安定；并奏请朝廷给积极救灾者封爵赏赐，然后才进入州衙办公。这时，转运司下发公文要从抚州收购七万石粮食，黄震说：“老百姓已经痛苦不堪了，难道忍心再增加他们的困苦吗？”只好拿官府土地的租税收入来完成转运司交给的任务。黄震还组织补刻印刷《六经》《仪礼》等儒家经书，修复了朱熹的祠堂，为北宋名臣晏殊旧居树立了“旧学坊”的门匾，组织制作祭祀社稷的器物，恢复对风神、雷神的祭祀，劝导农民种植小麦，毁弃了民间制作的一千三百多艘竞渡用船，用造船材料建造了五百间军营。这些施政措施都得到当地百姓的认

① 意思是说捂粮惜售和强买的奸商都要杀头。

可与称赞。

皇帝下诏晋升黄震的官职品级，升为提举常平仓司长官。过去有些百姓因为结伙抗拒逮捕被判入狱二十八年，现在有十分之三四还在狱中服刑，因为这件事情跟尚书省有关，执法官吏不敢轻易判决，将结伙认同为作乱。黄震认为，结伙跟其他州郡的结甲一样，不能跟作乱混为一谈。何况已经过数次赦免，于是就将还在狱中的百姓全部释放，了结了这一案件。新城、光泽（今属福建）两地边界复杂，犬牙交错，两地百姓隔河居住，经常为捕鱼发生争斗。知县蹇雄处理不当，引起百姓的愤怒，联合起来对抗官府，并发生了焚烧劫掠事件。黄震先是弹劾罢免了蹇雄，然后耐心劝导百姓离去，顺利平息了事端。起初，常平司下设慈幼局，主要是为了收容哺养那些被遗弃的婴儿和小孩。但是时间一长，具体措施难以实施，慈幼局名存实亡。黄震认为，与其被动地收养已被遗弃的婴孩，不如预先采取措施保护婴孩不被遗弃。于是改变原有的做法，对那些因贫困而不能哺养孩子的人家，允许乡里官吏提出申请由官府帮助养育，对已经被遗弃的婴孩，容许他人收养，官府再给收养者补助粮食，使很多被遗弃的婴孩得以存活下来。黄震调整改革劳役之法，先让各县核实百姓的产业情况，避免使贫苦百姓被上等人家盘剥压迫。黄震还大兴水利，恢复了许多废弃的塘堰、沟渠以及地方豪强霸占的水利设施，灌溉农田，发展农业生产。

黄震改任提点刑狱之后，审理积压已久的刑狱案件与民事诉讼，清楚明白如同神明一般。有权贵之家为害百姓，黄震予以严惩，遭到权贵之家的怨恨。黄震又坚持让富人拿出粮食分给贫苦百姓，也遭到富人的怨恨。御史中丞陈坚根据那些权贵、富人污蔑诋毁的言论，弹劾罢免了黄震，奉云台祠。贾似道罢相后，朝廷重召黄震为宗正寺簿[①]，还打算让他与俞浙一起出任监察御史，有内戚害怕黄震刚毅正直而从中阻挠，最终没有成行，俞浙也因为直言进谏而被迫离职。

---

① 宗正寺簿：宗正寺是古代官府，管理皇族、宗族、外戚的谱牒、守护皇族陵庙等事务。

黄震后来转任浙东提举常平。他安顿饥民，将盗贼消灭在萌芽之中。当时，福王赵与芮判绍兴府，由黄震兼任王府长史。黄震为此上奏说：“按照朝廷的法度，虽然上下尊卑不同，但朝廷纲纪不可淆乱，虽然藩王在外，监司也可以行使监察的责任，但现在监司成了藩王的下属，又怎么敢监察过失呢？怎么能从我开始破坏这种制度呢？”黄震坚决不接受长史的职务。后来朝廷任命黄震为侍左郎官及宗正少卿，他都没有接受。

黄震曾对人说：“不是圣人传下的书籍不要读，无益世事的诗文不要作。”他做官能够预判事情变化，处理果断，自己生活俭朴，遇到别人有急难之事往往慷慨周济。黄震著有《日抄》一百卷。去世后，门人私谥曰“文洁先生”。

辽

大公鼎、马人望二人，选自《辽史》。

《辽史》，元脱脱等撰，纪传体史书。共116卷，记载上自辽太祖耶律阿保机，下至辽天祚帝耶律延禧的辽朝历史（907年—1125年），以及耶律大石所建立的西辽历史。

辽朝自太祖耶律阿保机创立基业，到辽太宗抚有燕蓟之地，采取任用贤才的策略，官员选拔甚严，分别派遣重臣巡行境内，考察政绩以擢升黜免，因此治民、理财、决狱、平盗，能够各得其人，不乏贤能之吏。《辽史》立《能吏传》，记载了大公鼎、萧文、马人望、耶律铎鲁斡、杨遵勖、王棠等能治理百姓、发展经济、判案决狱、平定盗寇的地方官员的事迹。

人物点评

【大公鼎】幼而庄愿，长而好学。省减徭役，务重农桑。清正爱民，多有惠政。平定盗贼，境内清肃。

【马人望】居官清廉，不畏权势。治政有方，理财有道，判案无冤，任人唯贤。

大公鼎

大公鼎，渤海人，先祖籍贯在辽阳率宾县（今属辽阳）。统和[①]年间，辽圣宗将辽东豪强大户迁徙到中京，于是定居在大定府（今属内蒙古宁城）。曾祖大忠，曾任礼宾使。父亲大信，曾任兴中县（今辽宁朝阳）主簿。

大公鼎年幼的时候就非常正直诚实，成年以后颇为好学。辽道宗耶律洪基咸雍十年（1074年），考中进士，任沈州（今辽宁沈阳）观察判官[②]。当时辽东大雨，北枢密院大举征发临河住户的男丁来修治堤防。各官府接到命令后觉得非常紧急，只有大公鼎说："边境要地刚刚安定下来，又要大兴徭役，这不是利于国家、方便百姓的做法。"于是上奏请求暂缓此事。朝廷听从了他的建议，停止征发劳役，而河水也没有酿成大的灾害。沿河百姓无不欢欣鼓舞。后来改任良乡县令，减省徭役，致力于农业生产，修建孔庙和学校，各地百姓纷纷顺服归化。多次升职做到兴国（今属湖北）军节度副使。

当时有隶属鹰坊的人，以张网捕鸟为名霸占土地，扰乱为害百姓。时间久了，老百姓无法忍受。大公鼎向朝廷汇报后，辽道宗立即下令禁止。大公鼎上朝的时候，大臣们告诉他皇上已经采纳了他的意见，大公鼎继续上奏说："一郡获得安宁，实在是非常幸运，但是别的郡这种事情也很多，希望皇上能将恩惠普施于天下。"皇上准奏。后来大公鼎升任长春州主管钱帛财政的长官。道宗到春水县巡视，当地官员按惯例要从州里借钱，大公鼎说："怎么能将官府经费来挪作私用呢？"断然拒绝。因此听到许多怨恨咒骂的话，大公鼎说："这是我的职守，

① 统和：辽圣宗耶律隆绪的年号，983年—1012年。

② 观察判官：观察使是州的长官，判官是其属官。

不敢放松懈怠。”不久，他出任大理寺卿，秉公处事，平反了很多冤案。

天祚帝即位后，大公鼎任长宁（今辽宁朝阳一带）军节度使、南京（今北京）副留守，后改任东京（今辽宁辽阳）户部使。当时有贼寇贪图财物杀害了留守萧保先，然后乘机作乱。老百姓相互之间也产生猜忌，陷入矛盾争斗之中。大公鼎孤身一人巡行郡中，向大家陈说利害关系，众人都放下兵器跪拜说：“您不会欺骗我们，怎敢不听从您的命令？”局面得以安定下来。大公鼎被任命为中京（今属内蒙古赤峰）留守，乘坐驿站的马车前去上任。当时各地盗贼丛生，有人在路上遇到大公鼎，就在马前磕头请求改过自新。大公鼎交给他一块凭证，让他恢复旧业，其他人听说后接踵前来。不到十天，辖境以内就恢复了清平安宁。天祚帝听说后，加赐他为保节功臣。当时人心不定，大公鼎担心发生变乱，请皇上赐给百姓恩惠加以安抚，皇上于是下旨赦免了囚犯。

大公鼎多次上表请求辞官归田，皇上没有批准。这时贼寇张撒八率领流氓无赖结伙为盗，大公鼎想剿灭他们却已经没有能力实现。他感叹说：“我想辞官已经很久了，被世俗的事务牵绊，不幸到了这一步，难道真是命该如此吗？”因而忧愤成疾。保大[①]元年（1121年），大公鼎去世，终年七十九岁。

① 保大：辽天祚帝耶律延禧年号，1121年—1125年。

马人望

马人望，字俨叔。高祖马胤卿，曾任后晋青州刺史，辽太宗率兵攻城，坚守不降。城池攻破被俘，太宗觉得他很有气节，就释放了他，将他全族迁到医巫闾山（今称闾山，在辽宁境内）。马人望从小非常聪慧，幼年时父亲就去世了，成年后以才学著称。咸雍[①]年间，他进士及第，任松山（今属辽宁）县令。每年运送泽州官炭的时候，朝廷只役使松山百姓，马人望向中京留守萧吐浑请求平均役使各地百姓。萧吐浑大怒，将他交给法官审讯，囚禁近百天后又将他提出审讯，马人望仍然不肯屈服。萧吐浑高兴地说："你能为了百姓这样做，将来必定大有作为。"于是将此事上奏朝廷，朝廷听从了他的建议。

马人望升为涿州新城知县，新城与宋朝接壤，是两国驿道的必经之地。他施政清廉，从不收受别人的钱财食物，深受官吏百姓的敬畏爱戴。近臣有出使宋朝回国的，皇上问到京外官员施政情况，大多都推荐马人望。于是马人望被提升为中京度支司盐铁判官，转任南京三司度支判官，使官府和百姓都非常富足。马人望转任掌管治安、刑狱的警巡使，京城案件堆积如山，他处理判决公平果断，没有造成一件冤案。当时要检查统计各家各户的财产，马人望不到二十天就处理完毕。留守萧保先非常惊奇，马人望说："百姓的家产如果统计得清清楚楚，将来一定会助长重敛财物的风气，大概做到十分之六七就可以了。"萧保先钦佩地说："您深谋远虑，我没有考虑到这一点。"

此前，辽朝的最高军事长官枢密使乙辛独断专权，最终害死了太子。天祚帝即位后，想为父亲报仇，选任马人望和萧报恩追查此事。马人望处理公正，不搞株连，很多人因为他得以不死。马人望改任上京

① 咸雍：辽朝道宗皇帝耶律洪基的年号，1065年—1074年。

（今内蒙古自治区巴林左旗）副留守。恰逢大盗赵钟哥侵犯宫廷，劫掠宫女、皇宫财物，马人望率领军卒追捕，右臂中箭后，用艾条灸伤，勉强支撑全力追赶，盗贼被迫抛弃抢掠的宫女、财物逃走。马人望下令关卡、渡口，严格稽查盘问过往行人，最终将盗贼全部抓获。不久升为枢密都承旨[①]。宰相耶律俨讨厌马人望经常跟自己意见不一致，转任他为南京诸宫提辖制置。后出任保静军（今辽宁朝阳）节度使。当时有两个小官吏凶狠残暴，老百姓畏之如虎。马人望假装和他们交好，暗中派人查访揭露他们的罪恶，施以黥刑来惩罚他们，发配边远的地方。这一年各地都闹饥荒缺粮，只有马人望治理的地方粮米充足，路上听不到报警的鼓声。后来被授予彰义军节度使，迁中京度支使。他刚到任时，府库仓廪中空无一物，任职半年以后，就积累粟米十五万斛、钱二十万贯。

不久，拜为参知政事（副宰相），判南京三司使事。当时各级官府管理钱粟支出和收入大多存在舞弊行为，尤其以燕地最为严重。马人望用缣帛制作簿册，凡是府库物品的支出和收入，都派人另外登记，称为“临库”。奸邪之辈、狡猾之吏再也无法翻云覆雨，就到处传播谣言说马人望年老糊涂、处事混乱。朝廷也被迷惑没有仔细审察，就改任马人望为南院宣徽使，以表示对老臣的优待。过了一年，天祚帝亲自书写“宣马宣徽”四字诏令宣他进京。到京以后，皇帝说：“我原来以为你已经衰老糊涂，那是误听小人之言了！”于是拜他为南院枢密使。人们不敢向马人望走关系求官职，马人望也必定录取大家都认为适当的官员。比如曹勇义、虞仲文曾为奸人排挤，马人望推荐之后，都成为一代名臣。当时驿递、马牛、旗鼓、乡正、厅隶、仓司之类的徭役，已经成为老百姓的沉重负担，往往破产也不能承受。马人望改变做法，让百姓出钱，由官府招募人来服役，大家都认为非常便利。后来，马人望请求离职回到家乡。去世之后，朝廷赐谥号为“文献”。

马人望做人有操守，喜怒不形于色，从来不依附他人求得晋升。

① 枢密都承旨：掌管枢密院内部事务，检查枢密院主事以下官吏的功过及迁补等事。

先前被任命为执政，家人都来庆贺。马人望忧惧地说："得之不值得喜，失之不值得忧。与你相争的人地位太高，排挤起来一定非常残酷。"他处世就是这样谨慎小心。

金

金

范承吉、刘敏行、刘焕等三人，选自《金史》。

《金史》，元脱脱等撰。全书135卷，记载金太祖建立金朝到金末帝亡国（1115年—1234年）共120年的历史。

金朝建立后，统治者比较注意吸取历代王朝的经验教训，"上下皆以吏治为重"，太宗时分建地方守、令，熙宗时设置廉察使巡行各地。世宗于海陵王昏乱统治之后，休养生息，孜孜求治，使得循吏迭出。宣宗时崇尚法令，严格考核，能吏颇多。《金史》立《循吏传》，记载了卢克忠、牛德昌、范承吉、王政、张奕、李瞻、刘敏行、刘焕、傅慎微、孙德渊等地方官员的事迹。

人物点评

【范承吉】经画民赋，立法易简，官足民余，公私两便。

【刘敏行】护民出耕，盗贼不敢犯。自出己俸，缮治高平。

【刘　焕】为中都市令，能弃简就繁。戒京城恶少，须孝弟敬慎。

范承吉

范承吉，字宠之。自幼喜好读书问学，辽朝末年盗贼蜂起，他四处避难也不曾放弃读书。辽天祚帝天庆八年（1118年），范承吉考中进士，被授予秘书省校书郎的职务，后来做到大定（今内蒙古宁城）府金源县令。归顺金朝后，任御前承应文字①。天会②初年，升任殿中少监。四年，随军攻打太原，升任少府监③。五年，宗翰攻破宋朝都城汴梁，缴获的金银珠宝都由范承吉负责出入库登记，没有丝毫的欺骗贪污行为，等到还朝的时候，用牛车将宋朝的史书运回。不久升任昭文馆直学士，知绛州。

起初，朝廷兴兵打仗，老百姓中有被逼迫当兵又逃跑回家的，范承吉派官吏四处通告，让他们自己据实汇报，大约有几千人，将全部情况禀告元帅府后，元帅府允许他们用钱物赎回自己，家里贫穷没有财物的，则从公库中代为垫付。六年，范承吉改任河东北路转运使。当时社会弊端丛生，百姓负担的赋税过于繁重，范承吉就筹划改革赋税制度，使之更为简便合理，官府收入的赋税增加了十几万斛，老百姓也都有了富余。范承吉历任同知平阳尹④、西京副留守，升任河东南路转运使，改同签燕京留守事、顺天军节度使。因为发生地震，民房被毁坏，百姓争先修缮房屋，工匠趁机过分收取费用，范承吉下令由官府统一管理修缮工程，排好先后次序，不论贫富一视同仁，百姓因此节省了修缮费用。

① 御前承应文字：在皇帝面前负责文书工作的官职。

② 天会：金太宗完颜晟的年号，1123年—1135年。

③ 少府监：掌管皇帝私人财政事务，以及宫廷器用、服饰、宝货等。

④ 同知：金代各总管府、各州都设有同知一职，通判府、州事，相当于副长官。同知平阳尹，即指平阳府尹的副手。

范承吉后来又历任镇西军节度使、行台礼部尚书、泰宁军节度使等职务，还镇守过顺天府。当时奚族的兵卒散居在境内，几千人聚集为盗，范承吉把为首的盗寇绳之以法，严惩不贷，其他人再也不敢侵扰百姓。金海陵王贞元二年（1154年），范承吉以光禄大夫的身份辞官退休，去世的时候六十六岁。

刘敏行

刘敏行，平州（今属河北）人。金太宗天会三年（1125年）考中进士。授予太子校书郎，升任肥乡县令。当年发生严重饥荒，盗贼大肆抢掠。各县的老弱百姓入城躲避侵扰，不敢耕种，农事荒废，土地荒芜。刘敏行向州里长官禀告，借调三十名军士保护百姓出城耕种，设置了很多旗帜来迷惑敌人，刘敏行率军巡逻，傍晚就清点百姓人数回到城里，因此盗寇不敢进犯，庄稼得以耕种。后来转任高平县令。县城城墙塌坏已久，强盗横行抢掠，各县镇不能抵御。刘敏行拿出自己的俸禄，率领同僚官吏筹集资费，雇佣差役修缮城墙，老百姓也都欣然跟从，一共集聚了二千人，很快将全部城墙整修完毕。农村百姓得以入城，强盗也不能侵犯抢掠。刘敏行先后多次升迁，最后做到河北东路转运使。退休后去世。

刘焕

刘焕，字德文，中山（今河北定州）人。北宋末年战事纷起，城中长期缺粮，当时刘焕年纪还小，家里煮稻米、麦子的糠屑充饥，自己喝清汤，给母亲喝稠的，乡亲们对此都感到很惊奇。长大后，刘焕非常好学，天气严寒就卧在粪火边读书，不知疲倦，从不懈怠。金海陵王天德元年（1149年），刘焕考中进士，到任丘做县尉。县令有贪污行为，刘焕经常规劝纠正他的错误。任期已满将要离开时，县令端着酒感谢他说："县尉您廉政谨慎，使我深受启发而反思自己的行为。"刘焕调任主管中都市场的市令。枢密使仆散忽土家的工匠在市场上牟利，却不肯服从市场规定注册交税，刘焕就拘捕了那个工匠。仆散忽土召见刘焕，刘焕拒绝前往。最终刘焕公布工匠的罪名并且鞭打了他。刘焕最初任市令的时候，去探望同乡、吏部侍郎石琚，并通报自己管理市场的情况，石琚不高兴地说："京城地广人多，与地方上大不相同，你却弃简就繁，管得太细，这是我所不能理解的。"此后市场治理得井井有条，石琚才更加看重刘焕的能力并赞赏他的作为。

刘焕因为清廉而升任京兆推官，掌管刑狱，又迁升为北京（大定府）警巡使。刘焕曾经逮捕了两个恶少，在庭中用棍刑加以惩罚，告诫他们说："孝敬父亲，善待兄弟，礼貌待人，谨慎做事，才是君子。狂暴凶恶，隐讳做贼，则是小人。从今往后，不要对不法的行为习以为常，国家有明确的处罚条令，我不能私下为你们开脱。"从此以后，众人都敬畏回避，不敢再触犯法令。

刘焕以监察御史的身份兼任户部员外郎。代州钱监[①]在铸钱时掺杂青铜，钱币的质量低劣，跟铁钱类似。因工艺不精，民间也偷偷仿造，

① 钱监：古代管理钱币的铸造和流通的官署。

许多人因此获罪。朝廷对这件事很忧虑，下令让尚书省来讨论对策。刘焕上奏说："钱币应当用黄铜加少量锡精心制作，如果青铜可以用来铸造钱币，以前历朝历代没有理由不用。代州杂用青铜和黄铜来铸制钱币，一定是因为可以节省黄铜而且容易铸造。但是由于这个原因，民间偷偷仿铸钱币，犯罪的人很多，这并不是朝廷的本意。如果一定要为天下的利益考虑，应该规定铸钱纯用黄铜，这样虽然铸钱数量少但是利益长远。那些掺杂青铜铸成的钱，已经在市上流通的，应该验收入库，并准许拥有的人来兑换。"皇上听从了他的意见。

金世宗巡幸上京（今黑龙江阿城），一路经过的州郡无不大规模调动百姓整治桥梁道路，企图获得皇上的恩赏，而刘焕并没有劳民伤财，只是带领部属将桥梁道路修整完好而已。皇上嘉奖他的诚意，升任他为辽东路转运使。后来刘焕在任上去世。

元

谭澄、卜天璋、乌古孙泽、王艮等四人，选自《元史》。

《元史》，明宋濂等撰，纪传体断代史，成书于明朝初年。全书210卷，包括本纪47卷、志58卷、表8卷、列传97卷，记述了从蒙古族兴起、元朝建立直到灭亡的历史。元朝的行政立法，长期采取因时立制、临事制宜的原则，临时律令、制度、条例繁多，日积月累，新旧相悖、相互矛盾之处颇多，使行政治理混乱，官吏滥权枉法现象严重，吏治腐败情况突出。即使如此，仍然出现了一批比较出色的地方官吏。《元史·良吏传》记载了谭澄、王艮等为官清廉、颇有作为的地方官吏的事迹。

人物点评

谭 澄 为政勤勉，断狱明决，为人率直，淡泊名利。

卜天璋 严厉风纪，整顿吏治，《中兴济治》，切中时弊。

乌古孙泽 性格刚毅，才干过人。平寇治民，人颂其德。

王 艮 明理致用，不苟言说。政绩卓异，亦以廉能著称。

谭澄

谭澄[①]，字彦清，德兴怀来（今属河北）人。父亲谭资荣，金朝末年曾任交城（今属山西吕梁）县令，蒙古军队进攻河朔地区时，谭资荣献城归降，被赐予金符，任命为左都监辅佐元帅，仍兼任交城县令。不久，又被赐予虎符，掌管元帅府事，随从元帅攻打汴梁立功。谭资荣四十岁时因病离职，推荐弟弟谭资用接替他的职位。谭资用去世后，谭澄承袭了职位。

谭澄年幼时聪明颖慧，十九岁就担任了交城县令。当地有文谷河水，可以灌溉农田，文谷河的南面被郭帅霸占，修建堤堰堵塞河水，百姓为此常年向官府诉讼，都得不到公正处理。谭澄据理判决，下令决堤引水，使百姓都能灌溉获利。有些奸猾之人依附地方豪强，利用官吏的不良行为作恶多端，谭澄了解到他们主子的姓名之后，将他们绳之以法。元太宗[②]七年（1235年），官府登记户口，主管机构将暂时居住人口也登记为本地户籍，但到征收田赋时，这些人都逃亡外地，地方官却要当地百姓借贷交纳赋税，利息增加好几倍，老百姓无力偿还。谭澄面见元太宗以及中书令耶律楚材，分析了此种做法的害处。元太宗深表赞同，为避免百姓逃亡，下令免去了增加的利息。三年之后，逃亡的百姓都陆续返回家乡。

元宪宗[③]四年（1254年），忽必烈从大理回京，谭澄前去进见，被留在府内，凡是有派遣使者出巡的任务，都让谭澄陪同，让谭澄的弟弟

① 谭澄（1213年—1271年），19岁即世袭父亲职位，任交城县令，发展经济，维护治安，政绩卓著，甚为百姓爱戴。为人率直，淡泊名利。

② 元太宗：孛儿只斤·窝阔台，成吉思汗的第三个儿子。

③ 元宪宗：孛儿只斤·蒙哥，成吉思汗的孙子，拖雷的长子。

担任交城县令。当时忽必烈作为皇弟被分封在京兆府，统帅天下兵马。有人从中挑拨离间，元宪宗心生疑忌，于是解除了忽必烈的兵权。派阿蓝答儿前往京兆府，召集各地官吏，提出一百四十二个问题进行考核，获罪者很多，忽必烈派左丞相阔阔和谭澄前往调解，以缓和矛盾，并入朝面见宪宗，消除了皇上心中的芥蒂。

中统元年（1260年），元世祖忽必烈即位，提拔谭澄为怀孟路（治所在今河南沁阳）总管[①]，不久又赐予金符，后改为金虎符。这一年大旱，谭澄组织百姓开凿唐温渠，引沁河水来灌溉农田，使百姓免于饥荒；教导百姓种植庄稼，使土地能够得到充分利用。至元[②]二年（1265年），谭澄转任河南路总管，又改任平滦路总管。至元七年（1270年），进京任司农少卿，不久又出任京兆总管。一年后，谭澄改任陕西、四川道提刑按察使[③]。谭澄曾上书建议："不孝有三，无后为大。应该下令百姓四十岁还没有儿子的可以娶妾，使之能够传宗接代。"朝廷接受了这一建议，并定为法令。

四川地方长官严忠范守卫成都，被宋将昝万寿击败，退保子城，元世祖命谭澄前往接任。谭澄到成都后，组织士兵掩埋尸体，修葺被焚烧的房屋，赈济收容逃亡百姓，使民心逐渐安定下来。恰逢西南部族首领罗罗斯归顺元朝，朝廷为安抚当地部族，需要选择文武全才的官员，于是任命谭澄为副都元帅、同知宣慰使。后来谭澄因病逝世，享年五十八岁。

① 总管：元代中央和地方设置有各种名目的都总管府或总管府，长官为达鲁花赤和总管。

② 至元：元世祖忽必烈的年号，1264年—1294年。

③ 提刑按察使：元、明、清在省一级设司法部门提刑按察司（各朝名称稍有变化），主管一省的刑名、诉讼事务，其长官为提刑按察使。

卜天璋

卜天璋[1]，字君璋，河南洛阳人。父亲卜世昌在金朝时任河南孔目官[2]。元宪宗蒙哥南征时，卜世昌率领众人归降，被授予镇抚官，统帅民兵二千户。后升任真定路的管民万户一职。元宪宗六年（1256年），朝廷调任他去治理迁到河南的三千多河北百姓。

卜天璋幼年时就非常聪明，有远大的抱负，喜欢读书学史，洞悉历代成败兴亡的规律。元世祖忽必烈至元年间，他担任南京府的小吏。当时河北有饥民数万人集结在黄河北岸准备南迁，元世祖下诏命饥民回归乡里，不要南渡，饥民吵吵嚷嚷不肯回去。卜天璋担心会爆发事变，劝总管张国宝不要阻挡饥民南渡，因此最终没有产生祸患。河南按察副史程思廉发现卜天璋才干出众，召他做按察司的官员，他的名声更为显赫。以后又升为尚书省的属官。当时有个侍御史仗势贪财，被御史发现了赃物，由卜天璋起草弹劾的奏章，还没来得及上奏，他们反被诬陷拘捕入狱。御史对着饭食悲叹，卜天璋问他为何如此，御史说："我只有一个可怜的女儿，知道我入狱已经绝食数日，所以我心里很是悲痛。"卜天璋说："死于职守，忠于大义，为何要为儿女哭泣？！"御史听了，深感惭愧。不久，两人被免罪。丞相顺德王主持国政时，提拔卜天璋为中书省官员，对于难以决定的事情，卜天璋总要激烈争辩，顺德王深有感慨地说："如果中书省的官员都能如此，我还有什么需要担心的呢？"

---

① 卜天璋（1250年—1331年），元代著名循吏，曾任归德知府、饶州路总管、广东廉访使、山南廉访使等官职，能严肃风纪、整顿吏治，政绩突出。曾经上《中兴济治策》万余言，切中时弊。

② 孔目官：古代官府衙门里的高级官吏，掌管狱讼、账目等事务。

元成宗大德四年（1300年），卜天璋任工部主事。蔚州有一个名叫刘帅的人，强夺百姓田产，当地官员不敢判决，卜天璋前往审讯，使刘帅服罪并将田产归还。元武宗时，卜天璋升任宗正府郎中，后又升为刑部郎中。当时盗贼很多，有人提议，凡犯盗窃罪的人和他们的家属一律只准穿青衣，跟普通民众相区别。卜天璋说："罪犯满路，是秦时的弊政，现在还能效法吗？"尚书省有一个官员获罪，元仁宗召见卜天璋，当时兴圣太后也在座，皇上指着他说："这就是不贪污受贿的卜天璋！"问他现任什么官职，卜天璋说："为臣担任刑部郎中。"又问是谁举荐的，卜天璋回答说："为臣没有才能，碰巧被皇上提升重用。"皇上说："前朝以谢仲和为尚书，你为郎中，都是我推荐的。你要忠于职守不得懈怠！"就将中书省刑部的印信赐给他。卜天璋就任之后，入宫拜见皇上，皇上在隆福宫赐酒，并赠锦衣三套。后来命他去处理平反冤案，皇上对周围的人说："卜天璋廉洁谨慎，一定会查清真相！"卜天璋受命办理，从此再未出现冤案。

皇庆[①]初年，卜天璋任归德（今河南商丘）知府，鼓励农耕，兴建学校，修复河渠，消除水患。当时盗寇占据交通要道，商贾不能通行，卜天璋抓获了一百多人，都处以重刑，盗贼从此被平定。卜天璋升任浙西廉访副使，刚到任一个月，就开始改革田制。后来改任饶州路总管，让百姓自己上报田亩数目，田亩、户籍问题都得到清理，百姓非常高兴。当时饶州发生饥荒，卜天璋主张开仓赈济，其他官员坚决反对。卜天璋说："百姓如此饥饿，如果等请示以后再赈济，他们都已经饿死了。责任由我一人承担，决不连累各位。"于是下令开仓放粮，饥民得以活命。卜天璋处理事情刚毅果断，政绩卓著。后来升任广东廉访使[②]。当初地方豪强在海岸修筑石堤，从停靠商船处获取利益，以前的官

---

① 皇庆：元仁宗的年号，1312年—1313年。

② 廉访使：是廉访司的长官。廉访司是元代官署名。蒙古至元初在各道置提刑按察司，巡视地方，纠察地方吏治、政治得失，长官为提刑按察使。至元二十八年（1291年）改称肃政廉访司。

员都因接受贿赂而不加过问，卜天璋到任后，派兵前往取缔。岭南冬天向来不结冰，卜天璋到任后，开始有结冰现象，人们都传说是因为他推行教化的结果。

元明宗天历二年（1329年），蜀地发生兵乱，荆楚之地大为震动，朝廷任命卜天璋为山南廉访使，有人劝他说年纪已老，不要再去任职了。卜天璋说："国家有难，我虽然已经八十岁，也要死得其所，怎能逃避责任呢？"于是毅然前往。到任后严肃风纪，整顿吏治，州郡官员都很尊敬他。当时谷价飞涨，他下令平抑物价，按百姓所需自然调节，于是粮商争相前来，米价马上回落。他又让宪司将罚得的赃款留作赈济之用，不必上交给知府。御史来此巡察的时候，老百姓都俯伏在道路上颂扬他的德政。皇上下诏召集三品以上的官员议论时政得失，卜天璋上书列举二十条，共一万多言，题为《中兴济治策》，条条切中时弊。不久卜天璋引退，回到汴梁，将自己的俸禄都送给同族，家中没有一点积蓄，却处之泰然。元明宗至顺二年（1331年），卜天璋去世。被追赠为通议大夫、礼部尚书、上轻车都尉、河南郡侯，谥号"正献"。

乌古孙泽

乌古孙泽（1250年—1315年），字润甫，临潢（今内蒙古自治区赤峰市巴林左旗）人。祖先为女真乌古部，于是以乌古为姓。祖父为金朝明威将军，随金朝皇帝迁到汴京。汴京陷落后，迁居大名。父亲名仲，性格豪爽，洒脱不羁，但教导乌古孙泽却非常严厉。

乌古孙泽生性刚毅，读书只求理解其主旨，不拘泥于具体词句，才能过人。元世祖准备进攻江南，派乌古孙泽押送钱钞到淮南作为军饷，丞相阿术一见面就认为他有奇才，任命他为淮东大都督府的属官。

至元二十一年（1284年），乌古孙泽调任永州路判官。湖广平章政事[①]要束木贪赃纵淫，贪得无厌。最初平定湖广的时候，有传言说州县长官及下属吏员、富户，要挨家挨户征收银子交纳给官府，百姓把银子准备好了却没有来得及交纳。要束木下令强迫百姓自报已准备银两的数目，派人四处搜刮，以极为残酷的刑罚迫使百姓交出银两，企图据为己有，严刑致死的人很多，并且株连很广。他派人来到永州，乌古孙泽嘱咐下属官吏好好招待使者，务必顺从他的意思，并对他讲明利害，这位使者非常感动，没有在永州胡作非为，永州最终没有受到要束木的骚扰。

至元二十六年（1289年），丞相桑哥建议核查各地官府所存的钱粮，于是天下骚动不安，乌古孙泽叹息说："老百姓又要遭殃了！"立即上报本路的钱粮数目。要束木大怒说："各郡钱粮都有增加，永州为何不增加？这是乌古孙泽在欺骗我，立即把他关押起来，到死也不要释放！"第二年，桑哥免职，要束木被诛，乌古孙泽才被释放出来。

① 平章政事：元朝在中书省、行中书省都设置平章政事，为丞相的副手。

至元二十九年（1292年），湖广平章政事阔里吉思向朝廷推荐，说乌古孙泽有将帅之才，于是命他以行省员外郎的职务随从出征海南黎族。平定黎族之后，乌古孙泽因功被授予广南西道宣慰副使。元成宗元贞元年（1295年）七月，左右两江道划归广西宣慰司[1]管辖，设置都元帅府，乌古孙泽任广西两江道宣慰副使。两江地方偏僻，与西南夷族相邻，百姓不懂礼法，乌古孙泽撰写了《司规》三十二章，进行礼乐教化，百姓都接受遵守。他又削减了二十二所驿站，减轻百姓的负担。当年收成不好，他奏请免除当年田租，并发放象州、贺州（今属广西）官府仓库的粟米三千五百石来赈济饥民，然后再上报行省。当时的行省平章哈剌哈孙知道他是诚心爱民，因此没有以独断专行的罪名惩治他。邕州（今广西南宁）境外的蛮夷多次侵扰边境，乌古孙泽在险要地方募集四千六百户百姓，设置十个屯田点，让他们建立营寨城堡，屯田守边，开垦田地，修建水渠，耕种稻田，收获谷米作为军粮，边地百姓也以此为生。

御史台上书进奏说："乌古孙泽奉命出使能识大体，像汲长孺一样；作为将领计策周到，如赵充国[2]一样，可委以重任。"于是朝廷下诏晋升他为海北海南廉访使。按照旧例，作为地方长官的祭田到秋季才收租，后来却按月来征收。乌古孙泽到任三个月，百姓交纳给他的租米共计五百石。乌古孙泽说："孔子教导说，为君主效力的人，首先要办好事情，然后才领取俸禄。我来此任职时间不长，可是俸禄却四倍于以前，从情理来说我不能接受。"于是按照自己的需求领取俸禄，其余都交给学校来鼓励学生努力学习。他经常说："做官的如果不俭朴就不能养成廉洁品格，不养成廉洁品格就不能涵养德性。"他有一件布袍穿了

① 宣慰司：介于省与州之间的一种偏重于军事的监司机构，掌管地方军民之事。长官为宣慰使。

② 赵充国（前137年—前52年）：西汉著名将领，多次出击匈奴，平定羌人叛乱，有勇略。

好多年，妻子穿得也朴实无华，别人说这样很不体面，他却一点儿也不在意。

雷州临近大海，潮汐冲击东南地区，低洼地方形成盐碱地，影响农业生产。西北则是一马平川的平原，适宜修筑水渠塘堰。乌古孙泽看到城北有三条小河流入大海，却没有用来灌溉农田。于是教导百姓疏浚旧湖，修筑大堤，堵截三条河流汇成小的湖泊，又建立七座闸、六道堤来控制水量，疏通了二十四条水渠，使河水流到农田，将濒海的盐碱地改造为良田沃土。百姓作歌谣称颂乌古孙泽说："盐碱地变为良田啊，是乌古孙泽所教导。渠水哗哗流淌啊，灌溉田中水稻。从今年开始啊，无旱又无涝。"

元武宗至大元年（1308年），乌古孙泽改任福建廉访使。他为政清廉，使福建百姓安居乐业。有五色的灵芝兰草生长在廉访司官署中的"澄清堂"，士民百姓都认为是乌古孙泽恩德的表现。因母亲已经年过八十，乌古孙泽请求回长沙奉养。一年后母亲去世，乌古孙泽悲伤过度也去世。谥号"正宪"。

王艮

王艮，字止善，绍兴诸暨（今属浙江）人。他崇尚气节，读书务求明白其中的道理以达到实际应用的目的，不随便评论别人。淮东廉访司征召他为文书官，后来调任淮西廉访司。当时恰逢朝廷下了监察部门一律不用南方士人的规定，王艮于是到两淮都转运盐使司做官吏，任期到规定的期限后，被授任庐州录事判官。淮东宣慰司征用他做属官。王艮以清廉能干著称，被调任峡州总管府知事，又被任命为江浙行省的属官。当时朝廷重新在各地设立市舶司[①]，王艮来到泉州，建议说："如果购买原有船只交付海商使用，花费少而且容易成事，也可以杜绝官吏侵扰欺压克扣商人的弊端。"中书省按照王艮的建议上报。最终一共建成六支船队，节省官府经费达五十多万缗。

后来王艮担任建德县尹，授两淮转运盐使司经历[②]。绍兴路总管王克敬认为按照人口数目征收盐税对百姓不利，曾经向行省建议改进，没有得到答复。后来王克敬担任运盐转运使，召集官员商议稍微减少盐税数额，以减轻百姓负担。反对的人认为户籍已定不能更改。王艮毅然说："老百姓实际人口少却要强行按超出的多征盐税，如今迁移、死亡的百姓已经很多，难道一定要坚持按已有户籍征税却轻视百姓的生命吗？何况浙江西部的州县，商贾会集，也没有按人口数征税，将减少的盐税转移分派到浙江西部商贾聚集的州县，确实是一种好办法。"于是议定每年减少征收绍兴五千六百引（每引四百斤）的盐税。不久又有人

---

① 市舶司：宋、元及明初在各海港设立的管理海上对外贸易的官府机构。

② 经历：元代枢密院、大都督府、御史台等衙署，都设有经历一职，职掌出纳文书。

反对以前议定的方法，王艮准备辞职离去。丞相听说以后，急忙派人挽留王艮，他的建议也被采纳。

又调任海道漕运都万户府经历。绍兴官粮需要转入海道运往京师的有十万石，而绍兴城距离海边有十八里远，每年官府都征集民船来短途运送，官吏得以相互勾结坑害百姓。等运到海边，掌管海运的官吏又不立即接收，往往造成折损短缺的问题。王艮坚持说："海路运户既然有官府付给的费用，为什么又要搞得如此纷纷扰扰呢！"于是责成海路运户自行将粮食送到海运船只，海运船只被大风所损坏的，经核实后扣除粮食数额。因为公文来往，此事拖延了好几年都没有办成。王艮调取办事人员的文案查阅，当即免除了损耗的粮食五万二千八百石、钱二百五十万缗，运户才免于破产。

王艮后来任江西行省左右司员外郎。吉安路安福州（今江西安福县）有一个小吏，诬告百姓欺骗隐瞒了九千多石田租，起初只有八家被诬告，前后数十年，被牵连的农户达上千家，行省多次派官员查问，小吏已经承认自己欺骗诬告，可是喜欢邀功生事的官吏仍然强迫百姓多交田租六百多石。廉访司根据诏书条款将此废除，但始终不能制止。王艮到任后说："安福州的田租比原先已经增加了一千一百多石，怎么会有欺骗隐瞒的田租呢？按照廉访司议定的意见执行就可以。"行省最终采纳了王艮的建议，将多征的田租全部免除。王艮任职一年多，以中宪大夫、淮东道宣德副使退休。七十一岁时去世。

明

方克勤、王源、李信圭、李骥、唐侃、汤绍恩、徐九思、张淳、陈幼学、况钟、海瑞等十一人，选自《明史》。

《明史》，张廷玉等撰。二十四史之一，纪传体史书。记载了从朱元璋洪武元年（1368年）至朱由检崇祯十七年（1644年）共276年的历史。明初朱元璋以铁腕政策来整顿吏治，对贪官处理严酷，甚至剥皮填草，使得前期吏治比较清明，地方治理比较有序，贤良有为的官吏层出不穷。明代中后期，统治渐趋昏聩，吏治逐渐恶化，官员贪腐情况非常严重，选拔、监督制度也遭到严重破坏，清官循吏如凤毛麟角。

《明史·循吏传》正传共记三十人，其中明前期二十五人，后期仅五人，天启、崇祯两朝无一人入选；附传共记八十八人，都是嘉靖朝以前的官员。我们从中选录了方克勤等著名地方循吏的事迹，并从《明史》列传中选录了著名的清官廉吏况钟和海瑞的事迹，以做补充。

人物点评

王　源　兴学教化，革除鄙俗。亦以治狱见称。

徐九思　勤则不匮，俭则不费，忍则不争。

况　钟　除恶向善，减免赋税，孜孜爱民。百姓呼曰青天，敬之若神。

海　瑞　气象岩岩，端方特立。犯颜进谏，刚劲憨直。

方克勤

方克勤，字去矜，浙江宁海人。洪武二年（1369年），被征召为县里负责教育的训导，因母亲年老辞职回家。洪武四年（1371年），被征召到京城，在吏部考试中获得第二名，被特别授予济宁知府一职。

当时，朝廷诏令百姓开垦荒地自己耕种，三年后才开始征税。但地方官员却要提前征税，百姓认为朝廷言而无信，于是相继逃亡，土地又被荒弃。为了纠正这一弊端，方克勤重新申明，三年后再征税，并把土地分为九等，按等级征收田赋，使官吏无法从中作弊，于是荒地开垦日渐增多。方克勤又设立数百所学校，重修孔庙，兴办教育。盛夏农忙时节，济宁守将征发百姓服役修城，方克勤说："百姓正忙于耕种，为何还要增加繁重的劳役？"请求予以免除。正赶上大旱之后下雨，济宁百姓歌颂他说："谁免去了这次劳役？知府从中出力。谁使庄稼没有枯死？知府感天下雨。方知府是我们的父母，千万不要离去。"方克勤在济宁为官三年，户口增加数倍，百姓生活富足。

方克勤施政以德行教化为根本，从不追求个人名声。他曾说："追求个人名声，一定会追求权威，这样就会使百姓遭殃，我不忍心这样做。"他生活简朴，一件布袍穿了十年都不换，每天只吃一次荤菜。太祖朱元璋对官员要求极为严苛，犯错的士大夫多被贬谪到边远地方，凡是经过济宁的，都受到方克勤的接济照顾。永嘉侯朱亮祖率水军前往北平，运河水浅，征发民夫五千人来疏浚河道，方克勤无力制止，只能向上天祈祷。忽然天降大雨，运河水深增加数尺，船只得以顺利通行，百姓都将方克勤视为神明。

王源

王源，字启泽，福建龙岩人。永乐二年（1404年）进士，授庶吉士[1]，后改任深泽（今属河北）知县。任职期间，王源建造学校，修筑长堤，鼓励百姓及时嫁娶，革除索要财礼的习俗。他多次上书评论时事，被召入朝，因违背皇上旨意而被贬官，恰逢国家大赦而重新做官。复官后，奏请朝廷免除百姓所欠的赋税。在饥荒年月，因私自发放官粮赈济灾民，被捕入狱，纳钱赎罪才得以释放。后朝廷征召他为太子宫中的官员，为各位王子讲读经史。再后来调任松江同知[2]，奏请免除该府拖欠租税数十万石。因母亲年迈，王源请求回家奉养，母亲去世后在家守丧。服丧期满后，朝廷任命他为刑部郎中。

明英宗即位后，选拔十一位朝臣到地方任知府，王源被选任为潮州知府。潮州城东的广济桥年久失修，王源募集万金重新修建，剩余的用来建造亭子，供奉先圣孔子、四配享[3]、十哲[4]的画像，刻写《蓝田吕氏乡约》[5]，从乡民中选任约正、约副、约士，来讲解乡规民约，督

① 庶吉士：明清两朝从科举考试录取的进士中选择排名在前以及有才华、有潜质者进入翰林院，任庶吉士。先在翰林院内学习，期满后考核任官。明清两朝许多著名大臣都出身于庶吉士。

② 同知：明清知府的副职，正五品。掌管地方盐、粮、捕盗、水利等事务。

③ 四配享：古代尊奉祭祀孔子，四位配享的圣贤是颜回、曾子、子思、孟子。

④ 孔子的十位最优秀最著名的弟子，称为四科十哲。分别是德行：颜回、闵子骞、冉伯牛、仲弓；言语：宰我、子贡；政事：子路、冉有；文学：子游、子夏。

⑤ 陕西蓝田吕大临等吕氏兄弟于北宋神宗熙宁九年（1076年）制定和实施的“村规民约”。对后来明清的乡村治理模式影响很大。

促百姓遵循。西湖山上有巨石作怪，王源命令将石头凿开，发现其中有石骷髅，从此怪异之事平息，于是立下石碑，上刻“潮州知府王源除怪石”。当时，有百姓因犯罪受杖刑而死，那人的儿子向朝廷告状，历数王源修桥、建亭等种种罪过。朝廷将王源逮捕到京城，定罪后流放，潮州百姓争相到朝廷请愿，恳请赦免他。最终朝廷恩准，并恢复了王源的官职。又过了很久，王源上书奏请退休。潮州百姓竭力挽留，朝廷不准。于是百姓建立祠堂纪念他。

李信圭

李信圭，字君信，泰和（今属江西）人。洪熙[1]年间荐举贤良之士，他被推荐任命为清河（今属江苏淮安）知县。清河土地贫瘠，却是交通要地，过往官船每天川流不息，首尾相接，役使的民夫动辄数以千计。前任县令经常请邻近的沭阳（今属江苏）县派遣五百人相助，但是这些人离家太远，衣食供给不便。李信圭接任后，请求将沭阳县派人相助改为替清河县交纳原定租税的三分之二，这样两县都很方便。明宣宗宣德三年（1428年），李信圭上书说："本县地广人稀，处于交通要冲，每天征发百姓拉船，丁壮劳力之外，连老人小孩都要服役，妨碍百姓耕种。前年兵部有令，如有公事急需用船则征派五人，不急需则不用征派。如今这一命令不再执行，反而无限征派，甚至有时一船要征派四五十人，无人敢违抗。行船时如果遇上顺风，船行速度加快，役夫追赶不上，所带衣粮就会被没收，以致挨饿受冻。请求再度申明兵部此前的命令，可怜可怜这些卑微的小民。"朝廷答应了他的请求。宣德八年（1433年）春，李信圭又上书说："从江淮到京城，运河沿岸各州县都要派出军民为过往官船拉纤，没有军队的地方，全部征派民夫，每年要征派二三千人昼夜等候。而官府征派时又不分差役种类、等次，致使田地荒芜，百姓没有积蓄的粮食，赶上年成稍有歉收，男女都要出去讨饭，实在非常可怜。恳请从仪征到通州（今江苏南通）一线的地方州县，全部免去杂役，使百姓能够尽力于农业生产，农闲时节可以提供力役。"明宣宗允准了他的建议。除清河外，其余各州县也从中受益。

明英宗正统元年（1436年），因为侍郎章敞的推荐，李信圭升为蕲州（今属湖北）知州，清河百姓到朝廷请愿恳求他留任，于是朝廷命

① 洪熙：明仁宗朱高炽的年号，1424年—1425年。

李信圭以知州的官衔来处理清河县事务。清河有数百顷湖田一直被淮安的守兵侵占，清河百姓却仍需交纳租税达六十年之久。经李信圭向朝廷奏请，这些湖田都归还给清河百姓。饥饿的百姓偷偷杀了一头耕牛，御史判处八人死刑，李信圭奏请朝廷后，其中六人免于死罪。淮河涨水，淹没了许多房屋和牲畜，李信圭上奏朝廷请求赈济灾民，并停止征收当年的赋税，停止征发各种杂役以及疏浚河道的民夫。明英宗正统十一年（1446年）冬，尚书金濂推荐他出任处州（今浙江丽水）知府，这时他在清河已任职二十二年了。李信圭到处州后不久去世，清河百姓建立庙祠祭祀他。

李骥

李骥，字尚德，山东郯城人。洪武二十六年（1393年），科举考试中举人。进入国子学学习三年后，被授予户科给事中[①]。当时管理市场的机构盘查商贩行旅，搜查极为细致严苛，因李骥奏请而停止。不久李骥却被告发违纪而免除职务。

明建文帝[②]时，李骥被推荐出任新乡知县。他安抚流亡百姓，给他们提供农具从事农业生产，返回家乡恢复耕种的有数千人。因母亲去世，李骥辞官回家守丧，新乡官吏百姓先后四次奏请朝廷让他留任，没有被准许。明成祖永乐初年，李骥守丧期满，改任东安（今属湖南永州）知县。他任职期间，凡是有损害百姓利益的事情，马上请求朝廷废止。侍郎李昶等都向朝廷推荐他，因此升任刑部郎中。他上奏提出的十余条建议大多被采纳。后来因为违犯法令入狱，被贬到保安卫城（今河北涿鹿）服役。

明仁宗洪熙年间，朝廷下诏征求贤才，李骥被推荐为御史。他上书提出十条治国安民的建议，被皇上采纳。明宣宗宣德五年（1430年），李骥前去巡视粮仓，发现军士高祥偷盗仓粮，李骥将其逮捕严加审问。高祥的父亲四处散布流言，说高祥与张贵等人一同偷盗，李骥接受了张贵的贿赂，因此只处罚高祥一人。刑部侍郎施礼由此提出判李骥死罪。李骥上奏章申辩，皇上说："御史既然已经抓捕了盗贼，怎么会再接受贿赂？"于是命施礼与都察院再次审问，果然查明李骥遭受了冤

① 给事中：明朝设置给事中一职，掌管侍从、谏诤、补阙、拾遗、审核、封驳诏旨，驳正百司所上奏章，监察六部诸司，弹劾百官等职责，与御史互为补充。吏、户、礼、兵、刑、工六科均设给事中。

② 建文帝：朱允炆，明朝第二位皇帝，1398年—1402年在位。

屈。皇上严厉斥责施礼，并恢复了李骥的官职。同年十一月，皇上选拔二十五位朝廷官员出任地方州郡长官，李骥任河南知府。他在河南的政绩非常突出，当时境内多有盗寇，李骥建立火甲制度，明确规定如果一户被盗，由一甲百姓负责赔偿。一旦查获盗贼，就在他家的门上大书“盗贼之家”字样。李骥还撰写了《劝教文》来宣扬教化，从此以后民风向善，河南府内路不拾遗。河南境内有伊王府，伊王多次以私事来托付他，李骥都没有听从。伊王府的太监和兵丁为害百姓，也被李骥派人制止，因此伊王府对李骥恨之入骨。冬至那天，伊王命李骥四更时分去王府陪王爷行礼。李骥如期到达，伊王却诬陷他迟到，把他捆绑起来加以惩罚，第二天才释放。李骥将此事上奏朝廷，皇帝大怒，下诏书斥责伊王，并下令将王府中的承奉、长史、典仪等官员都逮捕下狱审讯。

李骥为人端正谨慎，在河南府任职六年后去世，享年七十岁，当地官吏百姓吊唁他的时候都不禁失声痛哭。

唐侃

唐侃[①]，字廷直，江苏丹徒人。明武宗正德八年（1513年）考中举人，任江西永丰知县。唐侃没有带妻室前去，随身只有几个书童仆人，日常饭菜也不过蔬菜豆腐而已。生活长期如此俭朴，全县官吏百姓对他都十分敬服。永丰当地习俗喜好诉讼，崇拜鬼神，尤其喜欢歌舞演戏，唐侃一律严加禁止。

后来唐侃晋升武定（今属山东）知州。朝廷下令清查军籍，要在武定征兵一万二千人。唐侃说："武定全部人口只有三万，征兵一万二千人，半个州就会空旷无人。"因而极力向朝廷争取少征士兵。有人提议将境内的徒骇河改道，唐侃认为是劳民伤财，坚决反对。嘉靖皇帝的母亲章圣皇太后去世后安葬在承天（今属湖北），太监们借此向所经过的州县搜刮索要钱财，扬言违抗拒绝的会被处死，州县官吏大多因害怕而逃避。唐侃事先将一口空棺材放在衙门旁的空房内，太监们逼迫他交纳钱财，唐侃就把他们带到放棺材的房子里，大义凛然地说："你们判我死罪可以，钱财没有！"太监们惊得目瞪口呆，只得无奈离去。不久，唐侃晋升为刑部主事。后来去世。

唐侃年少时，跟随学者丁玑学习。有邻家女子夜里跑到他的住所，唐侃严词拒绝她入内。唐侃的父亲曾被监禁，他请求代父受过，没有被允许，就在监狱旁边铺草躺卧达一年之久，直到父亲被释放为止。由此可见唐侃品性高洁，是天性使然。

① 据《丹徒县志》的记载，唐侃最后是因为弹劾奸臣严嵩父子贪污一案，被暗害于刑部官舍。因清贫而不能买棺木，由尚书及同僚资助置棺运回家乡。丹徒县令茅坤为他出钱办理丧事，著名文学家唐顺之撰写墓志铭。与《明史·循吏传》的记载有所不同。

汤绍恩

汤绍恩，字汝承，安岳（今属四川资阳）人。明世宗嘉靖五年（1526年）进士。嘉靖十四年（1535年），由户部郎中调任德安（今属江西）知府，不久改任绍兴知府。汤绍恩为人宽厚，生活俭朴，经常里面穿粗布衣服，外面罩着父亲留下来的旧袍子。到绍兴后，在府城建立学宫，下面各地设立社学，推行教化。当年大旱，他在烈日炎炎之下步行前往祈雨。他施政不轻易用刑罚，赈济体恤贫民，表彰贞节孝义，使百姓能够和睦相处。

山阴、会稽、萧山三县的河流在三江口汇合入海，每天涨潮，冲积泥沙如丘陵一样，每逢阴雨天，河水被沙丘阻塞不能及时泄出，致使附近良田都被淹没，官府不得已只能开决塘堤泄洪，但遇到旱情又只能再次填埋决口来蓄水。每年决口填埋，频繁修整，百姓苦不堪言。汤绍恩勘查各条水道，在三江口看到两山对峙，高兴地说："山下一定有基石，应该可以在此建立闸门吧！"于是招募熟习水性的人前去勘察，果然有石脉横亘于两山之间，于是兴工修建闸门。先向水中投下铁块巨石，然后将装满碎砖瓦的笼子沉入水中，来截断水流。工程进行还不到一半，因为潮水的冲击难以完工，导致怨声四起。汤绍恩不为所动，等到潮水平息，水闸得以顺利竣工，共修筑大堤五十多寻[①]，建立闸门二十八处。从此以后，三县方圆数百里之内再无水患。士民百姓为歌颂汤绍恩的德政，特意在闸门附近为他建立庙祠，每年按时祭祀。后来汤绍恩调任山东右布政使，直到退休回家。去世时享年九十七岁。

① 寻：古代长度单位，一寻等于八尺。

徐九思

徐九思，字子慎，江西贵溪人。嘉靖年间任句容（今属江苏）知县。徐九思刚开始治理政事的时候，谦虚谨慎，似乎不太胜任工作。一次，有县吏盗窃官印盖在空白的公文纸上，徐九思揭发这种奸诈行为，并依法论罪。其他县吏为此人叩头说情，徐九思坚决不允许，从此以后人人敬畏。徐九思对于孤寡贫困者加倍给予抚恤，对豪强奸猾之人则严加管束。有诉讼告状的，打板子不超过十下。催征赋税，一定预先公布交纳截止日期，超过期限只令里长逮捕问罪，衙役卒吏不能进入乡村。县东有一条大路长约七十里，尘土积累三尺之厚，每逢雨雪天气，烂泥达数尺深，踩上去一直没到大腿。徐九思想办法节省官府开支用来修路，方便行旅之人。朝廷多次派遣有权势的太监到三茅山[1]祭祀求仙，由县里供应一切活动所需，百姓深受其苦。徐九思清查过去的公文，发现有盐引金[2]一直存放在府库中，就奏请朝廷将盐引金作为祭祀求仙所需的经费，使百姓不再受侵扰。有一年庄稼歉收，谷价猛涨，巡抚开放官府粮仓储存的谷米数百石，按平价出售。徐九思认为即使按平价出售贫民也无力购买，买入谷米的都是豪富之家。建议将其中一半按时价出售，来偿还官府，其余的煮粥来赈济饥民；远在山区的贫民，就近向富家借贷谷米，由官府替代他们偿还。这样使很多百姓免于饿死。徐九思曾经说："即使天子能够给老百姓大的恩惠，哪能人人都减免赋役？关键是我们这些做地方官的，能否斟酌缓急具体执行。"后来，徐九思因

① 三茅山：位于江苏省句容市与金坛交界处，为道教名山，道教上清派的发源地，被道家称为"上清宗坛"，有"第一福地，第八洞天"之美誉。

② 盐引：明朝时，商人要合法贩盐，必须先向政府缴纳钱财取得盐引，然后凭盐引到盐场取盐，再到指定区域卖盐。

为与应天府长官意见不合，被巡抚弹劾，幸而吏部尚书熊浃了解他的贤能，朝廷特命他继续留任。

徐九思在句容为官九年，期满升任工部主事。又升为郎中，奉命治理张秋河道。漕运河道与盐河相近，但不相通，漕河涨水容易泛滥成灾。徐九思提议在沙湾修建分洪渠，连通漕河与盐河，漕河水涨可以流入盐河，导泄入海，不至于淹没田地，漕河水位下降也不至于干涸。工程完成后，使这一地区永久受益。当时工部尚书赵文华巡视东南，路经此地，徐九思没有出来迎接，只派一个县吏拿着公文去拜见他，被赵文华斥责谩骂。正赶上徐九思升任高州（今属广东茂名）知府。赵文华怀恨在心，回京后与吏部尚书吴鹏合谋陷害徐九思，徐九思被迫辞官。句容百姓为他在茅山建立祠庙纪念他。徐九思辞官后，在家闲居二十二年，八十五岁时因病去世。

张淳

张淳，字希古，安徽桐城人。明穆宗隆庆二年（1568年）进士，被授浙江永康知县。当地一些奸诈吏民曾经连续控告，使朝廷先后罢免了七个县令。张淳到任后，日夜批阅公文，前来告状的有数千人，张淳都迅速判决，吏民百姓大为惊惧佩服，此后本地诉讼案件逐渐减少。接到诉讼，张淳会马上公布审判日期，让原告、被告都按期到县衙听审，迅速做出明确决断，毫不拖延。只需要老百姓裹一包饭的时间就能处理完一件案子，当时人都称他为“张一包”，夸赞他断案机敏如同包拯。

大盗卢十八抢劫官库金银，官府十余年未能侦破，御史让张淳破案，张淳许诺三月内捕获盗贼，并请御史一月之内发布数十次捕盗令。等捕盗令多次发布后，张淳笑着说：“盗贼早已逃走了，如何抓捕？”从此不再提抓捕盗贼一事。有个永康县吏的妻子与卢十八有奸情，将张淳的话传给了卢十八，卢十八以为平安无事，就放松了警惕。张淳于是让其他吏役假装告发县吏欠钱不还，将其逮捕下狱。张淳秘密地召来县吏，斥责他犯了通盗大罪，教他请求以妻子代他入狱，自己会替他偿还欠债。卢十八听说情妇家发生变故，赶忙前去探望，因喝醉酒被抓获。等到张淳结案上报御史，总共只用了两个月时间。

当地百姓之间稍微有一点怨愤，就去县衙诬告。张淳查明并无实据，就将告状人监禁起来，从此没人再敢诬告。永康百姓生活贫困，生下女孩大多遗弃。张淳多方劝诫，并拿出自己的俸禄，资助无力抚养的人家，使很多女孩存活下来。大旱之年，有人公开抢劫。张淳下令，抢劫者都处以死刑。有人抢了五斗米，张淳把一个已判死刑的人处死，张榜公布说此人就是抢米的罪犯，众人都敬畏信服。后来他因为政绩卓著被召回京城，上车离开永康时，张淳对下属说：“有个盗贼来了，离这里只有几里路，去把他逮捕归案。”衙役按照他指示的路线追捕，果然看到那个盗贼正在河边洗脚，马上将他逮捕入狱，盗贼服罪。永康百姓对此事感到十分惊异，认为是神仙显灵。张淳解释说：“这个盗贼以前追捕过急就逃到外地，现在他听说我要离开永康，一定会回来。这是我推理判断的，并不是神仙显灵。”

张淳到京城后，升为礼部主事，又担任郎中，因生病辞官。后来起用为福建建宁知府，晋升为浙江副使。当时浙江有许多招募的士兵，巡抚打算将他们遣散，引起他们大肆喧闹。张淳说：“凡是骄悍的士兵，留下来还有用处，遣散的后果不堪设想，不如淘汰老弱士兵，留下壮勇之士。这样留下的不想作乱，淘汰的不能作乱。”他的建议被巡抚采纳实施。后来张淳担任陕西布政使，在任上去世。

陈幼学

陈幼学，字志行，常州府无锡（今江苏无锡）人。万历十七年（1589年）进士，授确山（今属河南）知县。他施政以给百姓带来恩惠为根本，积累储存了一万二千石粟米为饥荒做准备，开垦了八百多顷荒地，给贫苦百姓提供耕牛五百多头，核实黄河退水滩地一百三十多顷分给无地农民，提供纺车八百多架给村妇。建造了一千二百多间房屋给贫民居住，建造了八十间官署供县衙吏役住宿。栽种桑树、榆树三万八千多株，开挖水渠一百九十八道。节省下来的六百多两白银，全部用来替贫困百姓交纳赋税。

布政使刘浑成的弟弟刘灿成协助小妾杀害妻子，陈幼学将他捉拿法办。行太仆卿陈光旼的家人犯法，陈幼学立即逮捕惩处。汝宁（治所在今河南汝阳）知府丘度怕因此招来祸患，建议巡抚将陈幼学调到中牟（今属河南郑州）。中牟县在秋收时节遭遇蝗灾，飞蝗遮天蔽日，陈幼学发动百姓捕捉蝗虫一千三百多石，消除了蝗灾。中牟县原来的土筑城墙非常低矮并且多已损坏。陈幼学用以工代赈的方法，发给饥民粮食，让他们修筑城墙，顺利竣工后饥民并不觉得服役辛苦。他鼓励百姓在县南荒地开垦，得到数百顷肥沃土地，全部分给农民耕种。县境内有一处大泽，积水占去大片的肥沃土地，陈幼学率领百姓疏导河流，开挖水渠，将积水引入小清河，百姓获得很大的利益。他还给贫民发放耕牛、种子，给贫妇发放纺织工具，政绩卓著。但由于他不善于交结权贵，负责考核的御史贬低他的政绩。御史的儿子不服，争辩说："孩儿刚从中州来，百姓都说中牟县的政绩无与伦比，你为何要排在最后？"经过力争，御史才不得不将陈幼学列为头等。

不久，陈幼学升为刑部主事。有太监采摘皇帝果园的果子时，杀害了看守果园的果农的母亲，并弃尸河中。陈幼学如实向朝廷奏报，将肇事太监依法处置。嘉兴人袁黄擅自批点删订《四书》《书经集注》，称为《删正》，刊印流传于世。陈幼学上奏章加以批驳，直言不讳地指出谬误的地方。奏章虽然被廷臣扣留，但《删正》的雕版最后全被烧毁。陈幼学任刑部员外郎的时候，主张对畿辅地区的罪犯审慎用刑，将案情不明又值得同情的三百多人全部释放。后来晋升为刑部郎中。

陈幼学调任湖州知府，一到任就大力捕杀豪强恶奴。有士人之子施敏以及富豪家奴杨升，在湖州横行霸道。陈幼学将施敏逮捕下狱，施敏买通权贵，要求巡抚审理，陈幼学不同意，立刻将施敏用棍杖击毙。施敏的供词中牵连到已故尚书潘季驯的儿子潘廷圭，陈幼学将案情告诉御史，上奏章弹劾，将潘廷圭逮捕入狱。此外，奸邪豪强被判处死罪的达到数十人，唯独杨升潜逃。陈幼学担心自己如果离开湖州，杨升一定会再来逞凶，最终将他逮捕处死，从此以后湖州一地太平安定。有一年湖州阴雨连绵，庄稼禾苗都被涝死，陈幼学全力救灾，得到赈济的饥民达三十多万人。御史准备向朝廷推荐他，到湖州来考察他的政绩，推官阎世科一共列举了三十六件事，最后上报朝廷。朝廷下诏给陈幼学加官为按察副使，仍管理湖州政事。

后来，陈幼学以副使的职位总督九江兵备，此时他已七十高龄，母亲尚在，因此请求辞官回家奉养母亲。母亲去世后，陈幼学不肯再出来任职。明熹宗天启三年（1623年），朝廷起用他为光禄少卿，又改为太常少卿，都没有去上任。天启四年（1624年），陈幼学去世，享年八十四岁。中牟县和湖州的百姓都建立祠庙来纪念他。

况钟

况钟[1]，字伯律，江西靖安人。当初以小吏的身份侍奉尚书吕震，吕震对他的才华感到非常惊奇，推荐他担任礼部仪制司主事。后升为郎中。

明宣宗宣德五年（1430年），皇上因各地知府大多不称职，苏州等九个大府都空缺知府，命各部院大臣推举清廉能干的官员来补任。况钟因此而被推荐为苏州知府。

苏州赋税徭役繁重，奸猾之徒舞文弄墨，谋取私利，向来号称最难治理。况钟刚刚上任，府衙的属吏们就围着他请他处理文书。况钟假装不懂，左顾右问，都按照属吏的意愿来办理。属吏们非常高兴，以为这位太守昏庸糊涂容易欺骗。过了三天，况钟召集他们责问说："先前某事应该实行，你们反对我；某事不应该做，你们又强迫我实行。你们舞文弄墨欺瞒已久，应该处以死罪！"立即惩罚处死了几人，并将贪婪凶残、庸碌无为的属吏全部斥退。苏州全府大为震动，从此以后官吏百姓都谨慎守法，风气为之一变。况钟免除纷繁苛刻的赋税，订立详明的条例，百姓感觉不方便的事情，立即上书奏明并加以解决。

清军御史李立在清查军籍时行为暴虐，苏州府同知张徽秉承李立的意思，动辄用酷刑压制百姓，强迫定为军籍。况钟查明情况，上疏奏免了一百六十人的军籍，并核定一千二百四十人只限本人入军队服役，子

① 况钟（1383年—1442年），明代著名清官。出身小吏，深知官场积弊，为官后能奖善惩恶，改革弊政，被百姓奉之若神明。任苏州知府十二年，"刚正廉洁，孜孜爱民，前后守苏者莫能及。"况钟任职苏州时，正值宣德（1426年—1435年）、正统（1436年—1449年）间，这是明朝政治、经济上的一个相对宽松时期，国家从政治、经济的绝对集中转向藏富于民，况钟在苏州期间的治理，正体现了这一时代特征。

孙恢复民籍，杜绝了清理军籍过程中存在的欺瞒混乱现象。苏州府所属各县拖欠四年的赋税，总计七百六十余万石。况钟请求适当改为征收钱钞，被户部部议的时候否决，但从此以后大多能得到减免。况钟又曾进言说："近来奉诏召募百姓租种官民荒田，官田按照民田制度征收，没人耕种的田地则免除税额。昆山等县百姓因为死亡、迁徙、从军而除掉户籍的，共有三万三千四百余户，遗留的官田有二千九百八十余顷，应当减去赋税十四万九千余石。其他被海水淹没的官田，却依然继续征税，应当都按照诏书的指示办理。为臣所管辖的七个县，秋粮征收共计二百七十七万九千多石。其中民田征收税粮仅十五万三千余石，官田征收税粮多达二百六十二万五千余石，有的一亩征收达三石之多，赋税轻重不均到了这种程度。洪武、永乐年间，朝廷下令给北方各驿站提供马匹，前后有四百多匹，约定三年以后发回，如今已经三十多年了，马死了还要补充，没有停止的时候。此外，工部征收三梭阔布八百匹，浙江十一府只征一百匹，而苏州一府就要征七百匹，请敕令有关机构处理。"宣宗皇帝都予以批准。

当时，皇上屡次下诏减轻苏州、松江的重赋。况钟与巡抚周忱悉心计划，上奏免除了七十多万石。凡是周忱所推行的善政，况钟都协助他极力促成。济农仓所积蓄的粮食每年有数十万石，除了用于救荒赈灾之外，还可以代替百姓交纳杂办和拖欠的租税。况钟为政精细周密，曾设置两本账簿来记录百姓的善恶，以进行劝勉和惩罚。他又设置通关勘合簿，防止出纳人员滋生奸邪行为；设置纲运簿，防止运夫偷盗；设置馆夫簿，防止不合理的需求。处处兴利除害，可谓不遗余力。况钟铲除豪强，扶持良善，百姓奉他如神灵一般。

此前，太监奉使到江南织造采办和购求花木禽鸟，往往接踵而至，府中佐官以下官吏动不动就遭到他们的捆绑毒打，而卫所的将士军卒又时常欺凌百姓。况钟到任后，他们都注意收敛不敢再放肆。即使是上级官员和其他省的官吏经过苏州，也都从内心里对况钟有所敬畏。况钟虽然出身于刀笔吏，却非常重视学校教育，尊敬文人儒士，贫寒之家的读书人大多受到他的帮助。有个名叫邹亮的人献诗给况钟，况钟想要推荐他，有人写匿名信诋毁邹亮，况钟说：“这是想让我更快地成就邹亮的声名啊！”立即上奏朝廷，朝廷征召并授予邹亮吏、刑二部司务，后来升任御史。当初况钟做小吏的时候，吴江人平思忠也从小吏起家，任吏部司务，对况钟有恩。到这时况钟多次请见，对他非常恭敬，并且让他的两个儿子到自己手下做事，说：“我并非没有属下，只是想借此报答您。”平思忠家境一向贫寒，从来不靠旧交情请托别人，人们都称赞他们是贤德之人。况钟母亲去世，苏州百姓前往朝廷请求他留任，朝廷为此特地下诏书，命他戴孝留任知府。正统六年（1441年），况钟任期已满应当升迁，府中百姓两万多人去见巡按御史张文昌，请求让况钟继续任职。英宗皇帝下诏赐给况钟正三品俸禄，仍然留任苏州知府。第二年十二月，况钟在任上去世。苏州府的官吏百姓相聚吊唁，为他建立祠庙祭祀。况钟为官刚正廉洁，爱民如子，在他前后担任苏州知府的都无人能及。

海瑞

海瑞[1]，字汝贤，琼山（今属海南海口）人。乡试考中举人。到京城以后，拜伏在宫殿下献上《平黎策》，建议在海南设置道、县等行政区划，来安定乡土。有见识的人都非常赞赏海瑞的设想。

海瑞代理南平（今属福建）县教谕。御史到学宫巡访，部属官吏都伏地通报姓名，唯独海瑞长揖行礼，说："如果到御史衙门应当行相应的礼仪，学堂是老师教育学生的地方，不应该屈身行礼。"海瑞迁升淳安（今属浙江杭州）知县，生活简朴，穿布袍、吃粗粮，让老仆人自己种菜。都御史鄢懋卿巡查路过淳安县，酒饭供应十分简陋，海瑞大声说县邑狭小不能容纳众多车马。鄢懋卿非常恼火，但他早就听说过海瑞的名声，只好收敛威风离开，暗中交代巡盐御史袁淳找机会治海瑞的罪。当时，海瑞已经升任嘉兴通判，因此事被贬为兴国州判官。

过了很长时间，陆光祖掌管文官的铨选，提拔海瑞任户部主事。当时，明世宗在位已久，经常不上朝处理政务，居住在西苑，专心致志地斋醮求福。总督、巡抚等地方大员争着向皇帝进贡祥瑞之物，然后礼官就上表祝贺。朝廷大臣自从杨最、杨爵进谏获罪以后，没有人敢再议论朝政。

嘉靖四十五年（1566年）二月，海瑞独自呈上《治安疏》，激烈批评嘉靖迷信巫术、大兴土木、生活奢华、不理朝政。

嘉靖皇帝读了海瑞的奏疏，非常愤怒，把奏章扔在地上，命左右侍从赶快把海瑞抓起来。太监黄锦告诉他，海瑞上疏前已经买了一口棺材，并和妻子儿女诀别，在朝廷听候治罪。皇上听了默默无言，拿过海

① 海瑞（1514年—1587年），明朝著名清官。历任知县、州判官、户部尚书、兵部尚书、尚书丞、右佥都御史等职。为人正直刚毅，洁身自爱。为政清廉，直言敢谏。蔑视权贵，从不谄媚逢迎。海瑞一生清贫，抑制豪强，安抚百姓，深得民众爱戴。

瑞的奏章，又反复读了多次，为之感慨叹息，把奏章留在宫中数月。嘉靖曾说："这个人可以和比干相比，但朕不是商纣王。"嘉靖虽然将海瑞关进诏狱，但刑部将判处海瑞死刑的判决书送上后，却留在宫中不批复。不久，嘉靖去世，明穆宗继位，海瑞被释放出狱。

隆庆三年（1569年）夏天，海瑞以右佥都御史身份巡抚应天十府。属吏都害怕他的威严，很多贪官污吏自动免职而去。有些显赫的权贵本来把大门漆成红色的，听说海瑞来了，马上改漆成黑色的。宦官在江南监理织造事务，因海瑞到来而减少了车马侍从。

海瑞一心一意兴利除害，请求整修吴淞江、白茆河，疏通入海，使百姓得到兴修水利的好处。海瑞一向憎恨大户兼并土地，全力摧毁豪强势力，安抚穷困百姓。贫苦百姓的土地有被富豪兼并的，大多夺回来交还原主。徐阶罢相后在家中居住，海瑞也不给徐家任何优待。推行政令气势迅猛，属吏奉行不敢有误，有些豪强甚至跑到其他地方躲避。奸民大多乘机揭发告状，世家大姓也不免有被诬陷受冤枉的。

又裁减邮传驿站冗费，路过海瑞辖区的官员大多得不到很好的张罗供应，因此怨言越来越多。都给事中舒化上奏说海瑞迂腐呆板，不了解施政的要领，应当用南京清闲的职务安置他。皇上还是下诏书嘉奖鼓励海瑞。不久给事中戴凤翔弹劾海瑞庇护奸民，鱼肉士大夫，沽名钓誉扰乱政事，于是被改任南京粮储。

海瑞巡察吴地才半年，平民百姓听说海瑞解职而去，在道路上呼号哭泣，家家户户绘制海瑞的画像来祭拜他。当时高拱掌管吏部，他早就非常痛恨海瑞，于是趁机把海瑞的职务合并到南京户部当中，海瑞因此称病引退，回到琼山老家。

明神宗万历初年，张居正主持国政，也不喜欢海瑞，命令巡按御史考察海瑞。御史到琼山巡察，海瑞杀鸡为黍招待，房屋居所冷清简陋，御史再三叹息而去。张居正惧怕海瑞的严峻刚直，虽然官员们多次推荐海瑞，最终也没有任用他。

万历十二年（1584年）冬天，张居正去世。第二年正月，朝廷召海瑞为南京右佥都御史，在路上改为南京吏部右侍郎，海瑞当时已经七十二岁了。他上疏说自己衰老将死，愿意效仿古人尸谏，大略的意思说：“陛下一贯励精图治，可是没有达到治平教化的原因，在于对贪官污吏处罚太轻。”于是列举明太祖剥下贪官人皮填上草制成皮囊的刑法，以及洪武三十年制定贪污达八十贯就判处绞刑的规定，说现在应当用这样的严厉方法惩治贪污。海瑞尽心谋划时政，言语极为恳切。只是劝皇上用暴虐刑法一事，当时群臣都认为是错误的，因而御史梅鹃柞上书弹劾海瑞。皇上虽然认为海瑞言论有过失，但是也清楚海瑞的忠诚，为此免去了梅鹃柞的俸禄。万历皇帝屡次要召用海瑞，都遭到主持朝政阁臣的暗中阻止，于是任命海瑞为南京右都御史。南京诸司向来懈怠轻慢，海瑞身体力行要矫正弊端。有的御史虽偶尔陈列戏乐，海瑞都要按太祖时的法规给予杖刑。百官恐惧不安，都怕遭受其苦。提学御史房寰害怕被海瑞弹劾而抢先告状，给事中钟宇淳又从中怂恿，于是房寰再次上疏诽谤诬蔑海瑞。海瑞也多次上疏请求退休，皇帝下诏挽留没有准许。

万历十五年（1587年），海瑞在任上去世。海瑞没有儿子，他去世时，佥都御史王用汲前去看望，只见用葛布制成的帏帐和破烂的竹器，有些是贫寒的文人也不愿使用的，禁不住悲哭起来，与同僚一起凑钱为海瑞办理丧事。海瑞的死讯传出，南京的百姓因此罢市。海瑞的灵柩用船运回家乡时，穿着白衣戴着白帽的人站满了两岸，祭奠哭拜的人绵延百里不绝。朝廷追赠海瑞为太子太保，谥号“忠介”。

海瑞一生治学，以刚毅为主，因而自号为“刚峰”，天下称为刚峰先生。他曾经说：“要想天下清明安定，一定要实行井田制度，不得已而实行限田制度，又不得已才实行均税制度，还可以保存古人的遗意。”因此，从最初做县官直到出任巡抚，他所到之处都大力推行清理田亩的政策，实行一条鞭法[①]。虽然他的意图主张都有利于老百姓，但有时行事也有偏差。

---

① 一条鞭法：明代嘉靖年间确立的赋税及徭役制度，万历九年（1581年），宰相张居正推广实施。把各州县的田赋、徭役以及其他杂税合为一条，合并征收银两，按亩折算缴纳，大大简化了征收手续，也使地方官员难于作弊。

清

白登明、宋必达、汤斌、姚文燮、张埙、张瑾、于成龙、张伯行、陶元淳、童华、邵大业、郑燮、李文耕等十三人，选自《清史稿》。

《清史稿》，赵尔巽等撰。是北洋政府组织编修的《清史》的未定本。记载了自努尔哈赤建国到清朝灭亡，共296年的历史。

清初顺治、康熙皇帝非常重视吏治的澄清，严惩贪官，雍正皇帝还特设“养廉银”以养成廉吏，使得清朝前期的吏治整顿颇见成效，出现了于成龙等一批廉洁奉公的官吏。乾隆、嘉庆之后，吏治渐趋混乱，尤其是咸丰、同治之后，官员选拔途径较多，许多就是以财求官，导致贪污成风，吏治腐败。《清史稿》的《循吏传》记载了白登明、家相、宗尧、宋必达等116名循吏清官的事迹，反映了清代各朝地方吏治的真实情况。本书从中选录了部分章节，并从《清史稿》列传部分选录了于成龙、张伯行等其他著名清官的事迹。

人物点评

【汤斌】洁己率属，体恤民艰，弊绝风清。

【于成龙】整顿吏治，宽严并济。为官地方，三举卓异。上（康熙）誉之为『第一廉吏』。

【张伯行】一代理学名臣，躬行实践，施于政事。居官清正，为天下所知。

白登明

白登明[1]，字林九，奉天盖平县（今辽宁省盖县）人，隶属于汉军[2]镶白旗。顺治五年（1648年），任河南柘城（今属河南商丘）知县。当时正逢战乱之后，盗贼到处啸聚成群，白登明主张严肃治理，逮捕为首的盗贼，将其绳之以法，使境内清平安定。他非常怜悯百姓战乱后遭受的荒芜凋敝的境遇，到处招引安抚百姓，停止增派河夫徭役，设置规定来鼓励人们耕田读书。顺治十年（1653年），白登明因政绩考核优异，擢升为江南太仓知州。到任后，他整顿赋税制度，免除额外征税，昭雪冤狱，察访利弊，揭发隐藏的坏人坏事。海滨的居民因战乱离散四方，白登明召回他们开垦荒地，一些荒无人烟的地方又逐渐形成了村落。

康熙十八年（1679年），白登明任高邮知州。当时正值荒年，又加上蝗灾，湖水上涨冲决了清水潭，白登明召集百姓筑堤抵御洪水。他严禁官吏借修堤的机会盘剥克扣，百姓都踊跃前来修筑堤防。第二年，当地又遭受灾害，他向朝廷请求减免税收，并动员富户捐出粮食赈济灾民，被救活的百姓不可计数。当时南方三藩之乱刚刚平定，军中下发征发民役的公文非常频繁，白登明跟百姓约定：凡需要供给军队驿夫的时候，百姓听到吹笳的声音再来，以免侵扰影响农耕。上级官府有征调任务，白登明都不轻易答应供给，上司也能够体谅白登明清廉爱民的心意，并不去责罚他的过失。白登明后来因为积劳成疾，在任上去世，家里一贫如洗，当地百姓凑钱为他办理丧事，并把他列入历代名宦的祠庙按时节祭祀。有很多乡民百姓给他画像立祠来私下祭拜他。

① 白登明：清初著名清官，他治理地方的作风以务实著称。有事与百姓协商，不搞“一言堂”，在古代官员中是很突出的。

② 汉军八旗：是清代军事组织名称，体现对汉族降官的笼络。与满洲八旗、蒙古八旗共同构成清代八旗的整体。

宋必达

宋必达，字其在，湖北黄州（今湖北黄冈）人。顺治八年（1651年）中进士，被朝廷任命为江西宁都知县。宁都县土地贫瘠，百姓生活贫困，其中清泰、怀德两个乡很长时间以来强盗横行，老百姓大多远走他乡，土地荒芜无人耕种。宋必达向上级请求免除两个乡所欠全部国家赋税，招引安抚百姓。两年之间，全部土地都被重新开垦耕种。宁都县城临近大河，夏天暴雨河水暴涨，城池即将被淹没。宋必达用疏通河流故道的方法治理河水，从此以后没有再爆发洪灾。康熙十三年（1674年），耿精忠造反，从福建起兵，攻掠邻近各省，一直到达江西。官员百姓震惊恐慌，地方贼寇纷纷响应。宁都原来有南北两座城，南城住的是老百姓，北城驻扎军队。宋必达说："古时候有保甲[①]、义勇、弓弩社，百姓都能直接参战。明朝王守仁[②]平定朱宸濠叛乱就是用的这种办法。"于是按照这种方法训练百姓，组织了两千名义勇士兵。等到耿精忠的先头部队抵达宁都城下，驻军将领邀请宋必达开会讨论，说："敌众我寡，而且我军粮草缺乏，应该怎么办？"宋必达说："做臣子的职责，就是以死报国。叛军本来就是乌合之众，趁他们刚到立足未稳，可以一战而击败他们！"将领于是率领军队出城迎敌，叛军稍稍退却，宋

---

① 保甲：古代通过户籍编制来统治百姓的制度。若干家编作一甲，若干甲编作一保。保设保长，甲设甲长。以实现层层管制。

② 王守仁（1472年—1529年），字伯安，别号阳明。浙江余姚人，自号阳明子，学者称为阳明先生。明代著名的思想家、文学家、哲学家和军事家，陆王心学的集大成者。弘治十二年（1499年）进士，历任刑部主事、贵州龙场驿丞、庐陵知县、右佥都御史、南赣巡抚、两广总督等职，晚年官至南京兵部尚书、都察院左都御史。因平定江西藩王朱宸濠之乱而被封为新建伯，隆庆年间追赠新建侯。谥号"文成"，故后人又称"王文成公"。

必达又派义勇军士拦腰攻击，敌人溃败逃窜而去。此后敌人又大举杀回攻城，重炮击毁了城墙垛口，宋必达马上派人修补缺口，防守更加坚固。等到援兵到来，叛军再次溃逃。有人向巡抚告发说，县里私人修筑的城堡中有很多随同造反的人。巡抚要派兵围剿，宋必达上血书极力争辩制止。官军从汀州回师，掠夺来的妇女在军中每天悲哭哀号，宋必达自己出钱为她们赎身，问清她们的姓名住址，派人护送回家。宁都县最初用两淮盐场出产的盐，从明朝王守仁任江西巡抚以来，开始用广东盐场的盐，官吏百姓苦于到两淮盐场核销购盐凭证路途不便，宋必达请求用广东盐场的购盐额度抵消两淮盐场的额度，从此以后商人百姓都很方便。但是最终因为购买广东盐场的盐达不到规定额度，宋必达被弹劾罢官，宁都百姓哭着送别他，赠送的所有礼物他一概不接受，绕道前去南昌。途中不幸被强盗抓住，强盗威胁要他投降，他坚决不屈服，被关了十七天。忽然一天晚上有几十人手持兵器翻墙而入，问："宋老爷在哪里？我们都是宁都百姓。"众人簇拥着他出来，因此而获救。等他回到家乡，江西总督董卫国改任湖广总督，来看望他，感叹说："这就是当年死守孤城的宋必达吗？我替你到吏部求情，让你官复原职，而且应该按立下的军功来授职升迁。"宋必达谦让推辞了。从此终身做一个农民，穿粗布衣服，吃粗劣饭食，最后在乡里去世。宁都人每年都祭祀纪念他。几年以后，云南叛军韩大任从吉安窜入宁都境内，知县万蹶生按宋必达训练乡勇的办法进行防御，最终保住了县城。

汤斌

汤斌[①]，字孔伯，河南睢州（今河南商丘市睢县）人。明朝末年，农民起义军攻陷睢州，为躲避战乱，父亲带着汤斌来到浙江衢州。顺治九年（1652年）考中进士，被选作庶吉士，又授为国史院检讨。当时皇上下诏书命群臣讨论修《明史》问题，汤斌进言说："《宋史》在元朝惠宗至正年间修撰，但是也不避讳文天祥、谢枋得等南宋臣子的忠诚；《元史》在明朝洪武年间修撰，同样褒扬了好礼、巴颜布哈等人的道义。顺治初年，明朝臣子中有为保全气节而宁死不屈、临危献身的人，不能一概以反叛来记载，纂修大臣不应瞻前顾后、顾虑太多。"皇上将这一建议下到明史馆讨论，大学士冯铨、金之俊认为汤斌鼓励叛逆，代皇上起草圣旨严厉训斥，皇上却特意召汤斌到南苑安慰他。当时很多府道缺少官员，皇上认为正是用人之际，应当选拔文章品行兼优、能经世济民的翰林院官员前往赴任。最终选出了陈爌、黄志遴、王无咎、汤斌等十人。汤斌被任命为潼关道副使。当时关中发生战事，各地正在征发军队。总兵[②]陈德调往湖南，率领两万人马到潼关后想暂时驻扎下来。汤斌怕侵扰百姓，想办法将他们送走，结果队伍到洛阳后就哗变溃散了。顺治十六年（1659年），汤斌调任江西岭北道。南明[③]将领李玉廷率领一万人占据雩都山寨，向汤斌表示要归降朝廷。还没到约定的日期，郑

① 汤斌（1627年—1687年）：以清廉刚正、敢言直谏闻名于顺治、康熙两朝。汤斌青年时代饱经颠沛流离，熟悉民间疾苦，为人嫉恶如仇、刚直不阿。故而他治理地方能够恪尽职守、体恤民情，受到康熙的赞扬，得到百姓的爱戴，称他为"豆腐汤"，颂扬他为官清廉。

② 总兵：清代武官名，总兵掌一镇军务，正二品。

③ 南明：崇祯十七年（1644年），明朝被李自成攻灭后，明朝宗室在南方建立了一系列政权，从1644年到1683年历经三帝一王，共三十九年，统称为南明。

成功军队就开始进攻江宁。汤斌估计李玉廷一定会改变主意，于是连夜赶往南安（今属福建）安排防御。李玉廷率领军队前来，见汤斌已有防备，连忙撤退。汤斌马上派军队追击，抓获了李玉廷。

汤斌考虑到父亲年老，以生病为由请求辞官休假。后来父亲去世，他继续在家守丧。守丧期满，听说容城人孙奇逢①在河南夏峰讲学，就背着书箱前去追随学习。康熙十七年（1678年），皇帝下诏推举博学鸿儒考试，尚书魏象枢、副都御史金鋐推荐汤斌，考试成绩列在一等，授予翰林院侍讲，参与修撰《明史》。康熙二十一年（1682年），被任命为《明史》总裁官，升为詹事府左庶子。后升为内阁学士。江宁巡抚（治所在苏州）空缺，朝廷推举候选官员，皇上说："现在称为道学家的，有的人言行不一。我听说汤斌跟随孙奇逢学习，很有操守，可以补任江宁巡抚。"汤斌临行前，皇上对他说："做官应以端正风俗为先。江苏一带习俗崇尚奢侈，应该努力教化引导，这不是一朝一夕的事情，一定要慢慢推行，使民众改变原来的观念。"并赐给他鞍马一匹、表里衣料十匹、白银五百两，赐给御笔书写的三幅字，说："现在你要远离京城，看到它就如同见到朕一样。"十月，皇上南巡，来到苏州，对汤斌说："我一向听说苏州阊门是最繁华的地方，今天看到那里的风土人情，都是崇尚浮华，安于享受，经商的人多，耕田的人少。你应当使他们去掉奢侈习气、返归淳朴之风，事事都要追求根本，也许可以挽救颓靡的风气。"皇上回京时，汤斌一路随行到江宁。

此前，余国柱任江宁巡抚的时候，淮安、扬州二府遭受水灾，余国柱上疏说："洪水消退之后，土地还可以耕种，明年应当照例征收赋税。"汤斌派人重新勘查，发现洪水并没有退去，即使已露出水面的土地也无法耕种，于是上疏奏请废除余国柱的意见。康熙二十四年（1685年），汤斌上疏说："江苏所交的赋税是全国最多的，每年各种税收总额共计五六百万两。皇上命令分若干年附带征收以前的漕粮欠额，而地

① 孙奇逢（1584年—1675年）：明末清初著名理学家。晚年讲学于河南辉县夏峰村，随从学习者甚众，世称夏峰先生。

丁钱粮[1]则从康熙十八年至二十二年每五年一起征收。按州县催逼的方式，以十天为一个期限，基本没有喘息之机。老百姓知道没有办法补救，宁愿舍弃性命拖延交纳；官吏也明白没办法催征，宁愿降职、革职也希望卸掉负担。恳求皇上下诏将百姓所欠地丁银按照漕粮的做法，从康熙二十四年起，分若干年附带征收。”又上疏说：“苏州、松江土地狭窄，人口稠密，而各种税收及杂项差役则无法统计。区区两个府，土地并没有增加，却承担了相当于大省一百多个州县的赋税，百姓的财力一天天削弱。顺治初年，钱粮上缴朝廷和地方存留各占一半，考核官吏的标准也比较宽容。后来因为急需军饷，上缴的数额增多。考核办法也更加严苛，十分之一未能完成，也难免被吏部议罪。官吏顾惜功名利禄，必然产生苟且乱纪的行为。每当参奏、惩罚的时间临近，就将拖欠说成完成，每当无法赔补拖欠的时候，又将完成说成拖欠。民脂民膏已经搜刮枯竭，各级官府的能力难以发挥，拖欠赋税时间一长，只好期待皇上特别施恩免于征收。然而与其在竭力追缴之后再减免，不如在没有加征之前酌情减征。恳请将苏州、松江应交钱粮按照征收规程减少一二成，定出额度适中、可以完成的实际数额，再将征收项目稍加归并，使之简易清楚，便于核查。”又请求免征苏州、松江等七个府州康熙十三年至十七年之间没完成征收的钱粮，以及淮安、扬州二府康熙十八、十九两年因灾荒而造成的欠额，等等。皇上都把他的建议下到户部讨论后准予实行。淮安、扬州、徐州三府再次遭受水灾，汤斌逐条列举免征税收以及救灾事宜，请求动用国库银五万两，到湖广地区去购米救灾。未等圣旨颁下，就给漕运总督徐旭龄、河道总督靳辅发公文，请他们帮助救济淮安，自己又奔赴清河、桃源、宿迁、邳州、丰县等各州县视察救灾的情况。他的奏疏到达朝廷之后，皇上命令侍郎素赫协助他办理。汤斌先后弹劾了救灾不力的知府赵禄星、张万寿，知县陈协濬、蔡司霑、卢綖、葛之英等。

① 地丁钱粮：清代前地赋和丁赋分别征收，地赋是农民需要交纳的地税，丁赋是百姓所服徭役折银。康熙后期到雍正初期，开始实行“摊丁入亩”，也就是把丁赋摊入田亩，征收统一的地丁银。

常州知府祖进朝因对下属失察而被降职调离，汤斌知道他很廉洁，奏请朝廷将他留任。又上疏推荐说吴县知县刘滋、吴江知县郭琇廉洁而有才能，尽管征收钱粮未能全部完成，但请求准予调往京城任职。奏疏下到吏部讨论后被驳回，皇上特地颁下谕旨，允许照他的建议办理。

汤斌命令各州县在乡镇建立学校，讲授《孝经》《小学》，修建太伯祠及宋代范仲淹、明代周顺昌的祠庙，禁止妇女到处游玩，小吏、倡优不能穿皮裘和丝绸衣服，禁毁淫词小说，废除火葬习俗。苏州城西上方山有座五通神祠，已有数百年历史，远近民众都争相前往，趋之若鹜。民间将五方山称为“肉山”，山下的石湖称为“酒海”。年轻女子生病，巫医便说这是五通神要娶她为妻，往往致使女子病死。汤斌收缴五通神的神像，凡是木头雕刻的便烧掉，泥塑的就沉到湖里，并训诫各州县将类似的祠堂全部毁掉，拆下的建筑材料用来修建孔庙。于是，教化得到普遍推行，百姓都心悦诚服。当时，明珠掌握大权，余国柱追随依附于他。江苏布政使龚其旋因犯有贪赃罪，被御史陆陇其弹劾，因为余国柱贿赂明珠而得以解脱。余国柱也想到汤斌这里为他说情，因汤斌严厉正直而没有成功。朝廷下令免征江南地区赋税，余国柱让人告诉汤斌，说这都是明珠的功劳，江南官员百姓对他应该有所报答，以此为由索取贿赂，汤斌不予理睬。到考核全国官员的时候，各省官员用车载着黄金到明珠门下请托的络绎不绝，唯独没有汤斌属下的官员。康熙二十五年（1686年），皇上为太子选择辅佐大臣，朝臣中有人推荐汤斌。皇上下诏说：“自古帝王教育太子，一定要挑选平和、谨严、恭敬的大臣，统领部属来辅佐协助太子。汤斌任翰林院讲筵官时，行为谨慎，这是朕所深知的。选任巡抚以后，廉洁奉公为人表率，诚心实意做事，的确应该提拔擢升，来感化在位的官员。”于是授汤斌为礼部尚书，掌管詹事府事务。汤斌要回京任职，苏州百姓哭泣挽留未成，停止市场买卖三天，在大街小巷焚香为他送行。此前靳辅与按察使于成龙争论黄河下游治理的问题，很长时间没有解决。朝臣迎合明珠的想法，大都支持靳辅。皇上曾令尚书萨穆哈、穆成额会同汤斌一起勘察提出意见，汤斌主张疏通黄河下游，与于成龙的意见相同。萨穆哈等回到京城，并没有将汤斌的意见报告皇上。汤斌到京城后，皇上问到汤斌，汤斌将实情告诉了皇上，萨穆哈等人被罢官离任。

第二年五月，整月没有下雨，钦天监官员董汉臣上疏指责时事，语言中触及当权官员。奏疏下到朝廷大臣议论，明珠很恐慌，要自己承认罪责，这时大学士王熙说："市井小子胡言乱语，应该立即斩首，事情就可以完结了。"汤斌后来也到了朝廷，余国柱将这一情况告诉他，汤斌说："董汉臣根据诏令议论朝政，没有处死的理由。大臣们不讲而小臣敢讲，我们都应该愧疚自省。"皇上最终免去了董汉臣的罪责。明珠、余国柱对汤斌更加怨恨，摘录他的一些言论上报，并找出汤斌在苏州发布文告中的一句话"爱民有心，救民无术"，作为对朝廷的诽谤。皇上传旨责问，汤斌表示自己"天资愚昧，过错很多"，请求皇上严加处分。左都御史璙丹、王鸿绪等接连上疏弹劾汤斌。余国柱传播谣言说，皇上要将汤斌降职隶属八旗户籍，正好汤斌带病入朝，精神不振，于是传言越传越广，听到的人都为之哭泣落泪，在京城的江南民众要击登闻鼓为汤斌鸣冤，后来知道没有此事才慢慢散去。九月，汤斌改任工部尚书，不久，突然生病，皇上派太医会诊。十月，汤斌从通州勘察外地进贡的木料回来，夜里突然去世，时年六十一岁。汤斌去世后，皇上曾对朝臣说："朕对汤斌恩遇甚厚，可是对他的怨恨、诽谤却不间断，这是为什么呢？"明珠、余国柱等人特别嫉恨汤斌，他在朝廷中的灾祸一直是无法预料的。

汤斌以孙奇逢为师，学习宋代诸位大儒的著作。他曾经说："如果拘泥于事物表象去穷究其中的道理，既支离破碎又不得其本质；如果离开具体事物去探究道理，实际上是毁掉了自己的视听，同样虚妄不实。"他认为教育百姓必须先明辨义和利的界限，谨慎对待诚与伪的关系，研究真正的经学、真正的道学，否则将理论和实践分离，对世道人心没有什么好处。汤斌忠实恪守程朱之学，同时也不摒弃王守仁的思想。做事身体力行，不崇尚空谈，理学造诣深厚精粹。著作有《洛学编》《潜庵语录》等。雍正朝的时候，下诏允准他的牌位进入贤良祠接受祭祀。乾隆元年（1736年），被追赠谥号为"文正"。道光三年（1823年），陪祀于孔庙。

姚文燮

姚文燮（1628年—1693年），安徽桐城人。顺治十六年（1659年）考中进士，任福建建宁府的推官。建宁向来以民风凶悍蛮横著称，因为小的仇恨杀人的案件累积如山，姚文燮审理案件简明得当，没过几个月监狱就空无一人。有一个叫方秘的犯人，因杀死方飞熊的罪名被判死刑。姚文燮经过审问，得知方飞熊此前曾是强盗，杀害了方秘一家老小，方飞熊被官府招降之后，方秘乘机杀死他复仇。姚文燮认为这不能跟普通杀人案件一样处理，方秘得以免除死罪。上司认为姚文燮处事贤明公正，凡有疑难案件总是交给他审理裁决。有一次乡民追赶强盗，一个低级武官正好碰到，被强盗杀害。强盗逃跑后，军队的人坚持认为是老百姓叛乱杀害了武官，株连逮捕了很多人，姚文燮最后只是判了几个人的罪。上司很吃惊，问道："这是涉及叛乱的案件，为什么如此轻率判决？"姚文燮说："我依据的是此前审判的文书以及盗贼的供词。"他详查先前审判的文书，根据线索全力抓捕了强盗，强盗对杀害武官一事供认不讳，无辜的百姓得以免受牵连。

当时福建是耿精忠的封地，他的下属经常倚仗权势为害百姓，利用借贷来抢夺百姓的妻子女儿。姚文燮让百姓大胆揭发，替他们募集钱款代为偿还债务，赎还的有上百人。姚文燮奉命主持丈量田亩的事务。建宁四周都是山，百姓依山造田，地势陡峭险峻，不能使用普通丈量工具。他给负责的官吏传授计算方法，根据田地的宽狭，或增或减，拼成整亩来计算，处置得很恰当。当时官军在滨海地区修造战船，有人建议按户口征收钱银，姚文燮上书陈说百姓疾苦，自己设法筹集钱款来代替上交，老百姓才得以安宁。任期已满，姚文燮的政绩被评为上等。康熙六年(1667年），皇帝下令裁掉各府的推官，姚文燮因而失去职务。

康熙八年（1669年），姚文燮改任直隶省雄县的知县。当时浑河泛溢，淹没城池，他带领官吏百姓修建城墙堤防，建造桥梁方便大家。按惯例雄县每年要向朝廷进贡狐皮，成为百姓的沉重负担。姚文燮向朝廷详细陈述其中弊病，终于免除进贡。因邻近京城，县里肥沃的土地大多被圈占为旗人财产，姚文燮替百姓争夺土地。旗人向户部申诉，上级派遣官吏前来，牵着绳子丈量土地，绳子量到的地方，老百姓不能占有。姚文燮拔刀砍断了绳子，官吏看到他如此刚强正直，言辞也稍为退让，不敢再强硬蛮横。不久，康熙皇帝下旨把土地退还给百姓。姚文燮还组织训练各村壮丁，看守瞭望，使盗贼被迫隐藏行迹，不敢露面。

后来姚文燮被提拔为云南开化（今云南文山）府同知。吴三桂发动叛乱，姚文燮不幸陷身在叛军之中。他跟建义将军林兴珠秘密约定，被叛军发觉后遭到拘捕，后来乘叛军不备逃跑出去，前去拜见安亲王岳乐。安亲王把他的情况奏明皇上，康熙皇帝召姚文燮到京城，详细询问有关云南军事情况。云南叛军被平定后，姚文燮就请求回家养老。

张埙

张埙，字牖如，江苏长洲（今属江苏苏州）人。康熙十七年（1678年），张埙被任命为河南登封县令，独自骑马前去上任。到县里三天后，他去祭拜嵩山，发誓不拿一文赃钱、不冤枉一个好人，并在县衙前立了一块大石头，刻上"永除私派"四个大字。他召集督促流亡百姓耕田种地，察看分析土壤特性，教百姓种植树木、棉花及各种果树。他还大力修建学校，恢复了宋朝四大书院之一的嵩阳书院，请来正直有骨气的学者担任老师，用程朱学说教导学生。从县城到偏远乡村，共建立了二十一所学校，并按时去巡视检查，教导他们学习道德礼仪。

张埙偶尔也会骑着毛驴到乡村去了解民生疾苦，碰上百姓之间小的争执，就在田间小路上解决。在登封县西部的吕店，民间有喜欢打官司的风气。张埙考察当地里长张文约为人贤明能干，就让他负责教化引导百姓，使得刻薄风气为之一变。里长申尔瑞因为没有交清赋税而遭受杖刑，在路上拣到别人要交的税款，还给了失主，宁可自己受杖责，也不动用拣来的钱财，张埙认为他明晓义理，在他家门上挂旌旗嘉奖他。百姓高鹏举去世后，妻子孟氏还年轻，公爹想要让她再嫁，孟氏在丈夫墓前哭泣想要自杀，张埙正好微服私访经过，问清楚原因后，拿出银钱粮食劝她回家，并且免掉了她的赋税徭役，每年都派人去慰问她。

县里本来有很多小吏差役，因为打官司的逐渐减少，作奸犯科者无处容身，小吏们大多都离职回家，从事农业生产。张埙在登封任职五年，使老百姓懂得正道，努力向学的士人日渐增多，百姓们都在门上写着"官清民乐"来颂扬他。有正直之士感叹说："这些年往来于嵩山、洛阳之间，这里与洛阳相比，真是另外一个世界啊！"康熙二十二年（1683年），张埙因为才能卓异而被推荐提拔为南宁通判。离开登封的时候，百姓们拦路哭号，并建祠堂、立塑像以纪念他。

张瑾

张瑾，字去瑕，江南江都（今江苏扬州）人。康熙二年（1663年）考中举人。康熙十九年（1680年），被任命为云南昆明县知县。当时吴三桂叛乱刚被平定，从前隶属吴三桂藩府的军卫田地，征收租税时都要衡量当年收成情况来收取，叛乱平定后，规定的租税数目被沿袭下来，老百姓无法承担。战乱以后，官府的各种用具都由当地供应，所以昆明的劳役甚至比赋税更重。张瑾向上司请示，要求减少昆明县赋税，没有被允许。于是他分块划定荒地，招募流亡百姓，供给他们耕牛和种子，稍微征收一些租税来补充其他田地税收的不足。一年时间开垦田地一千三百多亩，三年开垦了一万多亩。张瑾又平均分配劳役，使乡里奸吏无法盘剥百姓，村里刁民也无法从中渔利，各种侵吞、掠夺之类的事情都被制止。从前百姓每天要供给县里官员十两银子作为公费，张瑾说："我接受皇上的俸禄，不能再压榨老百姓的血汗。"于是废除了这一规定。总督说："您像陈仲子[①]那样廉洁，能治理如此混乱的地方吗？"又问："你家里现在几口人？"回答说："一个儿子，两位门客，两个仆人。"一打听，果真如此，人们都非常惊异。自从公费被免除以后，上级官府从县里索取的东西也逐渐减少。

昆明湖接纳四面山中流出的河水，夏秋季节水位暴涨，汹涌的水流进入闸河。闸河被沙石堵塞，水流就漫出堤岸，淹没农田，每年都要耗费大量民力来疏通。晋宁州与昆明县相邻，汇聚东南山谷里的水流，通过河道引入大江。上司商议开凿沟渠把晋宁州的水流引到闸河。张瑾

① 陈仲子：战国时期齐国著名的隐士。他坚持气节，崇尚廉洁，曾推辞齐国大夫、楚国国相等职，先后在於陵、长白山隐居，表示自己"不入污君之朝，不食乱世之食"，最终饥饿而死。

考察了地势、水道的情况，绘制了地图，向上司报告说："闸河只是接受昆明县的水流，就已经难以容纳，沙石壅塞，冲出堤岸会造成危害，怎么还能接受晋宁州的水流呢？何况这里地势太高，沙石又大又多，大概不能开凿沟渠。"上司坚持自己的意见，张瑾指着地图争辩说："地势高低一眼就能看出，怎么忍心置老百姓于死地呢？"最后总督范承勋说："张瑾分析得很对！"这才停止争议，放弃开渠。昆明县止善、春登、利城各乡的田地错落不平，经常是非旱即涝。张瑾勘察发现附近有白沙、马臬、清水三条小河，可以用来蓄水、泄洪，但是因为年深日久，已经湮塞不通，于是率领百姓加以疏浚、治理。从此河流不再发生水灾，田地庄稼经常丰收。县城大小东门之外从前都是市场，战乱后变成废墟，盗贼们藏身其中。张瑾建造房屋，安顿流亡百姓，又把城中的骡马市场转移到那里。货场牧场相邻，盗贼很快就绝迹了。安阜园从前是吴三桂的苑囿，张瑾请求作为耕田来养活孤寡贫穷残疾之人。当时的上司非常贤明，倚重并信任张瑾。兵备道[①]向张瑾请求用流民开垦的田地来放马，张瑾坚决不答应，时间长了，兵备道也称赞他的正直。将军的仆人犯了杀人罪，按察使摆下酒宴为他求情，张瑾当时假装答应，回来后照样绳之以法。巡抚奴仆的儿子图谋抢夺别人已经聘定的女子，张瑾就让他们在县衙当堂举行婚礼，并下令说："按照法律，不能娶已经有丈夫的妇人，让媳妇乘我的车，丈夫骑我的马，派差役送他们回家，有敢抢人的，就治他的罪。"当时有人写诗作歌来颂扬他。张瑾刚刚任职的时候，积压的案子有几百件，他判决得都很恰当。后来全省的疑难案件也总是交给他来处理，很多冤案被平反昭雪。过了三年，张瑾得病去世。老百姓纷纷画下他的画像珍藏起来，并请求在名宦祠庙祭奠他。

① 兵备道：明清时在各省重要地方设立的整饬兵备的官员。监督军事，并可直接参与作战行动。

于成龙

于成龙[①]，字北溟，山西永宁（今山西方山县）人。顺治十八年（1661年），被任命为广西罗城知县。罗城县处于万山之中，瘴气瘟疫盛行，民风粗犷彪悍。正值战乱之后，遍地荒草荆棘，县城中仅有六户居民，也没有城墙和官署。于成龙到任以后，召集官吏百姓安抚他们，明确建立保甲制度。有强盗侵扰，立即抓捕拘禁，向上司请示，审判清楚后马上处决，使百姓得以安居乐业，专心耕种土地。于成龙和百姓相处融洽，如同家人和父子。他向上司请示减免徭役，又兴建学校，创立养济院[②]。凡是应当兴办和废除的事情，都按次序先后实行，把罗城县治理得井井有条。总督卢兴祖等人因为他政绩卓著而向朝廷推荐他。康熙六年（1667年），于成龙升任合州（今属重庆）知州。四川在大乱之后，合州剩余的百姓只有一百多人，可是赋税和劳役却很繁重。于成龙请求革除过去的弊政，招揽百姓开垦荒地，借给百姓耕牛和种子。一个月后，户口就增加到上千户。后来又升任湖广（今湖南、湖北）黄冈同知，官署在岐亭（今属湖北麻城），他经常到村落中微服私访，周密探访民间情况，遇到盗贼以及其他可疑案件，能很快追寻踪迹抓到案犯，百姓们都非常惊叹佩服。

康熙十三年（1674年），于成龙代理武昌知府。吴三桂进犯湖南，朝廷军队进攻岳州时，上司命令于成龙修建浮桥渡过军队，浮桥刚修好，山洪暴发，浮桥被冲塌，于成龙因此被免除官职。

① 于成龙（1617年—1684年）：清代康熙朝著名的大臣，历任知县、知州、知府、道员等地方官，一直做到按察使、布政使、巡抚、总督，有着丰富的地方治理经验。始终以清廉自守，多行善政，所到之处，深受爱戴。康熙皇帝称赞他是天下“清官第一”。

② 养济院：古代收养鳏寡孤独的穷人和乞丐的慈善机构。

康熙十七年（1678年），于成龙出任福建按察使。有百姓因为与海外有来往而获罪，株连了几千人，案件审讯完毕，这些人被判处斩首。于成龙写信告诉康亲王，认为被株连的多是平民，应该查清楚后释放他们。康亲王一向很敬重于成龙，就答应了他的请求。康熙十九年（1680年），于成龙被提升为直隶巡抚。宣化（今属河北张家口）有一千八百顷田地，因被泛滥的洪水冲积覆盖，前任长官金世德请求免除田赋，没有得到批准，百姓的负担非常沉重。于成龙继续上奏章请求，朝廷批准减免。因为此地夏秋两季屡次遭受灾害，他又请求朝廷赈灾，得到允准。青县（今属河北沧州）知县赵履谦贪污腐败，于成龙上奏章弹劾，赵履谦最终被依法惩治。

康熙二十年（1681年），于成龙进京觐见皇帝，回答皇上问询，被褒奖为“清官第一”。皇上又表扬他弹劾赵履谦一事做得非常正确，于成龙回答说：“赵履谦犯了过错却不改正，我不得已才弹劾他。”皇上说：“处理政务应该懂得大体，小聪明并不值得推崇。做人贵在始终如一，你可一定要努力呀！”接着赏赐给他国库银一千两，皇上乘坐的骏马一匹，还作诗褒扬他，并命令户部派官员协助于成龙赈济宣化等地的饥民。不久，于成龙升任江南江西[①]总督。他到了江南，衣食住行都非常简陋，每天只吃粗劣的饭食和蔬菜。上任几个月后，政令教化使江南民风大为改变。权贵富家担心对自己不利，就编造出一些流言蜚语来诋毁他。当时大臣明珠擅权，尤其与他不和。

康熙二十二年（1683年），副都御史马世济督造漕运船只回到京城，弹劾于成龙年老昏聩，被中军副将田万侯欺瞒蒙蔽。朝廷命于成龙回奏说明情况，他承认错误请求对自己严加责备，皇上下诏让他继续留任，将田万侯降职调任。康熙二十三年（1684年），朝廷命令于成龙兼管两地巡抚事务。不久，在任上去世。

于成龙历任各种官职，从未携带过家属。他去世的时候，将军、

① 江南江西总督：清代的江南江西总督辖江苏、安徽、江西三省，可谓封疆大吏。康熙二十一年改称两江总督。

都统以及幕僚属吏到他的内室清点遗物，竹箱内只有一身丝绸棉袍，以及床头盐制的豆豉和一些日常用具。百姓听到他去世的噩耗，停止各种活动，聚在一起恸哭，家家绘制他的画像祭拜他。皇上下诏赏赐祭拜安葬的礼遇，谥号为“清端”。

内阁学士锡住勘察海疆回到京城，皇上询问于成龙为官的情况，锡住回奏说他非常清廉，只是因为容易相信别人，有时候会被下属欺骗。皇上说：“于成龙在江南做总督，有人说他改变了一向的清廉作风，等他去世后，朕才知道他始终很廉洁，被百姓称赞。大概因为他秉性刚直，那些不肖之徒挟私陷害他，才编造出这样的话罢了。像于成龙这样的官员，能有几个呀？！”

张伯行

张伯行[①]，字孝先，河南仪封（今河南兰考县东）人。康熙二十四年（1685年）进士。后经过考试选拔，被授内阁中书，又改任中书科中书。父亲去世后回家服丧，建立书院，宣扬儒学。仪封城北原有河堤，康熙三十八年（1699年）六月，因遭遇大水而被冲垮，张伯行招募百姓用沙袋来堵塞决口。河道总督张鹏翮巡视黄河后，上疏推荐张伯行治理河务。皇上命他以原来的官衔担任治河官员，督修黄河南岸的二百多里河堤，以及马家港、东坝、高家堰等各处工程。

康熙四十二年（1703年），张伯行被任命为山东济宁道[②]。正赶上灾荒之年，张伯行从家乡运来钱粮，并派人缝制棉衣，来帮助百姓度过饥寒。皇上命令分道救济灾民，张伯行拿出仓谷二万二千六百多石来赈济汶上、阳谷二县。山东布政使责备他独断专行，准备上疏弹劾，张伯行说："皇上已经下旨救灾，不能说是独断专行。皇上如此重视民间疾苦，敢问是应该以仓谷为重呢，还是以人命为重？"布政使只好放弃弹劾。康熙四十五年（1706年），皇上南巡经过济宁，赐予张伯行"布泽安流"匾额。不久，张伯行升为江苏按察使。第二年，皇上再次南巡，到苏州后，对随从的臣子说："我听说张伯行做官特别清廉，这是最难得的。"当时曾下令总督及巡抚推荐德才兼备的官员，张伯行却没有被推荐。皇上见到张伯行说："朕很早就了解你，可以推荐你。如果将来

① 张伯行（1651年—1725年），清朝康熙年间著名的清官。为官勤勉，造福百姓，嫉恶如仇，清正廉明，得到康熙皇帝的赞赏。他有著名的为官箴言："一丝一粒，我之名节；一厘一毫，民之脂膏。宽一分，民受赐不止一分；取一文，我为人不值一文。"

② 道：清朝的道是介于省和府之间的地方机构，长官是道台，也可以直接称为某某道。

你做得好，天下都会认为朕知人善任。”于是提拔张伯行为福建巡抚，赐予“廉惠宣猷”的匾额。张伯行上疏请求免去台湾、凤山、诸罗三县因灾荒而欠交的赋税。因为福建米价很贵，张伯行请求动用国库银五万两购买湖广、江西、广东的米来平价出售。他建立鳌峰书院，设置学舍，拿出自己的藏书，搜罗前代文人的文集刊印成《正谊堂丛书》，用来教导学生。福建百姓有祭祀瘟神的风气，张伯行下令毁掉这些神像，将祠堂改为义学，来祭祀宋代大儒朱熹。民间有贫苦人家卖女为尼，以致削发为尼者成百上千，张伯行命令这些人家赎回自己的女子，为她们选择配偶出嫁。有家境贫穷无法赎回的，由官府出钱赎回。

康熙四十八年（1709年），张伯行调任江苏巡抚，救济淮安、扬州、徐州三府的灾荒。恰逢布政使宜思恭因布政司府库亏空被总督噶礼弹劾罢免，皇上派尚书张鹏翮前往查处。陈鹏年以苏州知府的身份代理布政使职务，建议府库所亏空的三十四万两白银，以分别扣除官员俸银及差役费用的方式来抵补。张伯行给噶礼发公文要求联名上疏，噶礼没有答应。张伯行便自己上疏，皇上得知后下诏命张鹏翮一并调查。张伯行另外又上疏说明了噶礼的不同意见。皇上对朝臣说：“看了张伯行的奏疏，可知他与噶礼不和。作为臣子，应该以国事为重，不应纠缠个人恩怨。朕处理朝政将近五十年，还不曾让人满足私欲。这份奏疏应当放置不予理睬。”不久，张伯行以身体多病为由提出辞职，皇上没有允许。张鹏翮恳请皇上责成前任巡抚于准和宜思恭两人赔偿十六万，其余部分用官员俸银及差役费用来抵补。皇上说：“江南亏空钱粮，并不是因为官吏侵吞。朕南巡的时候，总督、巡抚随意挪用公款而下级官吏不敢议论。如果责成新任官吏补偿，朕实在于心不忍。”于是下令查明南巡时用款情况如实上报。张伯行又上疏奏明各府州县仍无着落的钱粮数目，皇上下令一律免于补偿。噶礼为人贪婪蛮横，张伯行与他正好相反。康熙五十年（1711年），江南乡试的副考官赵晋暗中交结考生，接受贿赂。发榜以后，士人议论喧哗，抬着财神进入学宫抗议。张伯行上奏朝廷，正考官左必蕃也按照实际情况上报。皇上命尚书张鹏翮、侍郎赫寿查处此事，张伯行与噶礼一同会审。后来查清了举人吴泌、程光奎暗中贿赂的情况，在供词中也牵连到噶礼，张伯行请求解除噶礼的职务，交给有关部门严肃审理。噶礼心中不安，也找出张伯行的所谓七条罪状上奏。皇上下令将两人都免除职务。不久，张鹏翮等奏明皇上：赵晋与吴泌、程光奎行贿受贿均属事实，应当按刑律治罪；噶礼暗中受贿之事属于诬告，张伯行应当免职。皇上批评张鹏翮等为噶礼掩饰，又命尚书穆和伦、张廷枢重新审理，结果仍与张鹏翮等人的意见相同。皇上说："张伯行做官清廉正直，这是天下人都了解的。噶礼虽有才干，但喜欢无事生非，一向也没有清正的名声，这一结论是非颠倒。"于是，命九卿[①]、科道官[②]等再次讨论。第二天，召集九卿等官员说："张伯行任职一向清正廉洁，噶礼的操行朕难以相信，如果没有张伯行，江南大概有一半地区必然受到他的盘剥。这次二人互相参奏的案件，朕起初派官员去审理，被噶礼阻挠，以致不能查知实情；再派官员去审理，与此前意见也没有不同。你们应该能体会朕保全清官的心意，要使正直之人没有疑虑和恐惧，这样天下才会清平安定。"于是削夺了噶礼的官位，命张伯行官复原职。

康熙五十二年（1713年），江苏布政使缺员，张伯行上疏推荐福建布政使李发甲、台湾道陈瑸、前任国子监祭酒余正健，而皇上已经提拔湖北按察使牟钦元出任。不久，张伯行弹劾牟钦元将串通海盗的罪犯张令涛隐藏在官署中，请求将他逮捕治罪。张令涛的哥哥张元隆住在上海，建造海舶，纵横海上，拥有大量资产，结交权贵高官。正赶上刑部下公文搜捕海盗郑尽心的余党，崇明水军拦截了一条渔船，船主是福建人，却假冒华亭户籍，经过查验渔船执照，知道是张元隆代领。张伯行准备一查到底，当时张令涛在噶礼府内任职，张元隆托病逃避拘捕，还没审理定案就死在家中。噶礼先前弹劾张伯行，曾抓住这件事作为七

---

① 九卿：古代中央部分机构官员的总称，不同朝代所指有所不同，清朝通常指都察院、大理寺、太常寺、光禄寺、鸿胪寺、太仆寺、通政使司、宗人府、銮仪卫的长官。

② 科道官：明清时六科给事中与都察院各道监察御史统称"科道官"，掌管监察。

条罪状之一。正巧上海县百姓顾协一状告张令涛占据他的房屋，另外还有几处水寨窝藏海盗，声称张令涛现居住在牟钦元的官署中。皇上命总督赫寿调查审理此案，赫寿庇护张令涛，上奏说他串通海盗之事查无实据。皇上又命张鹏翮及副都御史阿锡鼐调查此案，张鹏翮等奏报张氏兄弟都是良民，请求免去张伯行的官职。皇上命人复查，并让张伯行自己陈述。张伯行上疏说："张元隆串通海盗，虽然已死，但他财产丰厚，党羽又多，人人可以冒名，处处可以领到执照。张令涛是顾协一首先告发的，如果举报不实，照例应当以诬陷治罪。由于牟钦元庇护，致使此案悬而不决。我作为地方长官，应该在事情刚刚发生时就想办法制止，怎么能不追究呢？"张伯行解职卸任之后，张鹏翮等人仍然弹劾他诬陷良民、挟私报复，要求将他斩首。刑部讨论同意，皇上却免了张伯行的死罪，将他调到京城。不久，张伯行到南书房[①]任职，兼任掌管漕粮收贮的仓场侍郎，并充当顺天乡试的正考官。雍正元年（1723年），升为礼部尚书，皇上赐他"礼乐名臣"的匾额。雍正三年（1725年），张伯行去世，终年七十五岁。张伯行留下遗疏，请求皇上推崇儒学，奖励直臣。皇上非常悲痛地悼念他，赠官太子太保，谥号"清恪"。光绪初年，准许附祭于孔庙。

张伯行刚考中进士时，回家乡建造了一座精致的房屋，摆上数千卷书以供随时观览，看到《小学》《近思录》，以及二程、朱熹的《语类》，说："进入圣人的门庭路径就在这里呀！"他曾尽力搜寻宋代周敦颐、程颢、程颐、张载、朱熹等各位大儒的著作，一边诵读一边抄录，前后有七年之久。最初任官的时候曾说："圣人们的学问，概括为一个'敬'字，学习首先要以'敬'为主。"因此他自号为"敬庵"。又说："君子懂得义，小人只知道利。老子贪生，信佛的人怕死，忠烈之士追求名声。这些都属于利。"他做官时所交往的，都是学问醇正、志向操行清廉的人，平时对于意见不合的人，能开诚布公、同心协力，没有一点怨恨。他说："我已经得到皇上的器重，怎敢因私而废公呢？"

---

① 南书房：清代官署名，在紫禁城乾清宫西南，康熙十六年（1677年）开始设置，文学侍从值班的地方。侍从皇帝左右，以备顾问。

陶元淳

陶元淳（1646年—1698年），字子师，江苏常熟人。康熙年间曾被推荐参加博学鸿词科[①]的考试，因为生病最后没能参加。康熙二十七年（1688年），考中进士。参加殿试的时候，陶元淳论述西北地区赋税轻而徭役重，东南地区徭役均衡而赋税较重，希望减免超额的粮税，免除无益的税费。阅卷官认为他的议论鲁莽，将他排在第二等。

康熙三十三年（1694年），被任命为广东昌化（今属海南昌江县）知县，上任后第一件事就是整理赋税徭役制度，把各种实物田赋统一为交纳稻米，把徭役均衡摊入租税，裁减、革除各种杂税，使老百姓纷纷以努力耕作为业。昌化县隶属于琼州（今海南省），与黎族地区交界，过去设置土司[②]的属官，限制黎族百姓出入，官吏得以趁机做坏事，陶元淳到任后立即撤去属官。他统一当地的量器权衡，制定法令制度，使黎族百姓深感方便。昌化城中居民原来不满百家，此后户口渐渐增多。陶元淳经常步行到乡村里巷，详细询问百姓疾苦，亲切安抚，如同一家人。

琼州地处海外，驻军将领大多骄横放纵，崖州尤其严重。陶元淳曾经代理崖州事务，守备[③]黄镇中使用酷刑杀人，游击[④]余虎放纵不

① 博学鸿词科：是古代科举考试之外特别举行的选拔考试。从唐玄宗开元年间开始设立。清代曾在康熙、乾隆年间两次举行过，参加者并不限制举人、秀才资格，只要是地方总督、巡抚推荐的，都可以到京城考试。考试合格就可以任官。

② 土司：中国古代边疆的官职，元朝始置，明清沿袭设置，用于封授给西北、西南地区的少数民族部族头目。土司的职位可以世袭，但是需要获得朝廷的批准。

③ 守备：清初在少数民族地区设卫，长官为守备，为军队事务总管，正五品。

④ 游击：清代武官名，从三品，低于参将。

管。黄镇中贪得无厌，要求黎人进献财物。陶元淳查访到他们的罪状，罗列条目向上司报告。余虎私下用重金贿赂陶元淳被拒绝，就造谣诬告他。总督石琳下令琼州总兵会同审讯陶元淳，陶元淳在申诉的文书中说："私人揭发不应交付审讯，守备军官不应侵犯地方官职守，这样做势必会压制执法者的正气，让真正做事的人灰心。我应当放弃官职来保全为政的根本，不能屈服于武将，让州县蒙羞。"审讯时，黄镇中命甲士一百多人带刀闯入崖州官衙，陶元淳拍着桌案怒斥说："我奉命治理崖州事务，守备竟敢命令甲士劫持，这是藐视国法。"黄镇中的气焰被震慑下去，急忙令甲士撤下。最终审判结果，依照法律判处黄镇中、余虎有罪。崖州百姓因此传颂说："崖州虽有余虎，却敌不过陶公一怒。"总督最终因为陶元淳性格倔强，以考察审理不合实情为由将他治罪，恰好赶上大赦而被免罪。总督又想在三年政绩考核的时候趁机罢免他，正赶上巡抚萧永藻上任，说："刚上任就弹劾廉洁正直的官员，将来如何管理下属呢？"于是帮陶元淳说好话，总督最后才罢休。

陶元淳生活非常节俭，为官时每天只需供应一束韭菜。他喜欢结交读书人，经常讲学论道直到深夜也不疲倦。陶元淳多次因病请求辞官而没被允许，最终积劳成疾在任上去世。昌化县规定交纳田赋的数目是四百多顷，但一半被海水淹没，缴纳赋税不到二千，而超额的田赋占到三分之一，百姓负担沉重。陶元淳对超过的田赋做了核实，多次向上司请示免除田赋，但无人理会。乾隆三年（1738年），陶元淳的儿子陶正靖做了御史，上疏报告朝廷，最终才得到皇上的旨意，免除了这些超额的田赋。

童华

童华，字心朴，浙江山阴（今属浙江绍兴）人。未成年就成为诸生，后来修习名法家学说，做郡里的属官。雍正初年，担任知县。当时朝廷正修撰法律，大学士朱轼因童华才能出众而推荐他。皇上召见童华，命他到直隶检查赈灾事宜。乐亭、卢龙两县上报的遭受饥荒的人口不准确，童华又增加了一倍的数额。怡贤亲王与朱轼一起推动整治农田水利，到永平以后，询问滦河治理情况，童华回答得非常清楚，深受亲王器重。不久任平山知县。县里遭受灾荒 ，不等朝廷批复，童华就从仓库里拨出七千石粮食借给百姓。后升任真定知府，暂任按察使。因为此前借粮食给老百姓一事，朝廷主管部门决定免除他的职务，皇帝特地下诏赦免。

怡贤亲王上奏朝廷让童华治理京南水利，童华勘探清楚真定城外的十八处泉水，疏通开凿水渠，灌溉了六百亩田地。滏阳河发源于磁州（今河北磁县），磁州民众想独占滏阳河，从春天到秋天，都关闭闸门蓄水，下游的永年、曲周一点水都得不到。后来磁州改归直隶管辖，以便于控制。童华建议仿照唐朝李泌、明朝汤绍恩治理西湖的办法，按照水位高低来放水，各县之间的争端得以永久平息。因为北方人不吃稻米，童华请求朝廷发放钱款购买此地的稻谷运到通仓，这样既省去了漕运费用，老百姓也能用得到的钱买黍米来作为食物，朝廷听从了他的建议。

童华调任江苏苏州，恰逢朝廷要求清查康熙五十一年（1712年）以来江苏拖欠一千二百余万两赋税的事情，巡抚督促急迫，每天都会追查捉拿有关人员，童华坚决请求宽限。巡抚生气地说："你敢违背皇上的旨意吗？"童华回答说："我不是违背圣旨，而是遵从圣旨。朝廷知道长期有拖欠，没有下令严厉追查而是要求清查，正是要查清事情的原委，有的在于官府，有的在于徭役，有的在于百姓，有的应该征收，有的应该免除，要查得清清楚楚，上奏朝廷裁断，才算是符合诏书旨意。现在奉命行事的官员不认真考虑圣旨的要求，只是以为朝廷要把十五年积欠的税款全部征收上来，这是粗暴征收，不是清查。现在请您宽限三个月时间，应该分门别类，按不同情况上报。”巡抚同意了他的请求，全部释放了关押在监狱里的一千多人，调查清楚后，分别造册上奏朝廷。当时朝廷也听说江南清查工作没有做好，下诏书痛责批评，正像童华所说的那样。

浙江总督李卫曾经在苏州抓捕犯人，童华因为李卫没有公文不肯交人，李卫大怒，向皇帝告发他。皇上召见童华，指责他沽名钓誉。童华回答说：“我竭尽全力为国家做事，近于沽名；实心实意为了百姓，近于钓誉。”皇上的怒气消除，任命童华前往陕西，暂时代理肃州（今甘肃酒泉）知府，辅佐经略使鄂尔泰办理屯田一事，凿通了九家窑的五座山，引来渠水，灌溉万顷耕地。乾隆元年（1736年），被起用为福州知府，调任漳州。后被弹劾，罢官回家。几年后去世。

邵大业

邵大业（1710年—1771年），字在中，顺天大兴（今属北京）人。雍正十一年（1733年）考中进士。乾隆元年（1736年），被任命为湖北黄陂知县。刚上任时，前来告状诉讼的人很多，邵大业很快就判决完毕，把诉讼者都打发走。手下的官吏仆役，一见面询问过姓名，就不会再忘记，大家都不敢糊弄他。有两兄弟为争夺家产打官司，兄弟俩头发已经斑白，相貌很相似。邵大业让他们照镜子，问他们说："你们俩相像吗？"两人回答说："很相像。"邵大业于是走上前，像拉家常一样对他们说："我的弟弟刚去世，现在我独自一人，不能像你们兄弟两人这样，直到白头还能在一起啊！"兄弟两人听了，非常感动惭愧，放弃诉讼回家了。有一年，洪水冲毁了城池，邵大业派人送食物给灾民，安排整修堤岸与城墙，老百姓得以度过洪灾。总督将邵大业的政绩报告皇上，正赶上邵大业的父亲去世，按惯例应该辞职回家服丧。服丧期满后，被任命为河南禹州知州，调任睢州知州。睢州经常发水灾，邵大业请求打开官仓平价卖米赈济百姓，组织疏通惠济河，并用自己的俸禄抵偿费用。

后来邵大业被提升为江南苏州知府。松江县有一桩盗贼案件很久不能判决，被牵连关在狱中的人已经病死很多，邵大业接到公文进行审理。看到很多犯人因为受刑都断了小腿折了踝骨，皱着眉头说："你们也是普通人家子弟，迫于饥寒走到这一地步，还要诬陷连累无辜百姓，对你们有什么好处？"有的盗贼幡然醒悟，说："知府把我们当人看待，我们不忍心欺骗他。"于是案件很快就审理判定。

邵大业又兼理苏松太仓道事务，不久辅助布政使工作，许多高级官员一起上奏章推荐他。乾隆十六年（1751年），皇帝南巡，乘坐的船由纤夫在两岸牵行。邵大业禀告随从大臣，清整道路增加纤夫一定会困扰百姓，这样就不能宣扬皇上巡行江南的恩德，于是就改成了单向拉纤。正赶上阴雨连绵，设在吴江的帐殿[①]还未能及时完成，总督弹劾邵大业消极怠工。等到皇帝驾临，虽然能够按时准备完毕，但是邵大业最终也因此被降职。

不久，邵大业被任命为河南开封知府。封丘县百姓被控告侵占田地，等到实际丈量时，发现并没有侵占，可是亩数确实超过了登记的数额。邵大业核查地方志书，了解到河南的赋税规则从明万历年间改变，中等地十亩折合上等地七亩，下等地十亩折合上等地三亩。上级长官认为过去是下等的田地，现在已成为肥沃的良田，主张提高赋税。邵大业说："这些田地是黄河的淤泥冲积而成，是百姓用坟墓、田地和房屋换来的微薄利益。今天是河滩淤积的田地，以后就可能被河水淹没。冬春季节播种，夏秋季节有没有收获也不得而知。去年黄河冲决堤岸，老百姓的房屋还没有全部修好，流亡百姓尚未全部回来，现在竟然要增加赋税，老百姓如何承受？"不久，按照官府决定让百姓试种三年。第二年那些田地果然被河水淹没，提高赋税的动议才停止。不久，因为黄河泛滥，邵大业被降职为江南六安（今属安徽）知州。后来先后任江宁知府、徐州知府。乾隆三十四年（1769年），因为盗寇造反的事情被免职，邵大业被贬到西北边远地区。几年以后去世。

邵大业任职所到之处，特别注重推行教化，勉励学子读书。他利用黄陂二程子祠兴建义学，修葺睢州的洛学书院，召集当地学生给他们讲课，形成读书治学的好风气。

① 帐殿：古代帝王出行，休息时以帐幕为行宫，称为帐殿。

郑燮

郑燮（1693年—1765年），号板桥，江苏兴化人。乾隆元年（1736年）考中进士。出任范县（今属河南）知县，为政清廉，爱民如子。他拒绝别人的馈赠和贿赂，处理政务非常勤勉，公文案卷从不积压。公事之余和文人们一起饮酒赋诗，其乐融融，人们都忘记了他是县官。后来调任山东潍县知县，遇上饥荒年景，郑燮打开官府的粮仓救济百姓。有人劝阻他，让他先向上司请示。他说："现在形势急迫，等辗转向上司请示报告，老百姓早就饿死了。上司如果谴责治罪，由我一人来承担！"于是马上开仓放粮，让老百姓写好借据领走粮食，救活了上万灾民。上司也赞扬他的能力才干。到了秋季，庄稼又歉收，郑燮就拿出自己的养廉钱替老百姓交赋税。离任的时候，他把百姓的借据全都烧掉了。潍县百姓对他感恩戴德，给他修建了祠庙来供奉纪念他。

郑燮天生有奇才，性格旷达，不拘小节，但对于老百姓的事情却能考虑处理得细致详尽、十分周到。曾经有一次夜里外出，他听到一所茅屋中传出朗朗的读书声，一打听，知道这人叫韩梦周，是贫穷人家子弟，就供给他一些费用资助他读书。韩梦周考中进士后，特别感念郑燮，将他看作知己。郑燮在山东先后做了十二年官，从来没有积压不办的公事，也没有蒙受冤屈的百姓。后来他请求辞官回家时，行囊之中空空如也，一无所有，只能靠卖字画为生。郑燮的书法有汉隶的特点，又能别开生面。他的画随意挥洒，妙趣横生。著有《板桥诗钞》等书，流传于后世。

李文耕

李文耕（1763年—1838年），字心田，云南昆阳（今属云南晋宁县）人。自小家庭贫困，对父母非常孝顺，信奉程朱理学。嘉庆七年（1802年）考中进士，被派到山东任知县，请假回家奉养母亲。母亲去世后，他在家守丧，期满补任邹平知县。任职四个月，由于不能施展抱负，称病离任。但因为官府事务缠身，不能回家。嘉庆十九年（1814年），教匪作乱，寿张（今山东阳谷）县令听说李文耕娴熟军事，请他帮助守城。李文耕在训练、防御方面都颇有办法，使得贼寇不敢侵犯寿张县境。上级官员听说了他的才干和谋略，重新起用他出任原职。

李文耕在邹平县五年，为政特别注重教化。有位妇女控告儿子忤逆不孝，李文耕把这件事看成自己的过失而深深责备自己，那位妇女的儿子叩头认错直至流血，他母亲也深受感动，请求宽恕儿子，儿子最终也改正了自己的行为。李文耕审理案件认真谨慎，从不株连牵累他人，时间长了，当地打官司的人日渐减少。他采取措施搜捕盗贼，维持地方安定，由官府供养捕盗差役，使他们生活自足，不必通过纵容豢养盗贼谋利，并多次巡查，彻底究查窝藏坏人的行为。他曾经说："治理盗贼，一定要有保护百姓的真心，即使不能亲身去做，也要有坚定的信念！"在他任职期间，邹平的盗贼几乎消失。县学的儒生们上课，他亲自指导讲授，勉励他们努力向学，百姓都尊称他"李教官"，又称他为"李青天"。调任冠县（今属山东聊城）知县，不久升迁到胶州，组织疏通了云河和墨河。道光二年（1822年），升任济宁直隶州长官[①]，还没有到任，巡抚琦善向朝廷特别推荐他，皇上也早就听说他的名声，立即提拔

① 清雍正二年（1724年），改济宁州为济宁直隶州，设立统辖黄河、运河的河道总署。下辖三县，直属山东省。

他出任泰安知府。

后来李文耕调任沂州（今山东临沂）。他为属下官吏规定学习的内容和进程，并训导他们说："官吏不勤奋，政事就会荒废，百姓就会受到伤害；教化应该从自身做起，能对得起百姓，才能教化百姓。"属吏们都被他所引导教化。沂州出产槲树，李文耕鼓励百姓大力养蚕，他还修建义仓以防备灾荒之年，在搜捕盗贼方面跟他做邹平县令时一样。不久被提拔为兖沂曹道，掌管治河事务，修建堤防时一定亲力亲为。属下官员请求疏浚淤积的泥沙，预计需要五万两银子，李文耕去视察后说："不用！春天河水上涨，自然会把淤沙冲刷掉的。"后来果然跟他说的一样。

道光五年（1825年），李文耕升任浙江盐运使，不久调任山东。当时盐业疲敝不振，充任盐商的大多是无籍游民。李文耕深知其中弊端，请朝廷对盐商区别对待，并缓征盐税，以此来缓解盐商的压力。他责令富商总领盐运，不准借口积压而贱价私卖，于是盐税渐渐充裕。道光七年（1827年），升任湖北按察使，不久又调回山东。他严肃整治属吏卒役，对讹诈贪赃的官吏用严厉的法令处置。李文耕断案宽仁平和，责令属下官吏清理积压案件，几个月后，积压的案件就被处理完毕。他说："山东百姓脾气粗犷，性情刚直，既容易犯法，也容易向善，所以必须要先做好教育感化的工作。"

过了三年，李文耕调任贵州。当地州县官吏由于地方贫苦，都希望调动职务，不专心做事。恰好李文耕代理布政使，请求朝廷用考绩作为官吏调动的标准，使他们能长久任职专心做事。当地经济落后，他组织开凿了桐梓的葫芦口，以此来平息水患。贵州出产丝绸，不出产棉布，他开设织机局来教当地百姓纺织。贫苦百姓因为生计艰难，看重利益而轻视伦理纲常，他就写文章来劝导教化，取名为《家喻户晓篇》。道光十三年（1833年），李文耕退休回家。

李文耕一生把推崇儒学和扭转浇薄风气当作自己的责任，在山东做官的时间很长，百姓对他的感情最为深厚，他去世后，人们在名宦祠祭祀他。

后记

古代中国的地方治理体系历史悠久，传统深厚，从具体制度层面来看，历代继承之中多有变迁，但不论如何变化，地方官员都是贯彻王朝统治思路与实施统治政策的主体。而历代地方官员中的杰出代表——循吏，他们的施政思想与理念、关心民瘼的赤诚之心以及卓越的政绩，都是一笔宝贵的文化遗产，对于今天来说，仍有许多值得借鉴的地方。

循吏之名，以及少数著名循吏的故事和传说，人们并不陌生。但对历代正史中延续不绝的记载进行梳理和选译，这项工作是开创性的。经过一年多以来的深入探究，笔者对于这样一批个性多样、才华横溢、兢兢业业、执着坚定的古代官员，内心有了更多感触，时时感到敬畏、景仰与震撼。

在编写过程中，出版社的领导和编辑，尽心竭力帮助搜集参考资料，提供一切便利，体现了饱满的工作热忱和良好的职业素养，令人感佩不已。

笔者在译注过程中，参考了《甘棠集》《中国古代循吏传》《二十四史全译》《白话二十四史》《清官贪官传》等书的部分内容，以及相关网络资源，限于体例，未能一一指出，在此谨致谢忱。由于时间与学术水平所限，译注难免有疏漏之处，期待读者的批评指正。

李洪波

2016年1月